Nobleness VS. Lowliness

The Dilemma and Outlets of Peasants in Market Economy

广州大学·青年博士学术文库

贵贱之间

——小农在市场经济中的困境及出路

杨宇斌◎著

社会科学文献出版社
SOCIAL SCIENCES ACADEMIC PRESS (CHINA)

C o n t e n t s

目录

绪　论

一　人民公社体制被打破与农民收益的变化

　　20 世纪 80 年代初，权力高度集中、政社合一、统一经营的人民公社体制基本瓦解。[①] 由于生产责任制普遍实行，"交足国家的，留够集体的，剩下都是自己的"，农民出工不出力、低效劳动或无效劳动的情况基本绝迹。[②] 尤其是 1985 年开始逐渐取消实行了 30 多年的农产品统购统销制度，农民获得了更多的经营自主权，生产、创新的积极性被进一步激发。[③] 在很短的时间内，农产品短缺的情况就得以缓解，长期困扰中国人的吃饭问题基本解决。1982～1984 年，农业生产发展的速度超过了所有人的预料，运输、仓储等严重落后于产品增加的速度，计划经济下的商业体制也无法适应新形势，导致油、麻、大豆、兔、茶、毛料等品种出现调销困难。[④] 粮食产量由 1978 年的 3048 亿公斤迅速增加到 1984 年的 4073

[①] 朱为群等：《中国三农政策研究》，中国财政经济出版社，2008，第 19～20 页。
[②] 杜润生：《杜润生改革论集》，中国发展出版社，2008，第 9～16、33～34 页。
[③] 刘振伟：《我国粮食安全的几个问题》，《农业经济问题》2004 年第 12 期，第 10 页。
[④] 杜润生：《杜润生改革论集》，中国发展出版社，2008，第 41 页。

亿公斤，年均增长率为 6.7%①，到 1983 年就出现了卖粮、储粮、运粮三难。一些产粮区的农民还提出：保口粮，保"皇粮"，不再多种粮。洞庭湖区挖田养鱼，滁县地区挖田种藕，有些地方改两熟为一熟。②

1978～1984 年中国的农业和农村经济实现了巨大飞跃，农民收入的实际年增长率达到 15.1%，成为历史上农民收入增长最快的时期之一。农村贫困线以下人口占总人口的比重由 1978 年的 33.3% 下降到 1984 年的 11%。③

表面上看，农民经济权益的获得是以高度组织化的体制被打破为前提的。一方面，在这一时期，片面强调"统"的不利之处已经被人们熟知；"分"的积极作用则正在显现，其缺陷尚未完全暴露。因此，打破高度组织化的人民公社体制、实行小岗村式的分田到户，成为"以人民利益为重""勇于改革"的先进标志。另一方面，长期以来国人由于视野的局限，对"组织起来"的理解过于单一，不知道世界上还存在各种各样的组织与合作形式。很多人听到"农民组织"就自然地联想到疾风骤雨的合作化运动和共同贫穷的人民公社。谈"合"色变、谈"组织"色变也就不难理解了。④

其实，人们在评论新中国的合作化历程时往往忽略了制度环境对集体组织的重要影响。比如，在去工业化、去商业化以及严格的统购统销政策之下，"工农商学兵"结合、"农林牧副渔"共同发展的人民公社变得功能残缺。全国众多人民公社成为纯粹

---

① 刘振伟：《我国粮食安全的几个问题》，《农业经济问题》2004 年第 12 期，第 10 页。
② 杜润生：《杜润生改革论集》，中国发展出版社，2008，第 42 页。
③ 韩俊：《中国经济改革 30 年·农村经济卷》，重庆大学出版社，2008，第 34 页。
④ 于光远、杜润生等：《改革忆事》，人民出版社，2009，第 319 页。

从事农业生产劳动的基层组织。① 几亿农民搞饭吃，农村经济和农
民生活怎么可能不困难呢？历史上，大量人民公社确实存在现金分
配拮据、社员贫困的问题，这既有公社内部的原因，也有公社外部
的原因。现在看来，国家宏观政策等外部原因也应该纳入一并考
虑。否则便无法解释为何保留至今或重新形成的集体经济组织在当
下仍能焕发活力，积累了雄厚的集体资产，成员也得以过上小康甚
至小康以上的生活（更详细的内容可参考第五章的"集体经
济型"）。

　　因此，把困难完全归因于提高农民组织化程度，至少是片面
的。即便人民公社制度本身存在无法克服的缺陷，也不意味着在市
场经济和家庭经营的新条件下，其他合作组织形式必然不能成功。
人民公社与现代合作社的本质区别已被众多学者和官员反复提及，
本书不再赘述。

　　随着开放程度日益加深，人们逐渐发现，中国的农业、农村与
发达国家和地区相比，差距不仅表现在生产力方面，如机械化、电
气化程度、高新科技应用等，更表现在生产关系方面，如经营者的
组织形式、组织程度等。现代合作事业是商品经济高度发展的产物
（因此世界历史上第一个成功的合作社是 1844 年英国纺织工人自发
成立的"罗虚代尔公平先锋社"），越是发达的国家和地区，农民
参与合作组织的情况越普遍。"在工业化国家，生产者组织②是家
庭农场成功的基础，至今仍是生产组织的主要形式。在美国，奶制
品合作团体控制了 80% 的奶产品生产，而加拿大主要的特产作物
以合作经营的方式生产。在法国，十分之九的生产者至少参加了一

① 徐俊忠、苏晓云：《"去工业化"与人民公社的困境》，《现代哲学》2009 年第 5 期，
第 62～78 页。
② "生产者组织是以会员为基础的组织或组织联盟，领导由会员选举产生并对会员负
责。组织的形式多种多样，有合作社、协会和社团等。"世界银行：《2008 年世界发
展报告：以农业促发展》，胡光宇、赵冰译，清华大学出版社，2008，第 153 页。

家合作团体，参与生产资料合作团体的比率为60%，参与生产合作团体的比率是57%，参与加工合作团体的比率是35%。"① 由于合作比单干更具竞争力，合作发展良好的地区，其社会经济环境亦更优越，形成了相互促进的良性循环。

紧随着人民公社解体而在民间自发产生的合作现象（参见第四章），表明了弱势的农民在经营中确实存在重新合作的需求。提高组织化程度，是农民维护和扩大自身权益的客观需要，不会由于某些人持不同意见而改变。因此"组织化程度越高，农民的权益越容易受到侵害、越没有劳动积极性；组织化程度越低，农民的权益越能得到保障、越积极劳动"是个伪命题，而且带来了明显的消极作用。随着中国农村和农业向市场经济转轨，农业增收越来越难以依靠单家独户来实现，客观上存在互助合作的需求。但这种需求切忌被任何外部的组织和个人垄断，要切实避免农民"被代表"。

农民应该拥有决定是否合作、以何种形式合作的权利。事实上，不管是不是能令所有人满意，从民间自发到民办公助，新时期的农民互助合作已经在全国范围内出现，并发挥着日益重要的作用。

为了避免人们产生负面的联想，主流舆论为改革开放后陆续出现的农民合作现象与合作组织加上前缀，称为"新型"农民（农村）合作、"新型"农民（农村）合作组织，以示与人民公社体制的区别。另外，本书使用的"现代合作社（或现代合作组织）"，专指最早出现在西方，以平等协商、民主管理、共同所有为特征的长期性契约组织，它与中国传统以地域、血缘、亲情为纽带的合作

① 世界银行：《2008年世界发展报告：以农业促发展》，胡光宇、赵冰译，清华大学出版社，2008，第153页。

形式存在区别。

　　新时期社会主义新农村建设的目标是"生产发展、生活宽裕、乡风文明、村容整洁、管理民主"。这其中，"生产发展"是重心，是新农村建设的经济基础和根本动力。因此，对直接作用于"生产发展"的农民经济合作进行研究，也就尤为迫切。事实上，现有的关于中国农民互助合作的研究，绝大多数亦与经济合作直接相关。有鉴于此，本书对农民合作的研究亦集中于经济领域，不直接涉及社会管理、文化娱乐等其他方面。但笔者毫不怀疑，不同领域和功能的互助合作，存在强力的相互促进作用。笔者亦不赞同，只有合作起来从事经济活动，才能提高农民的组织化程度。

二　农户经济的基本特征

　　要对农民的经济合作进行研究，首先要对农民特有的经济模式有所了解。城市，以及以城市为主要载体的工、商、服务业，通常将个人作为行动和计算单位，个人的经济行为具有相对完整、独立的经济学和社会学意义。也就是说，通过个人就可以在一定程度上反映出城市经济（工、商、服务业经济）的大致特征。而在农村，无法单凭个人的活动抽象出一种具有普遍意义的经济模式，因为农民是以家庭为经营和生活单位的，只有家庭－农户才具有较为完整的社会学和经济学意义。需要提醒读者注意，后文中大量出现的"小农""小农经济"，乃指中国特色的、分散而小规模的农户及其经济模式，而非农民个体的某种经济特性。

　　本书的"农户"指以父母及其未分家的子女组成的农民家庭。在现代，此类家庭通常只有 2～3 代人。这与当今中国绝大多数农村地区的实际情况相吻合，即小家庭（核心家庭）是基本的生活、经营单位。

中国农户有多业经营的传统。多业经营不仅体现在家庭成员的具体分工方面，还体现在劳动周期的安排方面。历史上，所谓"男耕女织"，就是家庭成员在农业和副业之间的分工。这是由中国人多地少的国情决定的。单纯经营种植业收入过低，只有通过从事其他产业才能满足劳动力再生产的基本条件。改革开放后，人口持续增多，而耕地却由于城市和工业的扩张快速减少。在"人均一亩三分，户均不过十亩"的情况下，单纯经营农业连维持家庭温饱都有困难。恰逢东部地区经济崛起以及乡镇企业快速扩张，产生了大量的就业机会。受此吸引，欠发达农村地区的青壮年男女外出打工，赚取现金；家里的老人则留在家乡经营农业，并承担抚养孙辈的责任。因为家庭内部有两代人同时务农和务工，赚取两笔收入，农民才获得了相对体面的生存条件。正是依靠这种亦工①亦农的生计模式，中国的小农经济保持着强大的生命力，当然其中的代价也是巨大的。笔者再次强调，以个体农民的经济行为作为中国"三农"研究的基础，会产生严重的认知偏差，应该以农民的家庭-农户作为观察和分析的最小单位。

由于种植业具有明显的季节性，因此一个农民完全有可能在一年中的某些时候专门从事农业，某些时候又专门从事农业以外的工、商、服务业。这样也有助于农户部分地弥补经营规模过小、农业收入过低的不足。这就是上文提到的农户在劳动周期上的多业经营。

改革开放前，为了避免关乎国家安全的粮、棉、油生产受到冲击，多业经营受到政府的严格限制，几亿农民大多只能在政府指定的农业生产环节获得收入，这就很大程度上导致农民生活水平长期

---

① 这里的"工"主要是指打工或务工，并不单指工业。

得不到显著改善。

　　一个"标准的"农民，应该是居住在农村，并且一年中要有较长且固定的时间从事农业劳动。本书提到的"农业"，指的是以有生命的动物、植物和微生物为主要劳动对象，以土地为基本生产资料，依靠生物的生长发育来取得产品的人类活动或社会生产部门，因此笔者使用的农业概念较为广义，包括传统种植业、微生物培养业、林业、畜牧业和渔业。①

　　农户要完成一个完整的农业生产周期，大致可分为三个阶段。

　　一是产前阶段。农业的产前阶段在不同种类的产品中有不同的具体内容。在种植业中，种苗、肥料、农药的准备是必不可少的。如需自己育苗，也许还要购置塑料薄膜、育苗器械等。如果是大棚种植，还包括大棚等相关设施的建设，需要的物资和人力就更多，投入就更大。在养殖业中，种苗、饲料、药品的准备同样必不可少。此外，还有生产设施的搭建、修缮、清洁消毒等。

　　如果生产规模较大，产前阶段还须做好场地的租赁和整理、雇用工人、联系机械设备和操作人员等工作。

　　在现代社会，生产周期开始之前，通常还有收集市场信息、对产品前景进行预测的阶段。对个体经营的小农而言，通常缺乏收集和研究信息的能力和手段。即便有这样的门路，由此所产生的成本也是小规模生产所难以承受的。因此，在中国，多数农户会把这一步骤省略，导致产品上市后很容易出现供过于求或供不应求的现象。

　　二是产中阶段。种植业的产中阶段包括播种，以及反复多次的灌溉、施肥、除虫、除杂草等，最后才能迎来收获。现代农业对农

---

　　①　杨宇斌：《如何破解农业与生态环境矛盾？——来自马克思主义批判视角的启示》，《理论与改革》2012年第2期，第35页。

民专业知识的要求越来越高，比如检测土壤以便施用成分和分量最佳的肥料、种植一些新引进的作物品种、应对新的病虫害等，都需要专门的知识和手段，这些条件是大多数小农不具备的。

养殖业的产中阶段包括喂饲、清除排泄物、病虫害防治、分栏（分池）、训练调教等。一般来说，养殖业受病虫害的影响更大。高品质的精细饲养、新品种的引进、繁殖等所需的科技和管理水平远高于传统种植业和饲养业，虽然收入也更为丰厚，但个体经营的小农通常无力涉足。

除了要面对市场风险外，与工业相比，农业生产还要应对更多环境和气候的突变。比如，为了应对旱、涝，需要一系列配套的农业基础设施，但个体农户无力修建可发挥抗灾作用的大中型基础设施。即便是现有的设施，也往往因为农户过于分散、缺乏组织而无法协调使用或提供起码的维护。

三是产后阶段。产品生产出来之后，还要经过烘干、运输、储藏、加工、包装等环节，不过这因农民所提供的产品而异。但有一道"工序"是所有产业都必不可少的，那就是产品的销售，它是产后阶段最重要的环节。农户在一个生产周期之中的所有努力，就是为了产品能卖个好价钱，这也是下一个生产周期能顺利开展的前提。如果一个地区某种产品的产出量太少，是不能吸引商人上门收购的，也不会形成专门的批发市场，这样就会极大地增加农民的人工、运输、交易成本。如果这个地区某种产品的产量足够大，吸引商贩到田间地头直接收购，农民是不是就能大赚其钱了呢？事情也没有这么简单。相对于小农而言，握有现金的收购商是强势群体，鲜活农产品一旦耽误了上市时间，很可能变得一钱不值，所以收购商具有天然的优势，产品以什么价格收购，往往是他们说了算，农民虽然拥有货源，但不掌握定价权。为了能尽早卖出产品，不存在共同利益的独立农户还会相互压价，形成恶性竞争。除非这种产品恰好在市场上非常抢手。

所以在当今这个农产品相对过剩的时代，销售成为农民家庭经营中的大难题。单家独户的生产规模那么小，怎么才能收集农产品的供需信息、开拓市场、打造品牌呢？

可以看出，虽然中国的农户经营规模很小，但他们获取收入的方式与单纯出卖劳力、技能、知识的劳动者有很大差别，反而与企业主的经营方式更为类似。毛泽东在《中国社会各阶层的分析》中把自耕农（即中农）归类为"小资产阶级"①。从他们的资产状况和经营特性而言，是有道理的。劳动者进入一个企业或组织，完成一定工作量之后，就能取得相应的报酬，市场风险主要由经营者承担，因为特殊情况不能拿到工资，还有政府和社会的各种救助。而农民则需要考虑更多的事情。正如上文所介绍的，为使生产过程顺利，农户必须进行一系列前期投入。在产中阶段，农户不可能获得收入，还必须继续投入劳动力进行管理，以及花钱灌溉、施肥、施农药等。这个只有投入却没有收益的时间间隔有长有短，如果是种植果树、林木，至少需要数年的培植才能迎来第一次收获。收获前的劳动环节难以体现出价值，只是劳动和物质的单向投入。劳动价值只能体现在最终产品上，但生产过程中的每个环节都影响最终产品的数量和质量。这是农业生产与工业生产的一个本质区别。只有在产品完成销售之后，农民才能一次性获得现金收入。一般而言，生产周期越长，市场波动、自然灾害等不确定因素越多。

故此，统计数据所显示的农户当年"纯收入"，并非真正意义上的纯收入，因为还未减去来年所必须投入的各项生产成本，逐年计算也不一定符合特定产品的生长周期。而城市工薪阶层通常无须

---

① 《毛泽东选集》第 1 卷，人民出版社，1991，第 5 页。

再支付生产成本,他们的"纯收入"可以完全用于消费,这才是真正意义上的纯收入。如果不了解农户经济的这个特点,像一般经济学研究那样,仅凭统计数据进行研究,很容易得出脱离实际的结论。

需要注意的是,以上三个阶段不可能单独存在,而是按照时间先后接续成一体的。只有上个周期的产后阶段顺利完成,下个周期的产前阶段才能正常开始,并根据各种生物的生长特性不断地循环往复。

三 农民互助合作研究中的两个偏向

在中国改革开放后出现的农民互助合作研究中,存在两个突出的偏向,笔者将其称为"意识形态偏向"和"流通偏向"。

"意识形态偏向"常见于研究分田到户之前(毛泽东时代)的农村互助合作运动文献中,指的是认为中国共产党之所以领导和发起互助合作运动,是因为继承了源自马克思、恩格斯的共产主义理念,以及教条式地依循经典作家对理想社会的描述。对于新中国成立后集体化程度不断提高的合作化运动,往往将其归结为毛泽东个人对理想社会的设计,以及他对共产主义的某种执念。

实际上,从现代互助合作事业在中国开展的历程可以看出,原有的农民组织形式不能应对经济社会变迁所带来的新问题和新需求,这才是源自西方的合作社与合作制在中国出现、发展的根本原因。而在不同的历史阶段,由于社会环境、国家的经济状况、战略目标等存在显著差别,互助合作运动的核心任务、组织形式、集体化程度等也就有所不同。简单而言,互助合作是根据实际需要而产生和变化的。而在新中国成立前,共产党领导下的大规模合作实践直接源于长期的战争压力。

　　"流通偏向"常见于对"大包干"后"三农"问题研究中，指的是认为农民都是农业生产和经营方面的行家，这些事务由农户独自经营最为合适，无须合作，也无须政府多管。但个体农民在产品销售上确实存在难以克服的困难，所以农户只要在流通领域（产前、产后）进行合作就足够了。一些人以此来证明毛泽东推行人民公社、实行生产领域的合作是搞错了。

　　诚然，个体小农在产品销售上的困难已经不是新问题。近年来由于农产品市场波动日益剧烈，农民的困难更显突出，流通领域的合作的确是农民所迫切需要的。但是农田灌溉、病虫害防治、资金缺乏等难以解决的问题，在各地农村同样普遍存在，这些问题并非单纯的流通合作就能解决。笔者认为，单靠流通合作解决不了当前小农在经营方面的一系列困难，生产合作和金融合作同样必不可少。

　　以上两种偏向存在联系，它们往往会同时出现，混杂在一部专著或一篇论文之中。以下论述理路很常见：因为国家对计划经济、全民所有的某种"共产主义"存在异乎寻常的热衷，所以他坚持要在全国实行政社合一、高度集权、生产资料的所有权和使用权都归集体的人民公社体制，并且通过"全国一盘棋"的统购统销、计划经济，把人民公社的集体所有制变成国家所有制的组成部分。他们坚持认为，发展到"文化大革命"时期，连农民在家里养鸡、养猪都算是发展资本主义。这样一来，农民自然就缺乏生产的积极性，这使新中国长期陷于经济短缺之中。鉴于农业完成合作化之后才形成的人民公社体制最终消亡，而国外实行流通合作的各类农民合作社却取得了显著的成效，因此他们推导出，只要是农业生产方面的事情，农民本身就是专家，不需要也容不得别人来操心。他们认为，只要农民把农产品流通方面的合作搞好，农村的面貌就能焕然一新。

以上论述某种程度上已经成为一种主流观点，是中国众多"三农"研究所默认的前提性条件。但只要全面地、不戴有色眼镜地对历史进行考察，以及在农村进行过规范的实地调研，不难发现这类论述存在一系列严重的硬伤。在这种似是而非的论述的"误导"之下，不仅对中国"三农"状况的认知容易产生偏差，而且在处理"三农"问题时也引发了众多不良后果。本书的一个重要任务，就是通过对以上偏向和带片面性的观点进行批判，向读者展示较为真实的中国"三农"图景。

要探讨中国当下的农民互助合作问题，首先要了解中国共产党推动农民互助合作、提高农民组织化程度的实践和思想历程。而且笔者认为，要客观地认识、评价历史事件，重要的不是看当事人如何说，而是要看他们如何做，要看相关要素在实践中如何呈现以及造成何种影响。因此，本书大量使用实证材料和史料，对某人、某一群体相关理论和思想的梳理不占主要地位。

四 三对新矛盾

总体而言，笔者认为，在中国特殊的人地关系之下，独立经营的农户不可避免地要应付三对矛盾：一是小农户与大市场的矛盾；二是小农户与大生产的矛盾；三是小农户与大金融的矛盾。这些矛盾的相互纠缠是新时期中国的农户经济不能获得进一步发展的主要原因，也是我们认识中国特色小农经济所不能忽视的真实前提。

以上矛盾包含在一个完整的农业生产周期中，互相渗透、互相影响。农户经营的规模越小，体现得越明显。

小农户与大市场的矛盾，主要发生在产前和产后阶段，尤其是在购买生产资料和销售农产品方面。因为无法掌握市场行情和供销信息，小农大多盲目地生产和销售；因为没有可靠、廉价的供货渠道，农户有时甚至会买到假冒伪劣的农资产品，造成重大损失；因为不掌握产品定价权，小农难以在产品销售方面维护自身利益；因为生产同种产品的农户多而分散，在产品集中上市的时候，小农容易相互压价，形成恶性竞争。

小农户与大生产的矛盾，主要发生在产中阶段。由于小农缺乏现代农业所需要的知识结构和科学手段，化学肥料和化学农药在中国的使用极不合理，非但未能达到预期的增产效果，反而导致水源和土壤被污染，建立具有可持续性的生产体系（比如病虫害生态防治措施）更是无从谈起。小农经济下，农户无力进行大规模的农田基础设施建设，原有的大中型设施得不到合理的使用和最起码的维护，使旱涝更易成灾。小农也无法使用高效率的现代农业机械，导致耕作和收割质量、复种指数长期不能提高。

小农户与大金融的矛盾，主要发生在产前和产后阶段。金融是现代经济的血液，农业作为现代经济必不可少的组成部分，自然也需要金融的支持。一些经济效益较好的种植、养殖项目，在农产品的加工、存储、包装、运输设备，产品的营销、品牌打造等方面都需要较大规模的资本投入。对于进入农业和农村的城市资本、工商企业来说，由于具备雄厚的实力，享受政府提供的各种优待，在使用现代金融工具方面不存在大的困难。但分散的小农要获得金融服务，则存在三个无法克服的障碍：①在广大农村，绝大多数农民的土地、山林、房屋都无法在正规金融机构用作贷款抵押品；②可贷款的规模小，成本高；③借贷双方的信息严重不对称，风险大。故此，部分贷款无门又急需资金的农民只好求助于民间高利贷。

以上三对矛盾的解决思路不止一种。但为了保证农业可持续发展、有效配置生产要素，也为了维持起码的社会公平、减少两极分化，提高农民组织化程度、以农民间的互助合作为主的办法最为适宜。

需要指出的是，笔者在此使用"新矛盾"一词，原因在于这些矛盾是随着改革开放的发生和深化而逐渐浮现出来的，并非历来就如此。它们为何在改革开放前不存在？什么因素导致它们出现？在新时期它们又是如何逐步形成的？这些都是本书要回答的问题。

五　本书的核心问题和书名的立意

（一）本书要解决的核心问题

1. 新中国成立之后，为何需要把原来高度分散的农民组织起来，政府是通过什么手段、以什么形式把农民组织起来的？对此问题的回答主要集中在本书的第一章、第二章、第三章。

2. 既然中国农民曾经是高度组织化的，为何当前却高度分散化，这一局面是如何逐步形成的？对此问题的回答，主要集中在本书的第三章、第四章。

3. 当前存在的农民合作组织，可以大致划分为哪些类型，它们的效果有何区别？对此问题的回答主要在本书的第五章。

4. 既然农民意识到互助合作的客观必要性，为何农民的自发合作极其罕见？有什么途径可以增进农民间的互助合作？对此问题的回答，主要集中在本书的第六章、第七章。

（二）何谓"贵贱之间"？

本书的标题"贵贱之间"是一个双关语，既指农产品、农资价格的高低落差，亦指中国农民经济收入的波动及其社会地位、政治地位的变化。

在市场经济之下，由于缺乏必要的调控措施和组织形式，个体小农的生产经营具有很大的盲目性，既难以把握市场行情，也缺乏抵御自然灾害和经营风险的有效途径。农产品供给与市场需求之间常有不平衡的现象，导致"菜贵伤民""菜贱伤农"之类的事件轮番上演，引起了各级政府和社会各界的高度关切，更重要的是增加了原本就弱势的广大小农的经营风险和负担，在长时段内减缓甚至抵消了小农收入的实际增长。

由于小农收入低、风险高、劳作辛苦，再加上长期存在的城乡二元体制和选举权不平等，农民的经济地位偏低。即便是中国的农民，长期以来他们中的大多数也期待着离开农村、脱离农业，做城里人，过上城市生活，否则就是"没本事""没出息"。

在广大农户无法把控的农产品和农资价格上下波动的影响下，他们的经济收入难以提高。农民、农业的弱势，长期存在的歧视，农民的地位低贱，这是小农在市场经济中面临的重要困境。而在笔者看来，走出这一困境的一条可行途径，就在于农民必须重新组织起来，以集体的力量来应对各种自然风险、市场风险和社会风险，进而提升自身地位，由"贱"而"贵"。只有农民摆脱原子化的现状，中国的新农村建设和农业现代化才有可能走出泥淖，为实现"两个一百年"的宏伟目标提供有力支撑。

第一章 | 新中国成立前共产党领导的农民互助合作运动

虽然在共产党取得全国政权之前，中国曾存在形形色色的农民合作实践和思想，但毫无疑问，中国共产党在组织农民方面是最有成效的，也是持续时间最长的。正是靠着建立起的以农民为主体的人民军队，中国共产党取得了执政党的地位。靠着合作化运动、社会主义改造运动、统购统销政策等的有力支撑，共产党领导的中国政府建立起独立且相对完备的工业体系，建设了大量基础设施，为改革开放之后的经济腾飞打下了基础。

在新中国成立前的内战时期（从土地革命开始）和抗日战争时期，共产党领导互助合作运动既是出于军事斗争以及取得政权的实际需要，也有增加农民收入、改善农民生活等经济方面的考虑。

第一节 正式建立根据地之前

早在正式建立革命根据地之前，中国共产党就已经开始了对农民互助合作运动的探索。由于共产党此时仍未建立起自己的军队，所以当时的互助合作运动并未和武装斗争的实际需要结合起来。

一　共产党成立初期

早在 1921 年 9 月，共产党员沈玄庐①创办了浙江萧山衙前农民协会，这可能是共产党人创办的第一个农民合作组织。他还领导起草了中国现代农民运动史上第一个革命斗争纲领——《衙前农民协会宣言》和《衙前农民协会章程》，提出了土地应该归农民使用、由农民所组织的团体保管分配等革命主张，并做出了"三折还租"（按原租额 3 折交租）、取消"东脚费"（地主下乡收租时由佃农负担的路费）、反对交预租等规定，得到了广大农民的拥护。受其影响，在短短两个多月里，萧山、绍兴、上虞三县方圆 150 公里内有 82 个村建立了农民协会，会员超过 10 万人。同年 12 月 18 日，各村农民协会在衙前召开联合会议，政府派兵包围了会场，逮捕了并杀害了协会的农民领袖，又强令解散各地农民协会，当地农民运动暂时转入低潮。②

1921 年 5 月，广东省海丰县人彭湃从日本留学返回海丰，从此全力投身中国农民的革命和解放事业。他于当年 7 月组织了社会主义研究会，学习和研究马克思主义、列宁主义、十月革命的经验，探讨中国革命问题。随后又组织了劳动者同情会，以了解劳动者情况，宣传革命道理，为劳动者争取权益。1922 年 7 月 29 日，彭湃在住处与 5 名当地农民成立了农民协会，这是广东省第一个农

---

① 沈玄庐（1883~1928 年）即沈定一，诗人，浙江萧山人。1920 年 8 月，沈玄庐与陈独秀、李达等人共同发起成立上海共产组织，成为中国共产党的创建者之一，参与起草了《中国共产党纲》。1924 年以共产党员身份参加国民党第一次全国代表大会，被选为候补中央执行委员。

② 中共杭州市委党史研究室：《衙前农民运动》，《杭州日报》2009 年 7 月 16 日（C6）；厉晓杭：《衙前：打响农民运动第一仗》，《宁波日报》2011 年 6 月 26 日，第 A1 版；曾宪林、谭克绳主编《第一次国内革命战争时期农民运动史》，山东人民出版社，1990，第 12 页。

会（有些地方简称为"农协"）。农会成立后，针对海丰地区存在的农民互相夺佃、地主加租易佃的现象，彭湃等人制定出条例：凡会员，未经本人许可和农会批准，其他会员不得夺佃；如非会员夺耕会员之地，农会劝告非会员让其交换耕地；凡地主对会员加租易佃，未经被易佃会员声明放弃和农会批准，无论何人，不得佃耕。如果地主不同意农会的决定，便实行"同盟非耕"，让地主的土地荒起来等。条例公布以后，农会会员之间的争执消失了，地主也不敢对会员任意加租易佃。此后，农会的威信进一步提高，会员或非会员之间发生了事端都来找农会，而当地的司法衙门却冷冷清清。由于"农会是贫人的会"的思想日益深入人心，从 1922 年 9 月开始，赤山、平岗、银镇等乡级农会相继成立。从 1923 年 1 月 1 日，海丰县总农会成立，彭湃任会长。加入农会者已达 2 万户，管辖的人口有 10 万人，占全县人口的 1/4。这是全国第一个县级农民协会。1923 年 4 月，彭湃亲自到陆丰筹备组织县总农会。6 月，陆丰县总农会成立，入会者 3.5 万余人、7000 余户。①

在彭湃的领导下，两县农会领导人不断总结经验，制定了农民运动纲领。纲领的主要内容有：谋农民生活之改善；谋农业之发展；谋农村之自治；谋农民教育之普及。他们还明确提出农会斗争的目标："（一）对付田主；（二）对付官厅。即经济的斗争与政治的斗争并进，使农民有经济斗争的训练及夺取政权的准备。"有了斗争纲领和目标后，海陆丰的农民运动发展更为迅速。惠阳、紫金、普宁等县的农民也纷纷起来组织农民协会。1923 年 5 月，海丰县总农会改称惠州农民联合会，各县分设县联合会；7 月，又将惠州农民联合会改为广东省农民联合会，推举了 13 人组成执行委

---

① 《第一次国内革命战争时期的农民运动资料》，人民出版社，1983，第 136 ~ 223 页；曾宪林、谭克绳主编《第一次国内革命战争时期农民运动史》，山东人民出版社，1990，第 17 ~ 20 页。

员会，彭湃任委员长。①

此外，湖南衡山岳北地区也在共产党员的领导下，于1923年9月成立了岳北农工会，并迅速发展到会员4万余人。但在当年11月就被军阀刘恒惕镇压而转入低潮。②

1922年11月，陈独秀在《中国共产党对于目前实际问题之计划》中专门论述了"农民问题"。他认为，"中国共产党若离开了农民，便很难成为③一个大的群众党"。而中国的一般农民遭受着如下痛苦。

（1）由于外货输入，"一般物价增高率远高于农产物价格增高率，因此自耕农民多卖却其耕地降为佃农，佃农则降为雇工，或流为兵匪"。

（2）"水旱灾荒使各种农民一律受苦"。

（3）"兵乱及灾荒使农民大为迁徙，其迁徙所至之地方遂至佃农雇工均供过于求，因同业间竞争，地主及雇主所要求的条件日加苛酷"。

（4）以上三种原因导致"农民食用不足，遂不得不受高利盘剥之痛苦，此项痛苦以无地之佃农为最甚"。

要想解除农民的痛苦，陈独秀认为应该采取"组织农民消费协社"以及"组织农民借贷机关"等一系列措施。④

总体而言，虽然这一时期共产党已经对农民在国民运动中的重要性有一些认识，但工作还是围绕着城市来展开，在城市的学生和工人阶级自然成为其群众工作的核心对象。除极个别地区外，对农

---

① 曾宪林、谭克绳主编《第一次国内革命战争时期农民运动史》，山东人民出版社，1990，第21页。

② 曾宪林、谭克绳主编《第一次国内革命战争时期农民运动史》，山东人民出版社，1990，第23～27页。

③ 原文如此。

④ 中央档案馆编《中共中央文件选集》第1册，中共中央党校出版社，1989，第124～125页。

民的互助合作缺乏实际的推动措施，更没有明确的土地改革纲领，真正意义上的合作社几乎没有。对于农民的具体工作，尚处在宣传和组织农民协会、扩大共产党在农村的影响、启发农民阶级觉悟的阶段。

二　大革命时期

大革命时期（也称为第一次国内革命战争时期）[①]，由于国共合作，共产党人及其领导的组织有了公开、合法的身份，这为其开展农民合作运动创造了更宽松的条件。1924 年 1 月，在广州召开的中国国民党第一次全国代表大会重新阐释了三民主义，确定了联俄、联共、扶助农工三大政策，标志着国共第一次合作正式形成。在这次大会上，国民党专门针对农民提出了政纲——《农民运动之宣言》。其中写道，国民党"当对于农夫工人之运动，以全力助其开展，辅助其经济组织，使日趋于发达，以期增进国民革命运动之实力"。[②] 会后，国民党在中央设立农民部，作为全国农民运动的领导机构，共产党员林伯渠任部长，彭湃任秘书。这既肯定了共产党在农民运动方面所取得的成绩，也体现了共产党在全国农民运动中的领导地位。

农民部成立以后，积极开展宣传活动，创办了《中国农民》（月刊）、《农民运动》（周刊）等刊物。国民党中央执行委员会还规定每月拨款 1.8 万元作为全国农民运动经费。[③] 1926 年 1 月，根

[①] 大革命指 1924 年至 1927 年中国人民在中国共产党和中国国民党合作领导下进行的反帝反封建的革命斗争，1927 年的"四一二"反革命政变和"七一五"反革命政变标志着大革命的结束和失败。

[②] 《第一次国内革命战争时期的农民运动资料》，人民出版社，1983，第 17 页。

[③] 曾宪林、谭克绳主编《第一次国内革命战争时期农民运动史》，山东人民出版社，1990，第 31 页。

据共产党人的提议，中国国民党召开第二次全国代表大会。大会提出了《农民运动决议案》，指出"引导农民，使成为有组织之民众，以参加国民革命"，以及"从速设立农民银行，提倡农民合作事业"；组织方面，规定"各省党部均应设立农民部，并与中央农民部，发生密切关系，实行中央党部之统一运动计划……各省区市党部之宣传部，须与各该省市之农民部发生密切关系，尤须与中央农民部发生密切关系，使此种运动，成为本党之整个的统一的运动"。①

为了培养农民运动骨干，共产党派出了彭湃和毛泽东帮助国民党举办了广州农民运动讲习所，每期都由共产党人讲授"农村合作"课程。②

在这种环境和条件下，共产党领导的农民运动有了长足发展，其中以广东、广西、湖南、湖北、江西、河南等省最为积极。广东、广西、河南、湖北4省更是率先成立了省级农民协会。③值得一提的是，由于彭湃等人坚持不懈的努力，广东不仅是国民革命的发源地，亦被认为是全国农民运动最先兴起的地方。④

1925年5月，广东省农民协会第一次代表大会通过了《农村合作运动决议案》。其中写道："……在根本改造目的尚未达到以前……合作运动就是改革目前农民生活状况的一种有效方法。所谓合作运动，应即是农民间基于互助精神而组织的一种合作事业，其作用在于抵制资本家地主奸商的垄断和重利盘剥，按之农村现在的情况，当急速组织者有下列三种：（一）购买合作……（二）贩卖合作……（三）借贷合作。"《农民合作运动决议案》除了再次提

---

① 《第一次国内革命战争时期的农民运动资料》，人民出版社，1983，第33~34页。
② 米鸿才、邸文祥、陈乾梓编著《合作社发展简史》，中共中央党校出版社，1988，第150页。
③ 《第一次国内革命战争时期的农民运动资料》，人民出版社，1983，第65页。
④ 《第一次国内革命战争时期的农民运动资料》，人民出版社，1983，第5页。

及督促成立上述 3 种合作社外，还指出："生产合作社，确能增加并改良农民之生产，而使其生活上有余裕。"1926 年 12 月举行的湖南省第一次农民代表大会通过了《农村合作社问题决议案》，除了指出"信用合作社""贩卖合作社""消费合作社"是农民"最为迫切"的需要外，还明确指出："为谋农田水利之改进，农业生产力之增加，亦可组织'生产合作社'。""为谋对农产品之加工（如将谷子加工做成米，将木头加工锯成木板），及其他使用之便利（如共同使用水车），亦可组织'利用合作社'。"1927 年 3 月举行的湖北省农民协会第一次全省代表大会，在《农村合作社问题决议案草案》中指出了"信用合作社""购买合作社""贩卖合作社""利用合作社""生产合作社"的重要作用，还明确要求"以上各种合作社之组织，为不可缓之举，各地应努力以求普遍的实现"。①

1925 年 10 月 10 日，中国共产党发表了《告农民书》，指出各级农民协会的"执行委员会均得指定会员若干人组织特殊团体，办理自卫军、消费合作社、教育会、水利局、害虫检查会等公益事业"。②

毛泽东在 1927 年 3 月写成的《湖南农民运动考察报告》中，也把"合作社运动"作为农民在农民协会领导之下所做的 14 件大事之一。他认为："合作社，特别是消费、贩卖、信用三种合作社，确是农民所需要的。"③

武汉国民党政府农民部曾对全国农民协会会员进行统计，截至1927 年 6 月，全国有县级农会 201 个，区级农会 1102 个，乡级农

---

① 史敬棠等编《中国农业合作化运动史料》上册，三联书店，1957，第 73～78 页。
② 中央档案馆编《中共中央文件选集》第 1 册，中共中央党校出版社，1989，第 517 页。
③ 《毛泽东选集》第 1 卷，人民出版社，1991，第 2 版，第 40 页。

会 16144 个（其中湖南有 13207 个），村级农会 4011 个，总会员数为 9153093 人。值得注意的是，湖南的会员有 4517140 人，占了全国会员总数的一半。[①]

这一时期，在农民运动蓬勃发展的地区，一些专门为农民生产、生活服务的合作社开始出现。首先是在广东省广宁县，由澎湃领导的减租运动取得胜利后，农民的积极性大为提高，于 1925 年"成立了几个合作社，在社岗、折石方面合作社的宣传很甚，社岗农民很辛苦的去做合作社运动，合作社成立时就差不多有 500 人，现在[②]有 1500 人了"。[③]

1927 年，在湖北省一些农民运动有所发展的县，"农村经济多陷于恐慌地位，其原因很复杂，或是有因不能出卖，或是谷米价格受限制，甚至禁米出口，而有钱的人又实行闭货，这都是乡村经济恐慌的重要原因，所以建设农民银行，为合作社，已是刻不容缓的了，现在有许多地方已成立合作社，他们的基金，是没收的财产，有许多合作社，已出了流通小票，信用很好，但是没有转合作社的人材这是困难的"。[④]

由于第一次国内革命战争时期政局动荡，而且各地农会维持的时间较短，关于合作社方面的资料保留下来的很少，因此笔者无法更加详细地展现合作社当时合作社的发展情况。

总体而言，这一时期虽然出现了一些由共产党组织的合作社，但影响非常有限。主要的原因在于以下三个方面。

（1）共产党领导的合作运动处于初创期，欠缺经验。即便在

---

① 《第一次国内革命战争时期的农民运动资料》，人民出版社，1983，第 66 页。
② 笔者根据该文内容推测，所指时间应为 1926 年底至 1927 年 1 月。
③ 中国社会科学院经济研究所中国现代经济史组《第一、二次国内革命战争时期土地斗争史料选编》，人民出版社，1981，第 80～86 页；米鸿才、邸文祥、陈乾梓编著《合作社发展简史》，中共中央党校出版社，1988，第 152 页。
④ 《第一次国内革命战争时期的农民运动资料》，人民出版社，1983，第 511 页。

农会影响所及的地方，传统的互助合作方式仍然占据主流。

（2）国民党在 1927 年发动了"清党运动"①，共产党在全国遭到残酷镇压，各省执行"合作运动决议"的时间太短。广东只有两年时间，湖南、湖北只有不到 1 年的时间。这些初创的合作社未及建立较为明晰、稳定的体系和业务范围，就随着第一次国内革命的失败而解体。

（3）多数地方还未制订相应的章程来推动合作社的筹办。毛泽东在《湖南农民运动考察报告》中也提到："大问题，就是详细的正规的组织法没有。各地农民自动组织的，往往不合合作社的原则，因此做农民工作的同志，总是殷勤地问'章程'。假如有适当的指导，合作社运动可以随农会的发展而发展到各地。"②

另外，由于土地改革未真正进行，根据地也未建立，真正发挥作用的农民合作社以消费、贩卖、信用为主，生产和利用合作社则未及实施，生产方面的互助合作仍然由农民依照传统的办法自发进行。

第二节　土地革命时期

土地革命时期（也称为第二次国内革命战争时期）③，在中国共产党发动武装斗争、组织农民反抗国民党统治的过程中，各革命根据地再次开展了互助合作的实践，从而对农民互助合作的必

---

① 清党运动，第一次国共合作后期国民党新右派排除加入了国民党的共产党人的行动。
② 《毛泽东选集》第 1 卷，人民出版社，1991，第 41 页。
③ 土地革命时期是指 1927 年至 1937 年中国共产党领导中国人民深入开展土地革命、反对国民党统治的内战时期。这一时期共产党在各根据地开展了打土豪、分田地、废除封建剥削和债务等活动。1937 年抗日民族统一战线形成为其结束的标志。

要性和意义有了进一步的认识。因为时常处于国民党军队的"围剿"之中，各根据地面临着严酷的战争环境。为了缓解劳力、耕畜和农具缺乏的问题，各根据地往往在民间换工传统的基础上，动员和组织分得田地的群众实行换工和开展耕牛、农具的互助使用。

合作社的政治意义和教育作用也引起了共产党人相当的注意，中央政府国民经济人民委员[①]吴亮平在《目前苏维埃合作运动的状况和我们的任务》一文中写道："合作社是最容易懂得的最切近普通农民群众的经济组织。在合作社内，无产阶级可以有效地教育农民，说服农民，使农民群众逐渐了解共产主义的真义，巩固无产阶级与农民的联合，加强无产阶级对于农民的领导。这样我们的合作社，不但是战斗地团结工农，动员群众的经济组织，而且是保证将来革命转变的有力杠杆。"[②]

这一时期，由于建立了相对稳固的革命根据地和苏维埃政权，不仅流通领域的互助合作有所发展，而且开始出现生产领域的互助合作。[③]

在多数根据地将土地分给农民耕种，实行"耕者有其田"（为了避免农民群众发生分化，苏维埃政府禁止土地租赁和买卖，实际上农民仅获得土地使用权，土地所有权属于政府[④]）的同时，也有一些地方采用了共耕制。比如位于湖南东部的醴陵苏区，就在1927年冬至1928年春组成了耕作委员会和手工业委员会，实行共

---

① 相当于国民经济部部长。
② 中国社会科学院经济研究所中国现代经济史组编《革命根据地经济史料选编》上册，江西人民出版社，1986，第180页。
③ 杜润生主编《当代中国的农业合作制》上册，当代中国出版社，2002，第40页。
④ 中共中央党校党史教研室选编《中共党史参考资料（三）》，人民出版社，1979，第37页；中国社会科学院经济研究所中国现代经济史组编《第一、二次国内革命战争时期土地斗争史料选编》，人民出版社，1981，第197、215、221、317、431、461页。

同生产共同消费的共耕制，"所有农产品归苏维埃依照农民之需要多少，给予农民和手工业工人"。① "牛只肥料犁具猪一概公用。凡属农协的会员，无论到哪一家都有饭吃，有衣穿，有床铺可睡……如杀一只猪，其肉则分配给该地民众。"② 不过在国民党军队的"围剿"之下，醴陵苏区仅坚持了半年时间，因此其"共耕制"还未留下值得关注的经验和教训便夭折了。除此之外，1928 年平江暴动后，湖南省委指示湘鄂赣特委在新成立的苏区推行"共耕制"。到 1929 年底，由于造成了生产的减少或田园的荒废，这一尝试也在湘鄂赣特委书记王首道的建议下取消了。③

在 1930 年 5 月经全国苏维埃区域代表大会通过的《土地暂行法》，以及同年 9 月修订后重新颁布的《土地暂行法》，都明确提到要组织"生产、消费合作社"。修订版《土地暂行法》中的原文为："苏维埃政府须办理一切公益事业，如创办农民银行，组织生产、消费合作社，办理教育文化事业，实施社会救济（维持孤儿寡妇等）。"④

这一时期，还有个别地方组织起一些集体农场。比如 1930 年秋，鄂豫皖特委要求"从乡苏维埃到区到县都努力兴办农场"，并规定试办 15 个由雇农组成的集体农场。实行的结果是"劳民伤财、使老百姓受到伤害"。在遭到中共中央六届三中全会的批评后，鄂豫皖的集体农场在 1931 年 2 月被解散。⑤

---

① 中国社会科学院经济研究所中国现代经济史组编《第一、二次国内革命战争时期土地斗争史料选编》，人民出版社，1981，第 254、262、263 页。
② 中国社会科学院经济研究所中国现代经济史组编《第一、二次国内革命战争时期土地斗争史料选编》，人民出版社，1981，第 260～261 页。
③ 叶扬兵：《中国农业合作化运动研究》，知识产权出版社，2006，第 106～107 页。
④ 中国社会科学院经济研究所中国现代经济史组：《第一、二次国内革命战争时期土地斗争史料选编》，人民出版社，1981，第 394、432 页。
⑤ 叶扬兵：《中国农业合作化运动研究》，知识产权出版社，2006，第 106～108 页。

共产党的各个根据地中，中央苏区①范围最大、人口最多、生产生活的困难突出，这是研究这一时期共产党领导中国农民互助合作的重要案例。由于是共产党中央的所在地，组织制度、档案、相关记录都较为完善，给后人的研究提供了相当的方便，因此下文所使用的材料主要来自中央苏区。

一　耕田队和劳动互助社

各苏维埃根据地创办各类合作社，并非单纯出于对社会主义理想的追求，更直接的原因是为生产生活的现实条件所迫。共产党成功实行武装割据的地区，通常是交通不便、易守难攻的山区，经济条件原本就较差。这些地方的耕牛、农具等本来就比较缺乏。随着国民党军队"围剿"的兵力日益增多，战争规模逐渐扩大，大批根据地军民失去性命，耕畜被劫杀、农具被焚毁的情况就更多了。与此同时，为了粉碎敌军的"围剿"，苏维埃政府不得不动员越来越多的青壮年参加红军。这样一来，各根据地的劳动力、耕畜和农具的缺乏日趋严重，1932～1933 年达到极端缺乏的地步。以中央苏区为例，兴国县、上杭县在 1933 年有 80% 以上的青壮年参加了红军。其他地方无劳动力或缺少劳动力的农户占了 3/4。整个中央苏区，25% 的农户完全无耕牛，70% 的农户缺乏耕牛。由于以上原因，许多田地丢荒，粮食减产。仅中央苏区就荒芜耕地 100 余万担②。因此，采用各种劳动互助形式，有组织地调剂资源，解决劳

---

① 中央苏区，即中央革命根据地，是土地革命时期全国最大的革命根据地，也是全国苏维埃运动的中心区域，是中华苏维埃共和国党、政、军首脑机关所在地。中央苏区由以瑞金为中心的赣南、闽西两块苏维埃区域组成，鼎盛时期总面积为 8.4 万平方公里，总人口达 453 万人。
② 当时，当地农民以"担"为计算耕地的单位，常年产量为 1 担稻谷的面积即是"1担田"，因此每担田的实际面积并不完全相同。

动力、耕牛、农具不足问题，成为发展农业生产、支援革命战争、改善群众生活的一项最基本任务。[①]

为了应对劳动力不足的困难，苏区群众创造了耕田队和劳动互助社。福建省上杭县才溪乡88%的青壮年男子参加红军在外支前，全乡只剩69个男劳动力，这严重影响了农业生产。因此在1929年，才溪乡成立了根据地内第一个耕田队。耕田队在村内以4～8户为单位自愿联合成1队，队内劳动力互相调剂使用。耕田队由雇农、贫农、中农组成，目的是义务帮助无劳动力和劳动力不足的红军家属耕种、收获，并开展群众之间的劳动互助，帮助缺少劳力的孤寡老人。帮助红军家属劳动时，各人自带饭包、工具，不收工钱，红军家属只提供菜和茶水；帮助孤寡老人劳动时，由主人家提供饭、菜、茶水；实行普通群众互助时，每人每天付工钱两毫，劳动技能高者还可以适当多收工钱。耕田队组织起来后，作用非常明显——全乡农户不论家中有无劳动力，都没有耽误农时。1930年6月毛泽东到才溪乡视察工作时，充分肯定了他们的创举，并提议将耕田队扩大为互助社。1931年夏收期间，根据毛泽东的提议，才溪乡耕田队发展为"劳动互助社"。这是一种比耕田队规模更大，有组织、有计划地调剂劳动力的群众性组织，是中央苏区第一个劳动互助社。[②]

从此，耕田队及劳动互助社在苏区逐渐扩展。中央工农民主政府总结了群众的经验，制定了《耕田队条例》及《劳动互助社组织纲要》等，对其加以规范和推广。

《劳动互助社组织纲要》的主要内容包括：①劳动互助社的作用，是在农村中使农民互相帮助做工，有计划地调剂农村中的劳动

---

① 杜润生主编《当代中国的农业合作制》上册，当代中国出版社，2002，第41～42页；叶扬兵：《中国农业合作化运动研究》，知识产权出版社，2006，第109页。

② 余伯流、凌步机：《中央苏区史》，江西人民出版社，2001，第681～682页；中共中央文献研究室编《毛泽东文集》第1卷，人民出版社，1993，第332页；杜润生主编《当代中国的农业合作制》上册，当代中国出版社，2002，第42页。

力，使有余的劳动力不致闲置；劳动力不足的，不致把农事废弃。同时又可养成群众的阶级互助精神。②不论男女老幼，各人自愿入社，不得用强迫命令方法。"但地主、富农、资本家及其他无选举权的，一律不准入社。"③劳动互助社以村为单位组织，最大的只能以乡为单位。以家庭为单位加入互助社。④社员大会为最高权力机关。由社员大会选 3～5 人组成委员会，再公推 1 名主任。社员按照住处接近、能力技术配合适当、过去感情关系编成小组，人数不限，公推 1 人为组长。委员会分配人工时，须召集组长会议。⑤互助社调剂劳动力的办法：每个社员须事先将自己某天要做的某项农活，以及需要的人工、工作时间，1 个月内自己能有几天帮助别人做工等，向委员会报告。委员会登记并统计后，统一分配工作。如社内人工不够分配，可与别村、别乡、别区的互助社订立互助合同。⑥社员做工时，应计算工资，但无须马上结算。可由委员会统计，农忙后再结算。多做工者，由互助社补给工钱；多用工者，付给互助社相应工钱。工资水平由社员大会决定，允许按各人的能力和技术高低分别规定，但差别不能过大。⑦红军公田和红军家属的人工，按有关规定予以照顾和优待。①

耕田队和劳动互助社的创办和发展，缓和了苏区农业劳动力短缺的困难，增强了农户之间的团结互助精神。它在不变更生产资料私有制的前提下调整了生产关系，对恢复和发展苏区农业生产起了重要作用。这种调剂劳动力的办法，后来发展到区与区、乡与乡之间②，并引起了毛泽东的注意。③新中国成立后政府在全国推行较大规模的合作社和公社，最早的启发也许来源于此。

---

① 史敬棠等编《中国农业合作化运动史料》上册，三联书店，1957，第 85～87 页。
② 杜润生主编《当代中国的农业合作制》上册，当代中国出版社，2002，第 43 页。
③ 中共中央文献研究室编《毛泽东文集》第 1 卷，人民出版社，1993，第 301 页。

二 耕牛站和耕牛合作社

土地革命时期，由于长期的动乱和战争，赣南、闽西一带耕牛短缺的情况严重。早在 1930 年 7 月，闽西苏维埃政府就发布了《禁杀耕牛》的通告。中华苏维埃共和国临时中央政府土地人民委员部在 1933 年发出《关于组织犁牛合作社的训令》，其中提到了"现在苏区中雇农、贫农的耕牛农器甚为缺乏"的原因：①国民党军队累次向苏区进攻，老百姓的耕牛被敌人杀了很多，农器被敌人焚烧破坏。②各县有奸商故意宰杀耕牛，同时地主、富农、奸商又把苏区的耕牛大批运到白区出卖。③许多地方政府在以往没收豪绅、地主、富农的耕牛农器时，没有很好地分配，甚至不分给贫农雇农，而是拿来出卖。分给贫农雇农的，又因为没有相应的组织，管理不善，耕牛农器弄死弄坏了许多，造成苏区生产减少，荒田增多，谷价高涨，大大增加了贫苦工农的困难。① 宰杀和向白区②出售耕牛的一个重要原因，是苏区的富裕农民担心耕牛会被没收，因此把牛卖掉换成货币，成为他们保持家庭资产的一个手段。

据毛泽东在 1930 年 10 月对江西省兴国县永丰区的调查："贫农的牛力是很缺乏的，以贫农百家论，本区每家一条牛的只有十五家，两家共一牛的四十家，三家共一牛的十家，四家共一牛的五家，无牛的三十家。"③

为了应对这一困难局面，1932 年 1 月至 3 月，苏维埃中央人民

---

① 史敬棠等编《中国农业合作化运动史料》上册，三联书店，1957，第 89 页。

② 在这一时期，各苏维埃根据地往往自称为"苏区""红区""赤色区域"等；在此之外的国民党统治区，通常简称为"白区"。

③ 中共中央文献研究室编《毛泽东农村调查文集》，人民出版社，1982，第 221 页。

委员会连续 3 次开会，讨论春耕中的耕牛等问题，并发布文告，要求各地政府切实帮助农民克服缺乏耕牛、农具、粮食、种子等困难。[①] 1932 年 2 月 8 日，苏维埃临时中央政府发布《关于春耕问题的训令》，指出："在春耕中实行耕种互助运动，无论人工、耕牛、农具、种子一概彼此帮助，以便适当的解决目前春耕中各种困难问题。""各地政府……对于灾区应当在可能范围内，代其设法购牛，设立耕牛站，无代价或极低廉价租与无牛的农民使用。另一方面农民须尽可能的集股去买耕牛共用，亦可向信用合作社借资（各地须创办信用合作社）。富农多余的耕牛工具等均要没收分给无牛或缺牛的雇农贫农，或是富农的牛除了耕种自己的田外，一定要他租借别人耕种，也可付以最低的租金。中农贫农的牛，须宣传鼓动他们在耕种互助运动下除自己使用外，还须以相当的租金出租给无牛的农民。"[②]

1933 年 3 月，中央土地人民委员部总结各地试办耕牛站、犁牛站的经验，发布了《关于组织犁牛站的办法》，提出"一定要在基本农民群众自愿原则之下组织之……政府绝对不可强迫命令。""应以分得该耕牛农具的雇农贫农及红军家属等为该犁牛站的基本站员。""犁牛站所有耕牛农具，归全体站员公有。每个站员都有借犁牛站的耕牛农具之权。""每个借犁牛站的耕牛农具的站员，一定要出相当租钱，为供给耕牛食料和修理农具以及津贴管理者相当经费的用处。"[③]

从现有的材料中，笔者尚未看到耕牛站、犁牛站的具体实行情况。

1933 年初，瑞金县武阳区石水乡农民为解决耕牛不足的问题，创造了犁牛合作社的组织形式。当时该乡有 68 户（占总农户的

---

① 余伯流、凌步机：《中央苏区史》，江西人民出版社，2001，第 683 页。
② 史敬棠等编《中国农业合作化运动史料》上册，三联书店，1957，第 80 页。
③ 史敬棠等编《中国农业合作化运动史料》上册，三联书店，1957，第 88 页。

30%) 272 人没有耕牛，过去他们都是租牛耕种，每担谷田交牛租谷 5 斤。石水乡每人分田 7.5 担，每年需支付牛租谷 10200 斤。贫农团在共产党支部和乡政府领导下，发起犁牛合作社。他们以没收地主的 2 头牛及其牛租谷 150 斤为基金，每个入社农民每担田交入社费 3 斤谷子。当时有 47 人入社，得谷 1207 斤，加上来自地主的牛租，共 1357 斤谷子，又买了耕牛 2.5 头。全社的 4.5 头牛能耕田 360 担，社员的 355 担谷田全部耕完后还有多余的牛力对外出租，所以此后社员就无须出租谷了，还可以年年用耕牛。如此一来，不仅比自己买牛、养牛节省了许多，比向私人租牛也要强得多，其他群众纷纷要求入社。①

1933 年 4 月 13 日，中央土地人民委员部发布《关于组织犁牛合作社的训令》，全面推广瑞金县石水乡的经验。其中写道："单把没收地主富农的耕牛农器组织起来，还是不够，必须发动群众入股，大家出本钱添买耕牛农器。此外，还要发动那些自己有耕牛农器的人加入合作社，给他以相当的租金，用互助两利的办法，来解决贫苦农民缺乏耕牛农器的问题。"②

耕牛的使用要由全体社员大会讨论决定，通常是以组为单位，用牛的先后次序由小组长统筹安排，提出使用计划，经全体社员讨论同意后，按计划依次到各家耕作。合作社的盈余不分配给社员，而是用来添置耕牛农器，再加上新生的小牛，犁牛合作社的积累得以扩大。这样不仅保证了本社社员对耕牛的需要，而且还可以出租给别人使用。不论是为社员还是为其他人耕田，租金都比向私人租牛低廉，显示出合作经济的优越性。③

---

① 史敬棠等编《中国农业合作化运动史料》上册，三联书店，1957，第 120 页；杜润生主编《当代中国的农业合作制》上册，当代中国出版社，2002，第 43 页。
② 史敬棠等编《中国农业合作化运动史料》上册，三联书店，1957，第 89～90 页。
③ 米鸿才、邸文祥、陈乾梓编著《合作社发展简史》，中共中央党校出版社，1988，第 158 页。

三 劳动互助社和耕牛合作社取得的成果

由于实践中效果明显，而且有一系列文件和会议的指示，中央苏区的劳动互助社和犁牛合作社迅速发展，其中发展最快、效果最好的是瑞金县和兴国县。截至 1934 年 9 月，瑞金县的劳动互助社社员达 8987 人；犁牛合作社社员 71935 人，股金 3529.5元。截至 1934 年 4 月，兴国县的劳动互助社达 1206 个，社员 22118 人；犁牛合作社 72 个，社员 5552 人，股金 5168 元，耕牛 121 头。同年 9 月，互助社社员发展到 51715 人，犁牛合作社的耕牛达 208 头。①

劳动互助社和犁牛合作社都是在个体经济基础上组织的农业生产互助合作组。前者是统一调剂劳动力，共同劳动，没有公共财产；后者是统一管理使用耕牛、农具，有公共财产，且能不断积累扩大。

广大农民群众在共产党和苏维埃政府的领导下，依靠互助合作的力量，兴修水利、开垦荒地。1933 年，仅中央苏区就减少荒田 21 万余担，与闽浙赣苏区合计，共减少荒田 32 万担。1934 年，有的县（如兴国）开完了所有荒田，连荒了几十年的"死地"得到也得到复垦。水利建设方面，旧的坡圳池塘几乎全部修好，新开的也有不少。1934 年春耕时，仅闽西的长汀、宁化、汀东 3 县，就修好坡圳 2366 条，新开几十条。赣南的瑞金县，修好旧坡圳 2314条，新开 26 条；修水塘 219 座，新开 8 座。受益于此，该县 94%的耕地面积得到灌溉。由于荒地的开垦和生产条件的改善，1933年的粮食产量已超过革命前的水平。中央苏区的谷子产量比 1932

---

① 杜润生主编《当代中国的农业合作制》上册，当代中国出版社，2002，第 47 页。

年增加 15%，闽浙赣苏区增加 20%。闽西上杭县才溪区，革命前缺粮甚多，1932 年产量已经够食，1933 年甚至已经有余。农业生产的恢复和发展，不仅改善了广大农民群众的生活，而且有力地支援了反"围剿"斗争。①

四 流通、加工、金融等领域的合作组织

除了农业生产以外，在物资流通方面，中央苏区也面临着异常的困难。国民党南昌行营对苏区实行严密的经济封锁，规定凡粮食、食盐、汽油、洋油、电灯、药品器材、信件报纸、可供制造军用品之材料等，严格禁止运入苏区。国民党军政当局在与苏区交界的白区城镇设立食盐、洋油公卖处，限定当地居民凭证购买，每人每月限购食盐 3~5 两；煤油 10 人以上每户每月不得超过半斤，5 至 9 人每户每月不得超过 4 两，5 人以下每户每月只能购买 2 两。而且规定相应物资只能每半月购买一次，过期不补，超购者以"通匪"论处。②

在这种情况下，苏区内军用和民用物资逐渐短缺。以食盐为例，在苏区 1 块银元只能买到 12 两（老秤，16 两为 1 斤）食盐，且很少有卖。而商人从白区购进食盐，1 块银元可买 6~7 斤。另一方面，苏区出产的粮食、木材、钨砂、土特产品等白区市场需要的物质，又因贸易中断而卖不出去，导致苏区经济窒息。③

因此，中央苏区政府积极支持和指导农民组织起信用合作社、消费合作社、粮食合作社、购买合作社、运销合作社、工业合作社

① 杜润生主编《当代中国的农业合作制》上册，当代中国出版社，2002，第 47~48 页。
② 余伯流、凌步机：《中央苏区史》，江西人民出版社，2001，第 662 页。
③ 余伯流、凌步机：《中央苏区史》，江西人民出版社，2001，第 662 页。

等互助合作组织。1933 年 12 月，在瑞金召开了苏区合作社第一次社员代表大会，组成了"苏区合作总社"。据 1934 年 1 月的统计，中央苏区加入各种合作社的社员达 50 万人。闽浙赣苏区加入合作社的人数约占其总人口的一半，有些区、乡的劳苦群众几乎都加入了合作社。在上述合作社中，发展最快的是消费合作社、信用合作社、粮食合作社。①

（一）消费合作社

中央苏区的商业贸易，由国营商业、集体商业、私营商业组成。国营商业主要是苏维埃中央政府统管下的各级对外贸易局和粮食调剂局经营的业务。私营商业由于得到苏维埃政府的保护和鼓励，因此遍布苏区各地。例如，1931 年 11 月苏维埃第一次全国代表大会上通过的《关于经济政策的决定》明确规定："苏维埃应保证商业自由，不应干涉经常的商品市场关系。"为了活跃市场，苏维埃中央政府于 1931 年 11 月 28 日颁布的《暂行税则》也规定了对小商人的免税办法："……（乙）肩挑小贩及农民直接出卖其剩余产品者一律免收商业税。（丙）商业资本二百元以下的一律免税。（丁）商人遇险或遭意外损害，报告政府经查验证实者得许免税。"②

集体商业以各类消费合作社为主要形式。消费合作社这种互助合作形式，最早出现于 1928 年 10 月，由东固革命委员会拨款和群众集资建立，经营布匹、药材、食盐、烟叶、鞋袜等商品。1929 年 10 月，扩建为东固消费合作总社，下设两个分社。工作人员不仅坐店经营，还"一双草鞋一副担"，自带干粮，送货下村，受到苏区群众热烈欢迎。除经营日用品和生产资料外，该社还收购、运

---

① 杜润生主编《当代中国的农业合作制》上册，当代中国出版社，2002，第 49 页。
② 余伯流、凌步机：《中央苏区史》，江西人民出版社，2001，第 705～714 页；中央档案馆编《中共中央文件选集》第 7 册，中共中央党校出版社，1989，第 796 页。

销山货。1929 年 10 月，闽西苏区上杭县才溪区的上才溪乡、下才溪乡分别创办油盐肉合作社、布匹合作社、屠宰合作社，随后又创办才溪区消费合作社。这种目的在于保障供给、搞活流通、减少剥削、增加收入的消费合作社，迅速在苏区各县推广。据 1934 年 2 月的统计，中央苏区共有消费合作社 1140 个，社员 295993 人，股金 372525 元，基本实现了 1 乡 1 社。红军和政府机关、人数较多的企业，也建立了规模不等的消费合作社。① 为了规范消费合作社的组织和经营，1933 年苏维埃中央政府专门颁布了《消费合作社标准章程》。②

为了扶持消费合作社发展，苏维埃中央政府颁布的《暂行税则》还规定："凡遵照政府所颁布之合作社的条例组织之消费合作社，复经县政府批准登记的，得由县政府报告该省政府，许可免税。"③

消费合作社资金主要来自社员自愿入股，每股大洋 1 元，当地苏维埃政府可认股加入，但只享有普通会员资格。合作社通过各种方式到白区购买群众需要的生活日用品，然后运回苏区销售，年终盈余按股分红。合作社以优惠价格向社员出售商品；非本社社员购物时价格高于本社社员，但不得高于市价；紧缺商品，社员可优先购买。合作社由社员大会选举出的管理委员会负责日常经营。有的消费合作社还附设油坊、屠宰场、铁工场，兼收农副产品，大大方便了群众的购销活动。④

---

① 余伯流、凌步机：《中央苏区史》，江西人民出版社，2001，第 712 页。
② 中国社会科学院经济研究所中国现代经济史组编《革命根据地经济史料选编》上册，江西人民出版社，1986，第 336 ~ 339 页。
③ 中国社会科学院经济研究所中国现代经济史组编《革命根据地经济史料选编》上册，江西人民出版社，1986，第 414 页。
④ 余伯流、凌步机：《中央苏区史》，江西人民出版社，2001，第 712 ~ 713 页；杜润生主编《当代中国的农业合作制》上册，当代中国出版社，2002，第 50 页。

消费合作社的建立对打破敌人的经济封锁，解决群众日用品严重短缺问题，起了很好的作用，深受群众欢迎。因此在中央苏区的合作社运动中，以消费合作社所办数量最多，社员人数最多。[1] 苏维埃中央政府国民经济人民委员吴亮平于 1934 年 4 月在《目前苏维埃合作运动的状况和我们的任务》一文中写道："最活泼、最与群众密切相联系的、最得群众信仰的，是消费合作社的组织。"[2]

（二）信用合作社

各地乡村完成土地革命以后，地主富农手中的债券被焚烧，高利贷债务亦取消，有些农村更是顺势取消了一切债务。多数拥有财货的地主土豪死的死、跑的跑，资本藏匿不出，因此土地革命后的农村借贷普遍绝迹，金融流通基本停止。尤其在收获季节，农民无钱支付工资，必需的生产生活用品还要花钱购买，结果只能贱卖粮食，以资救济。这也是导致苏区出现严重的工农业产品剪刀差的重要原因。由于吃亏太大，已经出现了农民情愿把田禾抛弃不收，甚至是不愿领田耕种的现象。[3]

中央苏区采取了国有银行和信用合作社相结合的办法来解决信贷问题。国有银行除了自己发放贷款外，还将一部分资金发放给各地信用合作社，通过合作社再将资金贷予社员个人。信用合作社最早于 1929 年由闽西苏区创办，后在赣西南苏区也逐渐发展起来。[4] 中共闽西特委在《关于剪刀差问题》的通告中指出："帮助奖励群众创造合作社，如……信用合作社等，使……农村贮藏资本得以收

---

① 余伯流、凌步机：《中央苏区史》，江西人民出版社，2001，第 713 页。
② 中国社会科学院经济研究所中国现代经济史组编《革命根据地经济史料选编》上册，江西人民出版社，1986，第 174 页。
③ 中国社会科学院经济研究所中国现代经济史组编《革命根据地经济史料选编》上册，江西人民出版社，1986，第 39～40 页。
④ 余伯流、凌步机：《中央苏区史》，江西人民出版社，2001，第 743 页。

集，使金融流通。"①

为了规范信用合作社的组织和经营，推动其发展，1933 年 9 月 10 日，苏维埃中央政府颁布了《信用合作社标准章程》，规定："以便利工农群众经济的周转，与帮助发展生产，实行低利借贷，抵制高利贷的剥削为宗旨。"信用合作社以极低利息向社员提供贷款，社员以工农劳苦群众为限，富农、资本家、商人及其他剥削者不得加入。当地政府在必要时可以认股加入，但只有普通社员的资格，无任何特权。合作社的成员以家庭为单位，每股大洋 1 元，不论入股多少，投票时每家只有 1 票。每期纯利的 50% 为公积金，10% 为管理委员及职员的奖金，10% 用于社员公共事业，30% 返还给社员。②

由于苏区忙于彻底完成土地革命，而且部分中央领导人对经济建设不够重视，所以信用合作社初始发展较慢，直到 1933 年查田定产以后才有了较快发展。信用合作社除了为银行代理私人借款业务外，还承担为银行宣传和兑换苏维埃纸币、帮助银行发行公债等业务。信用合作社筹集的资金还可向银行入股，充实银行资金。因此，信用合作社不仅是群众解决自身资金困难的集体金融组织，还是国家金融体系的重要组成部分。各级信用合作社的发展，在抵制高利贷剥削、活跃苏区金融、发展经济、改善工农生活等方面发挥了重要作用。③

（三）粮食合作社

在传统社会，秋收时节粮价较低，春末夏初粮价则较高。由于

---

① 中国社会科学院经济研究所中国现代经济史组编《革命根据地经济史料选编》上册，江西人民出版社，1986，第 40～41 页。
② 中国社会科学院经济研究所中国现代经济史组编《革命根据地经济史料选编》上册，江西人民出版社，1986，第 381～384 页。
③ 余伯流、凌步机：《中央苏区史》，江西人民出版社，2001，第 743～744 页；王贵宸：《中国农村合作经济史》，山西经济出版社，2006，第 176 页。

苏区的金融流通停滞（前文已经提及），农民贱价卖粮、贵价买粮的问题更为严重。另外，由于敌人持续不断的"围剿"，各根据地必须保有一定规模的武装力量，为此便要保证相应人员的给养，其中最要紧的就是粮食。由于敌军在第四次"围剿"中掠夺和焚烧了大量粮食，去年中央苏区因灾歉收，政府又未能有计划地储存粮食，一些奸商趁机囤积粮食并偷运出境，加上苏区内一些地方搞粮食山头主义，人为地阻碍粮食流通等，到1933年春，整个中央苏区的粮食形势异常紧张，军需民食都很困难。①

实际上，土地革命兴起以来，新生的共产党根据地政权就把粮食工作放在重要地位，各县、区、乡政府都设立了专门的粮食工作部门和粮食委员。苏区最早的粮食合作社是1930年创办的上杭县才溪区"粮食调剂局"，1933年2月改名为粮食合作社。全区8个乡，每乡1社，共8个社；同年5月，发展到16个社。1933年，才溪区的上村乡、章文乡发生饥荒，全区的粮食合作社合力救济，结果受灾群众无一饿肚子，全区其他乡也未出现饥荒。另外，该区下才溪乡还专为过路红军、行人、机关人员及被难群众买米而设立了一个"贩米合作社"。有了这个合作社，红军过路时就用不着挨门挨户到群众家买粮了。②

1932年邓子恢就任中央财政部部长后，为了妥善调剂苏区的粮食余缺，决定借鉴1930年闽西苏区创办粮食调剂局的经验，在全中央苏区开展粮食合作社运动。1932年8月21日，苏维埃中央政府人民委员会发出《关于发展粮食合作社运动问题的训令》，要求在全中央苏区迅速创办粮食合作社，指出："这种（粮食）合作社主要作用是调节粮食价格，减少剪刀（差）

---

① 《当代中国》丛书编辑部编《当代中国的粮食工作》，中国社会科学出版社，1988，第18页。

② 杜润生主编《当代中国的农业合作制》上册，当代中国出版社，2002，第50页。

现象，是工农贫苦阶级抵抗商人、富农商业资本剥削的一种经济组织。"而且限于当年的"十月底以前各主要县份，必须做到每乡都有粮食合作社的组织（边区除外）"。① 与此同时，还颁布了《粮食合作社简章》。

农民加入粮食合作社须交股金，每股 1 元，每户 1 股或数股。入社社员卖粮或买粮均须在社内进行。收获季节由合作社出资以略高于市价向社员收购米谷，待春荒时以略低于市价的价格返销给社员，但不许社员高价倒卖。每年 4 月后如果合作社有库存余粮，可以略低于市价的价格向市场出售粮食以平抑物价，亦可贩运至缺粮地区销售。如果资本充足，还可经营油、豆、糖等。合作社每年结算 1 次，红利的 50% 作为公积金；50% 按社员向合作社售粮数分配，从中还可以抽出 10% 奖励工作人员。②

粮食也是消费品的一种，何以要在消费合作社之外另立粮食合作社呢？1933 年 5 月，中央经济部的训令第 2 号——《关于倡办粮食合作社与建立谷仓问题》——回答了这个问题：粮食合作社"与消费合作社做粮食零星门市买卖者不同，它的主要任务是在预储大量的粮食，调剂苏区粮食价格的过高或过低，提高农民的生产兴趣，增加生产量，同时反抗富农、奸商的投机剥削和充裕红军以及政府机关的给养，改善劳苦工农群众的日常生活"。所以，"现在即刻起，务要在每一乡成立一个粮食合作社"。③

据统计，到 1933 年 8 月，中央苏区共建立粮食合作社 513 个，

① 中国社会科学院经济研究所中国现代经济史组编《革命根据地经济史料选编》上册，江西人民出版社，1986，第 315~316 页。
② 余伯流、凌步机：《中央苏区史》，江西人民出版社，2001，第 689~690 页；中国社会科学院经济研究所中国现代经济史组编《革命根据地经济史料选编》上册，江西人民出版社，1986，第 315~316 页。
③ 中国社会科学院经济研究所中国现代经济史组编《革命根据地经济史料选编》上册，江西人民出版社，1986，第 330 页。

社员 11.2 万人，股金 9 万元。中央苏区南部 17 县、北部 11 县经济建设大会召开以后，加快了发展速度。在 1 个月内，瑞金县粮食合作社社员增加了四五千人；兴国县也在 1 个月内增加社员 1 万多人。截至 1933 年 9 月底，中央苏区已有 16 个县建立了粮食调剂分局。据其中 12 个分局统计，1933 年 4 月至 6 月，粮食交易额达 40 万元，赢利 1 万余元。①

不过，1934 年 4 月苏维埃中央政府国民经济人民委员吴亮平在《目前苏维埃合作运动的状况和我们的任务》一文中却对粮食合作社提出了严肃的批评："我们的粮食合作社，极大部分还没有起他②应有的调剂粮食的作用……一部分做了消费合作社的营业，一部分只是储藏一些谷子，尽备荒仓的作用，其余一部分则简直只挂空名，没有实际的工作。真正买卖粮食，调剂粮食的，还是非常的少。"③ 可见粮食合作社的运行效果在不同地方差别很大，总体而言还未发挥出应有的作用。

五　中央苏区的互助合作运动结束

1932 年 4 月 12 日，苏维埃中央政府颁布了《合作社暂行组织条例》。条例第一条即规定："正式宣布合作社组织为发展苏维埃经济的一个主要方式，是抵制资本家的剥削和怠工，保障工农群众利益的有力武器，苏维埃政府并在各方面（如免税、运输、经济、房屋等帮助）来帮助合作社之发展。"第五条规定：每个社员的入股数不能超过 10 股，每股金额不能超过 5 元，以防止少数人之操

---

① 余伯流、凌步机：《中央苏区史》，江西人民出版社，2001，第 691 页。
② 原文如此。
③ 中国社会科学院经济研究所中国现代经济史组编《革命根据地经济史料选编》上册，江西人民出版社，1986，第 175 页。

纵。此外，还对成员成分、合作社种类、合作社原则、需要向政府报告的材料等都做了规定。①

条例颁布以后，苏区的各类合作社组织，开始走上规范化快速发展的道路。为加强对合作社运动的领导，中央政府指定中央财政人民委员部负责指导与协调合作社的工作。1933 年 2 月，合作社的工作移交给新成立的中央国民经济人民委员部负责。该部专门成立了合作社指导委员会，帮助全苏区合作社的系统建设，并监督其管理。中央财政人民委员邓子恢和中央国民经济人民委员林伯渠、吴亮平等对苏区合作社事业的建立与发展，倾注了大量的心血。②

由于苏区经济事务的客观需要，加上苏维埃政府加强了工作力度，从 1933 年起（尤其是南部 17 县和北部 11 县经济建设大会以后），中央苏区的各类合作组织如雨后春笋般蓬勃发展，进入了快速扩张的阶段。1934 年 2 月中华苏维埃第二次全国代表大会结束以后，中央苏区合作社运动更是迅猛发展。吴亮平在《目前苏维埃合作社运动的状况和我们的任务》一文中公布了合作社发展情况。截至 1934 年 2 月，消费合作社数目达 1140 个，社员295993 人，股金 322525 元；粮食合作社达 10712 个，社员243904 人，股金 242079 元；生产合作社达 176 个，社员 32761人，股金 58552 元。但他也指出："在粮食合作社的数字中，一部分是空虚的。"③

中央苏区的合作社组织，最先出现于赣西南的东固苏区，即1928 年 10 月由东固区革命委员会拨款和群众集资建立的东固消费合作社。到 1934 年秋，由于当时中共临时中央政治局"左"倾冒

---

① 中国社会科学院经济研究所中国现代经济史组编《革命根据地经济史料选编》上册，江西人民出版社，1986，第 87 ~ 88 页。
② 余伯流、凌步机：《中央苏区史》江西人民出版社，2001，第 746 ~ 747 页。
③ 中国社会科学院经济研究所中国现代经济史组编《革命根据地经济史料选编》上册，江西人民出版社，1986，第 172 ~ 173 页。

险主义的错误领导，中央苏区第五次反"围剿"失败，中央红军被迫实行战略转移，进行了举世闻名的两万五千里长征。主力红军离开后，国民党军队对苏区进行了疯狂的烧、杀、抢、掠，地方还乡团也趁机大肆反攻倒算，广大工农群众处于国民党的血腥镇压和黑暗统治之中，互助合作运动随之停顿。①

虽然合作社在一定程度上保证了生产和军事的需要。不过由于面临严峻的战争环境，很多合作社是由政府牵头发动、自上而下组织起来的，并不完全出于农民自愿，所以在红军撤出中央苏区之后，各类互助社及合作社才会瓦解得如此彻底。保留下来的很多资料都可以证明当时普遍存在以计划和任务的形式，自上而下推动建社的情况。例如，1933 年 7 月 22 日发布的《中共中央组织局关于收集粮食运动中的任务与动员工作的决定》中写道："推销三百万经济建设公债，在每一个乡苏建立一个粮食合作社，一个消费合作社。粮食合作社，在江西要发展到五十万社员，股金五十万元（每股一元），福建十万社员，股金十万元。消费合作社，在江西、福建的发展数目也是如此。在每个区的主要圩场上建立一个粮食调剂支局。这应该是党与苏维埃政府的战斗号召。"还指出，"如果认为经济战线上的广大动员，不是为着革命战争的利益，或者曲解这是动员的中心，从革命战争转到了经济建设，都是极端有害的，应该无情的克服这些机会主义的倾向"。② 又如，江西《省委通讯》在 1933 年 8 月 14 日发表的《我们在经济战线上的火力——合作社运动是经济战线上主要之一环》写道："在粉碎敌人五次'围剿'的战斗任务面前，给我们在经济战线上的具体任务，如：（一）每乡建立一个粮食合作社、消费合作社，并各要有社员五十万人，股

---

① 杜润生主编《当代中国的农业合作制》上册，当代中国出版社，2002，第 53 页。
② 中国社会科学院经济研究所中国现代经济史组编《革命根据地经济史料选编》上册，江西人民出版社，1986，第 132～136 页。

金五十万元。（二）从粮食合作社储蓄粮食卅万石。（三）完成推销经济建设公债三百万元。江西苏区的各级党部和每个党员，就非以战斗的精神，努力在经济战线上发扬火力，努力突击不可！"①

虽然劳动互助社等组织在强调"自愿"的同时，或多或少地带有行政强制性，但在当时也被中央苏区的广大农民理解和接受。因为它们确实解决了劳动力、农具等短缺的困难，也是苏区农民在紧急的战争状态下互相救助、共渡难关的客观需要。至于犁牛合作社，农民自愿参加的成分更多，因为它多以从地主、富农处没收的耕牛、农具、粮食等作为基金，加入合作社的贫下中农等于是给自己增加了一部分"公共财产"；而且社员支付给合作社的使用费也确实比原来租用私人所有的耕牛便宜，农民自然乐于参加。

张闻天在 1933 年 4 月 22 日撰写了《论苏维埃经济发展的前途》② 一文，指出了合作社的经济性质："在苏区内生产与消费的合作社，不是资本主义的企业，因为资本家与富农的加入合作社是完全禁止的。这是一种小生产者的集体的经济，这种小生产者的集体经济目前也不是社会主义的经济。但是它的发展趋向将随着中国工农民主专政的走向社会主义而成为社会主义的经济。在目前，无产阶级在其中的领导作用，集体的生产与消费，社会主义的教育，同资本主义的投机与高抬物价做斗争，已经使我们的合作社，带有了一些社会主义的成份。"③

除了劳动互助社，中央苏区的各类合作社基本上是以工农劳动群众出资组成的集体所有制为基础的经济合作组织。它们并非单纯以追求经济利润为目的，也不单纯从生产需要出发，更主要的是从

---

① 中国社会科学院经济研究所中国现代经济史组编《革命根据地经济史料选编》上册，江西人民出版社，1986，第 140 页。
② 这是张闻天在中央苏区工作时期第一篇全面论述革命根据地经济的文章。
③ 张闻天选集编辑组编《张闻天文集》第 1 卷，中共党史出版社，1995，第 347 页。

战争需要出发，是为了支援革命战争、打破敌人经济封锁、改善群众生产生活条件。在筹办和运作的过程中，合作社体现了自愿互利和民主管理的特点，分配上也兼顾了集体利益和个人利益，总体而言是具备了一些社会主义成分的集体经济组织。

第三节　抗日战争时期

1935 年，中央红军主力长征到达陕北，建立了中华苏维埃人民共和国中央政府西北办事处，陕北就此成为共产党新的中央根据地。1937 年 9 月 6 日，根据国共合作协议，陕甘宁苏区改名为陕甘宁边区，包括今陕西省北部、甘肃省东部、宁夏回族自治区东南部。陕甘宁边区辖 23 个县，人口约 150 万人（一说为 200 万人），面积约 13 万平方公里。陕甘宁边区首府为延安，是中共中央和中央军委的所在地。由于日本帝国主义的残酷侵略，这一时期共产党领导的互助合作运动也出现了一些新的变化。

一　社会背景和外部条件发生变化

土地革命时期，陕甘宁边区就已经组建起一些合作社。中央红军到达陕北后，又按照原来中央苏区的经验开展劳动互助运动。由于经济条件十分困难，为了支持长期的抗日战争，各根据地和边区几乎从建立的时候，就着手发展合作社。1936 年，中共中央国民经济召开了省、县级经济部部长联席会议，详细讨论了组织合作社的办法，并成立了合作社指导委员会（1938 年春改为合作指导局，归陕甘宁边区政府领导）和合作总社。与此同时，中华苏维埃人民共和国中央政府西北办事处颁布了《合作社发展大纲》。该文件与以往政策有两点较明显的不同：（1）允许富农加入劳动互助社；
（2）互助社虽然以乡为单位组织，但运作重心已向由行政村或自
然村组成的小组转移。此后边区各县都建立了区消费合作社及乡支
社。后来随着国民党军队的进攻和占领，陕北东部各县的合作社均
遭到破坏。1936 年 12 月，西安事变和平解决，边区东部各县又先
后回到共产党的领导之下，这些县的消费合作社又重新建立起
来。① 1939 年 3 月，边区政府公布了《陕甘宁边区劳动互助社暂行
组织规程》，其内容与 1936 年的《合作社发展大纲》基本相同，
唯一的重大差别就是"凡属边区农民"都可以加入互助社。这意
味着地主、富农也可以成为社员，反映了共产党人在抗日时期对农
村剥削阶级政策的变化。

这一时期的农民互助合作与前一时期相比有了明显的变化，原
因在于中日之间的国家、民族矛盾上升为主要矛盾，国内政党、阶
级矛盾降为次要矛盾。为了团结各阶级的力量一致抗日，建立牢固
的抗日民族统一战线，中共中央提出了停止没收地主土地，以减租
减息作为抗日战争时期关于农民和农业工作的基本政策。这一政策
获得了广大群众拥护，也调动了各阶级抗日和生产的积极性。

抗战期间，共产党领导的抗日民主根据地发展到 1 亿人口，互
助合作运动也因为生产和抗战的需要有了大规模发展。

二 严峻的战争和经济局面

抗战以来，日军对各边区实行严密的经济封锁，导致各类物资
均严重短缺。更为严重的是，日军对各敌后根据地不时进行残暴的

---

① 米鸿才、邸文祥、陈乾梓编著《合作社发展简史》，中共中央党校出版社，1988，第
158~159 页。

"扫荡"，实行烧光、抢光、杀光的"三光政策"。八年抗战期间，仅晋察冀边区被敌伪直接杀害和受虐待、伤病致死的普通百姓就达71万人（未计入抗日部队牺牲数字），被抓走壮丁60万余人，粮食损失达133亿多公斤，房屋损失256万多间，牛马驴骡损失63万余头，农具家具损失2621万件，碉堡、公路、封锁沟墙占地889万余公亩（约133万余亩）。①

从1939年1月国民党五届五中全会起，国内政治形势逆转，国民党设立了"防共委员会"，政策重点转向消极抗日、积极反共。从当年5月开始，国民党军队对陕甘宁边区设置修筑了由5道沟墙组成的封锁线，长达千余里，处处设立岗卡，盘查过往行人和客商，禁止边区的土特产出口，禁止将生产工具、日用工业品、医药、纸张等运入边区。在其他各地，国民党顽固派亦不断制造反共摩擦。②1939年12月至1940年3月，这些反共摩擦发展为对共产党军队和控制区的大规模武装进攻。

与土地革命时期类似，共产党领导的抗日根据地大多处在经济条件较差的农村地区，人民原本就较为贫困，不仅工业几乎空白，农业生产也十分落后，因此长期以来，人民承担的租税与政府开支之间存在不小的矛盾。特别是在1941~1942年极端困难时期，根据地面积缩小，这使人民和军队、政府之间在分配上的矛盾更加尖锐。一方面为了对抗日军和国民党反动派的进攻，需要更多士兵，并且保证他们的供给和装备水平；另一方面又必须保证人民衣食所需，否则党和军队就会脱离群众，得不到人民的拥护。1940年4月11日，毛泽东致电彭德怀，就军事、经济等工作进行通报，其中写道："全国十八个根据地，工作最差、最无秩序、最未上轨道

---

① 中国社会科学院经济研究所中国现代经济史组编《革命根据地经济史料选编（下）》，江西人民出版社，1986，第19页。
② 杜润生主编《当代中国的农业合作制》上册，当代中国出版社，2002，第55页。

的是财政经济工作，许多重要工作都接受了苏维埃时期的教训，独财政工作至今没有接受过去教训……如不速加注意，必遭破产之祸。"① 1940 年 4 月 20 日，毛泽东致电周恩来："请问国民党，对八路是否还准备发饷，如发则已，否则我们将向全国全世界（包括苏联在内）募捐，发起普遍的募捐运动（我们真正准备这样做），学叫化子讨饭吃的办法，因为国民党迫得我们没有路走，我们将要饿死了。"②

三　陕甘宁边区的互助合作运动

在介绍第二次国内革命时期的部分，笔者提及各根据地的互助合作运动往往是自上而下组织起来的，不完全是群众自愿自发的组织。那么陕甘宁边区的情况又如何呢？中共西北局研究室在 1944 年写成的调查报告——《陕甘宁边区的劳动互助》，为后人提供了全面而客观的情况：

> 当时的苏维埃政府为了帮助农民发展生产，曾根据江西的经验普遍组织了"劳动互助社"、"耕牛合作社"、"农民生产小组"、"杂务队"（半劳动力作农业辅助劳动的组织）、"优红代耕队"（或称义务耕田队）、"妇女生产小组"等等劳动互助的组织……上述的各种劳动互助组织，除了"代耕队"之外，都不起什么作用。相反，由于农业生产的低落和耕地的面积缩小，民间原有的各种劳动互助组织也呈现着衰退的现象。比较明显的如延安县安塞县等地过去每乡都有一两个札工，内战时

---

① 顾龙生编著《毛泽东经济年谱》，中共中央党校出版社，1993，第 146 页。
② 顾龙生编著《毛泽东经济年谱》，中共中央党校出版社，1993，第 150 页。

期它们都绝迹了。

　　国内和平以后①……民间原有的各种劳动互助自发地增长起来，例如延安、安塞一带的扎工的数量，在一九四○年大致已达到并超过了土地革命以前的水平……但是从内战时期就组织起的"劳动互助社"等，依然是不起作用。基本原因是由于它们不是农民群众自愿的组织，而是自上而下地按乡、村抄名单式地组织起来的空架子。许多农民还认为它们是政府为了动员义务劳动的组织，所以他们愿意自己组织变工、扎工而不愿意把"劳动互助社"等等充实起来。一九四○年以后，这些组织都非正式地取消了。

　　在这个时期，边区的个别地区曾根据农民的要求和觉悟，利用民间旧有的形式组织了劳动力，而且起了很大的作用。②

　　这份材料非常清楚地提供了如下信息：共产党在新中国成立前所统计和公布的合作社数目、社员人数等往往存在"水分"，因此不能盲目采信。特别重要的是，对共产党发起的合作社运动的作用不能估计过高，对民间传统、自发的互助合作的作用不能估计过低。尤其在相对安定的陕甘宁边区，由于不存在紧急的战争状态和敌人对农具、牲畜的普遍破坏，大规模自上而下的互助合作运动缺乏牢固的群众基础。

　　虽然如此，边区大力发展互助合作运动仍然有其客观必要性。以陕甘宁边区为例，总体而言其存在劳动力不足的问题。特别是随着边区非农业生产人员（大量青壮年参加了八路军，还有许多人参加了政府、各种抗日组织以及各类工矿企业）的增多，粮食供

---

① 指 1937 年以后，即国共实现合作后。
② 史敬棠等编《中国农业合作化运动史料》上册，三联书店，1957，第 212～213 页。

需矛盾越来越突出。由于劳动生产率和粮食亩产量都很低，增加粮食总量的主要途径就是开垦荒地，增加耕地面积。而边区以家庭经营为主的分散状况难以适应这一要求，因此把边区现有劳动力最大限度地组织起来成为必然。

由于日军残酷的"扫荡"，加上国民党政府在经济上的封锁和军事上的挑衅，各抗日民主根据地的生产和财经陷入非常困难的境地，迫切需要自力更生，加强农业生产和经济工作。因此1939年中共中央召开的干部生产动员大会、第二次边区党代表大会、第一次参议会、第一次农展会等，均提出发展生产的号召。这些号召推动了干部深入群众，动员男、女、老、幼以及二流子参加生产，增加了劳动力，还打破了农民怕发展生产的心理。"一九三九年的开荒数达到了一百万亩以上；真正向外边买进牲口来，也是那一年为最多。"①

在陕甘宁边区，历来存在变工、扎工（亦称"札工"）、唐将班子、兑地、请牛会、锣鼓班子等传统互助组织及形式。但这些组织往往限于本族或至亲好友之间，而且组织松散，具有数量少、规模小、临时性、不固定等特点，主要是农忙季节的一种临时性劳动组织。②

这些组织及互助形式符合当地的民情和传统习惯，也符合黄土高原沟壑纵横的自然条件，更重要的是符合当时当地的生产力水平，因此抗战初期，边区政府试图以乡、村为单位，组织农民集体劳动、引导农民走向集体化道路的意图没有被群众接受。土地改革和减租减息所激发出来的劳动热情，以及1939以来中共中央对发展生产的号召，反而使"民间原有的各种劳动互助自发地增长起

---

① 〔日〕竹内实：《毛泽东集》第8卷下册，东京：北望社，1971，第193页。
② 黄正林：《陕甘宁边区社会经济史（1937~1945）》，人民出版社，2006，第111页。

来……在 1940 年大致已达到并超过了土地革命以前的水平"。

例如，延安县为了完成 1942 年开荒 8 万亩的任务，曾组织了
487 个扎工队，还吸收了 4939 个强劳力参加集体劳动，占全县全
劳动力的 1/3。仅用了原定开荒时间的 1/3，就完成了 58% 的任务。
在此之前，延安县曾发起运盐运动，为防止耕地荒芜，当时便组织
了农民变工、扎工锄草。

延安县的经验引起了毛泽东的重视。在 1942 年 12 月召开的陕
甘宁边区高干会上，毛泽东宣传、表扬了延安县积极利用传统劳动
互助形式来发展生产，批评了对推动农业生产态度消极的干部：
"调剂劳动力及其他许多帮助农民的办法，如变工、扎工等，关系
增进农业甚大，但是除一部地方如延安等县外，我们还没有去加以
组织和发扬。""许多同志……缺乏实事求是与积极努力的精神，
他们缺乏创造性，他们觉得农业上没有什么工作可做，或者不知从
何着手，于是只提出'春耕'、'秋收'等空洞口号，自己采取消
极态度，让农民自流地去干，政府只是事后登记一下。但实际上要
做的事很多，很多好办法都可以想出来。例如：延安县在一九四二
年春耕时，一部分农民情绪很低，发生了移走、或者分家、或者卖
牲口准备缩小生产的现象。这些现象，在缺乏积极精神与缺乏创造
性的同志看来，是没有办法的，只好听天由命，让其坏下去。但延
安县的同志们却不是这样，他们没有消极态度，也没有官僚主义。
他们能够抓住问题的要点，采取积极的办法，克服了困难。当时党
与政府做了在宣传上、在粮食调剂上、在窑洞和农具调剂上的许多
工作。后来，不但生产没有缩小，反而增加了八万余亩耕地。这一
实例证明：我们的地方党与地方政府在农业上有很多的工作可做与
应做，而且只要扼要、得法，一做就会生效。"[①]

---

① 〔日〕竹内实：《毛泽东集》第 8 卷下册，东京：北望社，1971，第 197～198 页。

在引用了延安县的报告之后，毛泽东进一步号召："我们希望全边区的同志都有延安同志这样的精神，这样的工作态度，这样和群众打成一片，这样的调查研究工作，因而也学会领导群众克服困难的马克思主义的艺术，使我们的工作无往而不胜利。边区各县同志中像延安同志这样或差不多这样的人是不少的，我们希望这些同志的模范经验，能够很快的推广到一切县区乡里去。"①

毛泽东在高干会的报告中专门谈到了调剂劳动力对农业生产大有帮助，"其中特别是劳动互助社的办法最为重要，应在全边区普遍实行起来"。② 那么应该实行什么样的劳动互助呢，毛泽东对此有详细的说明：

> 关于劳动互助。这就是说，在一村之内，或几村之间，不但每一农家孤立地自己替自己耕种土地，而且于农忙时实行相互帮助。例如以自愿的五家六家或七家八家为一组，有劳动力的出劳动力，有畜力的出畜力，多的出多，少的出少，轮流地并集体地替本组各家耕种、锄草、收割，秋后结账，一工抵一工，半工抵半工，多出的由少出的按农村工价补给工钱。这个办法叫做劳动互助，从前江西苏区普遍实行的劳动互助社或耕田队，就是用这个办法组织起来的。人口密集的乡村，还可集合多少互助组为一互助社，组有组长副组长，社有社长副社长，组与组之间还可互相调剂。在必要与可能时，社与社之间亦可有些调剂。这就是农民群众的劳动合作社，效力极大，不但可使劳动力缺乏的农家能够及时下种、及时锄草与及时收割，就是那些劳动力不缺的农家，也可因集体劳动而使耕种、

---

① 〔日〕竹内实：《毛泽东集》第 8 卷下册，东京：北望社，1971，第 208 页。
② 〔日〕竹内实：《毛泽东集》第 8 卷下册，东京：北望社，1971，第 214 页。

锄草、收割更为有利。此种办法是完全有益无害的，我们应大大提倡。边区有些地方已经实行的变工，就是这种办法。各县应以大力组织劳动互助社，大大地发展农民的集体劳动。此外还有一种札工，也为边区农民所欢迎，其法不是劳动互助，而是一种赶农忙的雇工组织，也是几个人或更多人为一组，向需要的人家受雇而集体地做工，一家做完再往他家，亦能调剂劳动力。各地对外来札工应予以帮助，例如帮助找工做等。①

　　高干会的讲话对象为高层政府干部，传播面较小。为了向群众和广大党员、政府工作人员发出组织起来的号召，1943 年 1 月 25 日的《解放日报》根据党中央提出的方针，发表了题为《把劳动力组织起来》的社论。社论指出："生产是目前边区的中心任务，而农业生产更是全盘生产工作的中心。"要完成这一任务，首先要依靠边区农村的 60 ~ 70 万全劳动力和半劳动力，只要把他们组织起来，"便是一支雄健的生产大军，便能发生雄厚无比的力量"。

　　那么以什么办法把劳动力组织起来呢？社论给出了答案："自发的'变工'和'札工'，其范围虽然狭小，仅限于亲戚、朋友、邻舍等关系，可是它是适合于边区农村的实际情况的，如果能因势利导，有计划地组织领导，便可以使它成为发挥劳动力、提高生产的组织。"

　　社论随后从生产的角度指出组织起来的好处："做庄稼最要紧的，是'不违农时'。早晚下种，会有不同的结果，迟早收割，也会有不同的收获。要做到'不违农时'，只依靠单独的和分散的劳动，是难乎其难的。"而变工可以使"有人力的出人力，有畜力的出畜力，多的多出，少的少出，使人力畜力得到调剂"，从而做到

---

　　① 〔日〕竹内实：《毛泽东集》第 8 卷下册，东京：北望社，1971，第 212 页。

不违农时。

除此之外，"互助的集体的劳动组织"还能"提高生产热忱，增进劳动效率，发扬群众的团结互助精神，所以它能够得到群众的拥护"。所以，"我们首先要在今年春耕中，大大推广这种劳动互助组织①，把一切具有劳动力的——身体强壮的、老弱的、儿童与妇女等，组织起来"。

社论特别强调要避免形式主义和官僚主义的工作方式："劳动互助的组织，必须建立在群众自愿的基础上，防止以任何形式出现的强迫命令，或'抄名单'的形式主义。我们若果硬要把某些没有明白互助好处的人，勉强组织在一个'变工'或'札工'队里，或者造了名单，以为'万事大吉'，那么，生产效率和劳动情绪不但不会提高，而且反会降低。"在具体操作上，要注意"所组织的'变工'队不应过大，不应以乡或以行政村为生产单位，因为组织庞大了，会浪费人力、浪费时间。最好是以自然村为单位。"

社论还要求"乡村干部和党员，要首先参加进去……一定要把组织群众生产看作是自己的工作，是自己工作中最重要的工作"。②

毛泽东和《解放日报》对延安县工作的肯定，实际上是对以变工、扎工、唐将班子为主的边区传统互助合作形式的肯定，解决了干部在劳动力调剂过程中的一些困惑，使各地的县、乡级政府能够且敢于以农民乐意接受的形式放开手脚发起互助合作运动。

据各种资料显示，从陕甘宁边区高干会后的 1943 年春季开始，农业生产的组织情况焕然一新，原因正在于上文所提及的共产党开始大规模地开展以民间传统互助组织为主要形式的劳动互助运动。

---

① 指扎工和变工。
② 史敬棠等编《中国农业合作化运动史料》上册，三联书店，1957，第 146 ~ 149 页。

对民间传统习惯和组织形式的重视和利用，迅速赢得了广大农民的支持与响应。1943年春耕时节，变工、扎工、唐将班子大量增加。夏耘期间，"大多数春耕期间组成的变工、开荒扎工、开荒班子，都能保持不散转变成为锄草的变工、扎工和班子……不但吸收了全劳动力参加，而且吸引了一大批半劳动力（妇女老汉）参加"。秋收期间（收割、打场），"许多地方采取了发动全体农户全家上山，进行小规模的三两家变工。大多数长期的大变工都采取分为几个小组的办法。关中的许多锄草班子这时又转变为秋收班子"。这些都是1943年以来边区合作运动的新发展。根据中共西北局研究室的调查，"一九四三年全边区各种劳动互助组织比较过去只少①有了四至五倍的发展"；"在全边区范围内不论是经过土地革命的地区，或是未经过土地革命的地区，不论是劳动力缺乏或是劳动力过剩的地区，又不论是过去有劳动互助的习惯或是没有劳动互助的习惯的地区，都普遍组织了各种各样的劳动互助"。而且，这些组织"绝大多数都是农民自愿参加的，实际起作用的，所以它不同于内战时期的'劳动互助社'一类组织"。②

比较起来，传统的变工、扎工规模很小，参加者多有本族亲友关系；没有一定的组织和领导人，也没有大家必须遵守的劳动纪律，劳动时间和价值的计算也不严格：这是过去的变工、扎工不能扩大和维持的原因。而在共产党的发动和领导之下，这些情况有了明显变化，原有的不合理成分被改革，增加了学习文化、推广新道德等内容，使组织群众的工作更易开展，因此有学者把这些变工、扎工、唐将班子形容为"旧瓶装新酒"。③

---

① 原文如此，疑有错字，应为"至少"。
② 史敬棠等编《中国农业合作化运动史料》上册，三联书店，1957，第214～217页。
③ 黄正林：《陕甘宁边区社会经济史（1937～1945）》，人民出版社，2006，第297～298页。

互助合作运动的迅速发展，根本的原因还在于它有实实在在的增产效果，"只要真正组织了劳动互助就可以或多或少的增加粮食，组织的越好，增加的粮食越多"。劳动互助有以下 3 点好处：

（1）提高了劳动效率。因为可以对人力、畜力进行调剂，许多人、牲口可以同时在 1 个地点劳动，总体而言劳动效率能提高 30%～40%。"人和牲口一多，人有说有笑，手底下自然快起来，牲口也精神起来。一个跟上一个，谁也不肯落后，暗地里就互相竞赛起来。"1943 年各地的春耕和秋收，"凡是组织了劳动互助的地方都能提前四分之一到三分之一的时间完成"。①

（2）延长有效劳动时间。多个家庭的合作，可以把人力和畜力都用在有效的劳动上，节省了许多不必要的时间。集体劳动的时候，早饭和午饭都是送上山去吃，节省了各自往返吃饭的时间。若分开劳动，1 个人在干活时也需要有另 1 个人专门送饭，但 10 个人集体劳动用 2 个人送饭就够了。还可以把各家买东西等琐碎事情，交给少数半劳动力代办。变工时轮流由主人家做饭，其他家的妇女就节省下做饭的功夫，可以腾出时间做其他事情。总之是"上山早，回的晚，休息时间少，少跑路，少误工"。②

（3）把更多劳动力吸收到生产中来。1943 年以后出现了许多妇女组织的开荒、锄草的班子和变工队，有些妇女还在给变工队做饭、送饭、喂牲口等劳动上进行了变工。各地还出现了许多由六七十岁的老汉和十几岁的娃娃组成的变工队。鄜县、同宜耀（地名）都出现了商人的开荒变工队。甚至连庙官、瞎子都参加了开荒运

---

① 史敬棠等编《中国农业合作化运动史料》上册，三联书店，1957，第 223、227 页。
② 史敬棠等编《中国农业合作化运动史料》上册，三联书店，1957，第 224～225 页。

动。此外，各地还出现了许多二流子参加劳动互助并成为变工队队长的例子。[①]

1943 年边区普遍的互助合作给毛泽东留下了深刻的印象，也激发了他的深入思考。这一年，毛泽东发表了两个著名的讲话。一个是 10 月在中共中央西北局召开的陕甘宁边区高级干部会议上谈了合作社问题，也就是后来发表的《论合作社》[②]。另一个是 11 月在招待陕甘宁边区劳动英雄大会上发表的《组织起来》。这两篇讲话集中体现了毛泽东在这一时期对互助合作运动的理论思考和认识。

在《论合作社》中，毛泽东提出了"两个革命"的说法："在过去束缚陕甘宁区生产力使之不能发展的是陕甘宁区的封建剥削关系，一半地区经过革命已经把这种封建束缚打破了；一半地区经过减租减息以后，封建束缚减弱了，这样合起来整个陕甘宁区就破坏了封建剥削关系的一大半，这是第一个革命。""但是如果不从个体劳动转到集体劳动的生产关系，即生产方式的改革，则生产力还不能获得进一步的发展，因此建设在以个体经济为基础（不破坏个体的私有生产基础）的劳动互助组织——农民的农业生产合作社，就是非常需要了，只有这样，生产力才可以大大提高。现在，陕甘宁区的经验，一般的经过变工、扎工的劳动力，二人可抵三人，模范的变工扎工劳动，是一人可抵二人甚至二人以上。""这办法可以行之于各抗日根据地，将来可以行之于全国，在将来的中国经济史上是要大书特书的。这样的改

---

① 史敬棠等编《中国农业合作化运动史料》上册，三联书店，1957，第 225～226 页。
② 《当代中国农业合作化》编辑室在编辑《建国以来农业合作化史料汇编》时，请中央文献研究室的刘宝玉对此进行考证，结论是：毛泽东在 1943 年 10 月 11 日上午在西北局高干会做报告讲到生产问题时，集中地讲了合作社问题，这一讲话与《论合作社》一文的内容基本相同，但在文字和段落上有很大差别。参见《建国以来农业合作化史料汇编》正文第 5 页的注解。

革，生产工具根本没有变化，生产的成果也不是归公而是归私的，但人与人的生产关系变化了，是生产制度的革新，这是第二个革命。"①

《组织起来》是毛泽东在延安时期非常著名的讲话，影响深远。讲话中提出了"两支军队"的说法："把群众组织起来，把一切老百姓的力量、一切部队机关学校的力量、一切男女老少的全劳动力半劳动力，只要是可能的，就要毫无例外地动员起来，组织起来，成为一支劳动大军。我们有打仗的军队，又有劳动的军队……那末，我们就可以克服困难把日本帝国主义打垮。"毛泽东从经济基础决定政治制度的角度对其进行了解释："在农民群众方面，几千年来都是个体经济，一家一户就是一个生产单位，这种分散的个体生产，就是封建统治的经济基础，而使农民自己陷于永远的穷苦。克服这种状况的唯一办法，就是逐渐地集体化；而达到集体化的唯一道路，依据列宁所说，就是经过合作社。在边区，我们现在已经组织了许多的农民合作社，不过这些在目前还是一种初级形式的合作社，还要经过若干发展阶段，才会在将来发展为苏联式的被称为集体农庄的那种合作社。"而且，毛泽东在当时还特别强调要重视群众意愿："无论是临时性的，还是永久性的，总之，只要是群众自愿参加（决不能强迫）的集体互助组织，就是好的。这种集体互助的办法是群众自己发明出来的。"他特别指出了运动的深远意义：有了人民群众和部队、机关、学校集体劳动的合作社，"我们就可以把群众的力量组织成为一支劳动大军。这是人民群众得到解放的必由之路，由穷苦变富裕的必由之路，也是抗战胜利的必由之路"。毛泽东还号召党员干部投身组织群众的运动中，密切

---

① 《当代中国农业合作化》编辑室编《建国以来农业合作化史料汇编》，中共党史出版社，1992，第5页。

联系群众："每一个共产党员，必须学会组织群众的劳动。知识分子出身的党员，也必须学会……如果我们的党员，一生一世坐在房子里不出去，不经风雨，不见世面，这种党员，对于中国人民究竟有什么好处没有呢？一点好处也没有的，我们不需要这样的人做党员。"①

毛泽东号召抗日民主根据地的群众"组织起来"以后，各地的劳动互助更快地发展起来。据 1944 年的统计，各地参加劳动互助的劳动力情况如下：陕甘宁边区占 46.5%，晋绥边区占 37.4%，山东解放区占 20%，晋察冀边区的冀西 26 县占 28%，晋冀豫边区的太行区占 20%，苏中盐阜地区占 20%；有的县组织起来的劳动力占 80% 以上，如陕甘宁的安塞县。②

这一时期，不仅参加劳动互助的人数增加，而且互助的形式、内容也发生了许多新变化：①更多的临时互助组转为常年互助组；②农业互助组和副业、运输业结合；③敌后根据地出现劳武结合；④集体开荒出现；⑤不少扎工队、唐将班子废除了内部的不合理规定，取消了"功德主""包头"的额外抽成和一些封建迷信习惯。③

四　晋察冀边区的互助合作运动

共产党领导的各个敌后根据地所面临的形势要比陕甘宁边区更为恶劣。由于一直处于严酷的战争环境之中，这些地区的劳动生产必须与对敌斗争紧密结合，所以在劳动互助方面创造出许多"劳武结合"的形式。以晋察冀边区为例，有些民兵小组或游击

---

① 《毛泽东选集》第 3 卷，人民出版社，1991，第 932 ~ 933 页。
② 杜润生主编《当代中国的农业合作制》上册，当代中国出版社，2002，第 57 页。
③ 杜润生主编《当代中国的农业合作制》上册，当代中国出版社，2002，第 57 ~ 60 页。

小组同时还是互助社或拨工组,平时进行生产和战斗准备,打仗时则放下锄头参加战斗行动。有的则以民兵小组或游击小组为骨干,适当扩大一部分劳动力成立互助组。也有民兵小组、游击小组与专门进行生产的互助组换工互助,民兵或游击小组到敌人炮楼附近警戒,掩护炮楼附近土地的生产活动,有些情况下还包种这些土地。某些时候,这种小规模、较为分散的形式也不敷应用了,就组织全村党、政、军、民实行大规模的抢种抢收大换工,并由武装力量掩护群众突击生产,必要时则掩护群众转移。由于敌人建立了许多封锁沟和封锁墙,此村的房屋在沟里、墙里,而耕地却有许多在沟外、墙外;彼村的房屋在沟外、墙外,耕地却在沟里、墙里。由于这些人为的阻隔,各村不能越沟、跳墙进行生产,于是不仅出现了互换耕地,还出现了互换肥料,互相代种、代收,以及互相换工等互助办法。这是敌后根据地的一类特殊情形。①

晋察冀边区更为详细的互助合作情况,可以从晋察冀边区行政委员会实业处与农会于 1946 年 1 月共同编印的《晋察冀边区的劳动互助》中了解到。抗战期间,晋察冀边区遭到日寇的摧残和破坏,同时还发生了几次严重的水灾、旱灾和蝗灾,加上抗日力量对群众的财力、物力尤其是人力的动员,"四三年以前,边区的农业生产一般说是在下降的……很显然的,整个耕地的面积缩小了……民间旧有的劳动互助,表现了一种衰退的状态"。"如冀西各地的'把子招工',几乎渐趋绝迹……拨工、包工数量大大减少,更加我们当时在生产领导上多强调政治动员和互助,也影响了原有拨工的发展。"②

---

① 陈迟:《我国农业合作化的胜利》,辽宁人民出版社,1957,第 54~55 页;史敬棠等编《中国农业合作化运动史料》上册,三联书店,1957,第 326~329 页。
② 史敬棠等编《中国农业合作化运动史料》上册,三联书店,1957,第 304~305 页。

当时边区政府号召和发展了以下 4 种形式的劳动互助。

（1）以行政方式建立起来且主要为抗、干属进行义务助耕的组织，如代耕团、互助队等。"当时相当普遍，每村至少都有一队，甚至妇女、儿童也组织起来了"，由专人管理。但这类组织"形式化的毛病是很严重的，代耕的生产效率十分低下，不是到地里磨洋工，就是草率塞责，因而，一般的使得抗、干属不能满意，解决实际困难很少，特别是浪费了大量的劳动力，这足成为一个重要的经验教训"。

（2）"边区的青救会、妇救会，曾号召自己的会员开荒、修田、植林等，主要是采用集体劳动的方式。"当时各方面都做出了很大的成绩，但是也产生了严重的形式化问题。它主要的缺点是：①一般采用行政方式组成，强调集体，脱离家庭。②生产收获的分配不明确和不适当，收获物一般作为本团体经费救济本团体贫苦会员、优待抗属，归个人的很少甚至没有。③没有坚强的领导和经常的管理。"由于以上各点，所以使得家长不满；生产时只图烘火热闹，不细心、不认真，事后没人管理，实际收获不大，流于形式。有人讽刺当时妇女儿童的植林，说是'植树游戏'，即说明它的失败。"

（3）修滩组织。1939 年的大水灾中，沙河、唐河等流域的良田滩地几乎尽数冲毁，沿岸群众立刻失掉了生活保障，悲观失望、离乡逃命的情绪十分严重。共产党和政府的办法是号召与组织人民修滩。在规模宏大的军民合作之下，数个月便告完成，当年就有了收获。这些滩地采用集体耕种，集体收割，按股入工，按股分粮，完全归滩员所有。组织上一般以滩为单位，设"修滩委员会"，后改为"滩地管理委员会"，委员由全体滩员选出，皆义务出任。县里也设立"滩地生产研究委员会"，由政府、团体共派代表组成，定期举行会议。除铁锨、小锄之外，其他生产工具都是滩里公有，庄稼在公场上收打。有的滩为了节省时间，早饭午饭由"饭头"担到地头集体吃。有的地方后来还在滩里发展集体喂羊。

（4）完全集体化的组织。1939 年水灾之后，完县石家庄灾情尤其严重，政府为了救济灾民，组织了 20 余户、100 多口人到另外一个有肥沃耕地的地方集体开荒，生活及生产的费用完全由政府提供，按政府工作人员的标准发给粮食。"因为这种组织，完全集体化了，共同劳动，共同生活，一切没有私有，结果，生产情绪不高；不爱护公共农具和牲畜，如集体喂着一群羊，放羊的便故意打死，以图吃肉；吃饭抢饭，后来每人每日增发至二斤米，尚且不够吃。最后，这种组织失败了。"这应该作为一个值得记取的教训。当时其他地方也有类似的组织。但是有些地方在政府扶持下，由农户自由经营，取得了成功。①

1943 年，晋察冀边区的北岳区"把民间旧有的劳动互助，开始变成一个群众性的有组织，有领导的拨工运动"，取得了很好的效果，为 1944 年边区的大生产运动做了思想上和实际工作上的准备。到了 1944 年，"边区（主要是北岳区）劳动互助组织的发展比过去任何一年进步最快，成绩最大。因为我们采用了民间旧有的形式，接受了几年来生产战斗地经验，特别是我们坚决执行了毛主席'组织起来'的号召，边区党政军民始终是把组织和恢复劳动力作为各个生产阶段的重要环节"。由此，晋察冀边区的劳动互助已经从 1944 年以前"规模狭小的，自发自流的状态中走出来了，开始成为一个有组织的广大群众运动了"。②

---

① 史敬棠等编《中国农业合作化运动史料》上册，三联书店，1957，第 305～308 页。
② 史敬棠等编《中国农业合作化运动史料》上册，三联书店，1957，第 308～311 页。

根据一些效果较好的典型材料，集体开荒和运粪能提高劳动效率50%，锄小苗能提高20%。从各种不同的作业来看，"一般的五个人省一个半工"。①

除了有领导、制度、纪律、劳动核算之外，边区劳动互助的新变化还包括：①互助范围大大扩展，包括纺织、运输、贸易、买牲口，个别地方还有做鞋、做饭、推碾子、抱小孩等家庭事务方面的合作；②把生产和战斗、拥军、优抗、优勤等结合起来；③推动了文化、卫生等工作，拨工小组也是学习小组，与识字、讲报、反国特结合。②

关于如何使拨工组织长期坚持不散，报告也提供了很好的经验。调查者发现，如果只从事纯农业的生产，"许多拨工组织，只是活跃一、二个季节便不能坚持下去了"。而一些成功的案例提供了宝贵的经验："皂火峪的拨工，把富余劳力（本村土地很少）和几家资金组织起来，开纸厂、粉房、烧酒，别人在农业上还工，于是去年一年没有停止拨工。又有的以合股经营副业，作拨工组的基础，几家或十几家搞起副业或作坊后（如粉房，油房等）再增添劳力互助内容，变成拨工组……向粉房入工时，本组选有技术的人参加，别人在农业上还工，劳力少的以实物还工……这里找到的经验是：劳力组织与副业，作坊结合起来，农忙了拨工种地，农闲了拨工搞副业，拨工组便能于巩固与长期活跃。""有些地方，农业上拨工之后，产生了剩余劳力，但他们还继续拨工合作，于是发展了包工，运销，成为'拨包合一''拨工组与运销组结合'，这样的例子可是很普遍的。"③

总体而言，维持合作组织长期不散的诀窍在于合理运用节约

---

①　史敬棠等编《中国农业合作化运动史料》上册，三联书店，1957，第308～314页。

②　史敬棠等编《中国农业合作化运动史料》上册，三联书店，1957，第311页。

③　史敬棠等编《中国农业合作化运动史料》上册，三联书店，1957，第336～337页。

出来的剩余劳动力，通过扩展合作领域和业务来增加成员的收入。

在这个长篇报告里，编写者对互助合作运动中暴露出来的问题也有较为清醒的认识和深刻的反思：'强迫命令'和'自流组合'，其共同特点，都是操之过急，企图开一个大会，一下子组织起来，单从数目字着眼，似乎也很'轰轰烈烈'，去年，许多地方都经过了这个过程，然而，其结果，都是一样的流于形式，不起作用。最根本的原因，是不了解群众对他自己的经济生活，是十分关心的，有一点不合他的利益也不行，这些办法，不从群众的自愿出发，而操之过急，结果失败了，这段冤枉道，新组织的地区，切忌不要再去重复！"[①] 如果这个反思能引起普遍的注意，被党和政府牢牢记取，也许新中国成立后的农业合作化运动就能少走一些弯路。

五　启示和总结

这一时期各边区的互助合作经验给我们带来以下启示。

（1）互助合作组织在动荡、艰苦的战争环境下，对保证口粮供给，缓和人力、畜力、大型工具的缺乏具有无可取代的效果，为战争的胜利做出了决定性的贡献。即便在生产力和生产工具没有实质性改变的前提下，效果依然突出。

（2）政府对于基层经验的总结和推广、对于某些错误的纠正，总体上保证了互助合作运动迅速健康地开展。

（3）不从群众的切身利益出发，仅通过自上而下的政治动员来发起互助合作，群众就缺乏劳动的积极性，因而其效率十分低

---

① 史敬棠等编《中国农业合作化运动史料》上册，三联书店，1957，第332页。

下，对劳力和物资都是巨大的浪费，也削弱了党在群众中的威信。

（4）充分尊重各地的历史和文化传统，利用原有的民间合作形式和资源，在提高农民组织化程度、促进互助合作的实效方面有事半功倍的效果。

（5）通过党政体系推行的合作组织和互助形式，对于传统的民间合作存在替代作用。前者如果没有在生产中发挥好的效果，则会导致生产的普遍下降、群众生活的恶化。

（6）过分强调公有制，实行彻底的共同劳动、共同生活，在生产和生活上不给农民一点自由，会导致生产力和劳动积极性的严重衰退，以及人力物力的浪费。

（7）规模过大（如以乡或行政村为单位）的合作组织，在生产工具落后、生产力低的情况下，对单纯的农业生产反而没有起到提高效率的作用。

（8）要使农民的互助合作组织长期维持，需要有工业、副业经营的配合发展，以利于劳动效率提高后剩余劳动力的转移。而且在生产增加的同时，农民的生活也要有所改善。这样的合作组织才是牢固的，才会得到农民拥护，并且不断向前发展。

（9）互助合作组织对于各根据地来说是一种新事物，各个组织的管理水平和条件参差不齐，但总体而言还是处在比较落后的状态，因此互助合作的增产效果和剩余劳动力的转移、利用等难免会受到制约。

需要注意的是，以上经验和教训对于解放战争时期完全适用；新中国成立后，以上启示大致上仍然适用。为了避免重复，下文对此不再赘述，但笔者对互助合作运动的认识和判断并未改变。

抗日战争期间，各抗日民主根据地在大力发展农业劳动互助合作社的同时，其他合作事业也有显著发展。1939 年 10 月中共中央财政经济部颁布《各抗日根据地合作社暂行条例示范草案》以后，供销、消费、信用、运输、手工业等合作社逐渐发展。被群众称为"一揽子社"的延安县南区合作社从 1936 年建社起，不仅经营消费合作业务，还经营供销、信用、运输等业务，组织了纺织、榨油、造毡等 6 个生产合作社和拥有百余头牲口的运输队。毛泽东在 1942 年 12 月的陕甘宁边区高干会上特别表扬了南区合作社，并提出"南区合作社式的道路"。[①]

总体来看，这一时期的互助合作运动，基本做到了尊重群众的意愿。通常是帮助农户计划生产、激发其互助合作的需求，或由党员、干部、积极分子带头设立模范的互助合作组织，以此影响和带动群众。强迫命令、不等价交换和坐在办公室"抄名单"等官僚主义、形式主义现象仍然时有发生。农民往往通过退出组织、磨洋工等办法予以抵制，领导机关在发现后也会进行干预，因此不良现象大多受到了批判和纠正，并未造成严重混乱，各地也从中总结出了宝贵的经验。

第四节 解放战争时期

抗日战争结束后的 1946 年，国共内战再次爆发，共产党的互助合作运动进入解放战争时期（也称为第三次国内革命战争时期）。

1946 年 5 月 4 日，作为对国民党大举进攻解放区的回应之一，中共中央颁布了《关于土地问题的指示》，其中明确提到："各地党委在广大群众运动面前，不要害怕普遍的变更解放区的土地关

---

① 杜润生主编《当代中国的农业合作制》上册，当代中国出版社，2002，第 63～64 页。

系，不要害怕农民获得大量土地而地主则丧失了土地，不要害怕消灭了农村中的封建剥削。"　"各地群众尚未发动起来解决土地问题者，应迅速发动解决，务必在今年底以前全部或大部获得解决。"①这标志着共产党的土地政策已从实行减租减息转变为耕者有其田，即从削弱封建土地制度转变为消灭封建土地制度，土地改革就此开始。

在 1947 年 9 月 13 日的全国土地会议上，《中国土地法大纲》获得通过，10 月 10 日正式公布。其中第一条即提出："废除封建性及半封建性剥削的土地制度，实行耕者有其田的土地制度。"第六条规定了土地分配的办法："乡村中一切地主的土地及公地，由乡村农会接收，连同乡村中其他一切土地，按乡村全部人口，不分男女老幼，统一平均分配，在土地数量上抽多补少，质量上抽肥补瘦，使全乡村人民均获得同等的土地，并归各人所有。"第八条规定了除土地外其他物品的分配办法："乡村农会接收地主的牲畜，农具、房屋、粮食及其他财产，并征收富农的上述财产的多余部分，分给缺乏这些财产的农民及其他贫民，并分给地主同样的一份。分给各人的财产归本人所有，使全乡村人民均获得适当的生产资料及生活资料。"②

特别需要注意的是，土地革命时期的土地制度中也提出了"耕者有其田"的口号，但土地的所有权属于政府，农民仅仅获得土地的使用权，所以这种农民的土地所有制并不完整。而在解放战争时期，农民分得的土地在法理上具有较为完整的私人产权，可以出租、转让、买卖。这也导致局势稳定和生产恢复

---

① 中国人民解放军政治学院党史教研室编《中共党史参考资料》第 10 册，1979，第 164～165 页。

② 中央档案馆编《中共中央文件选集》第 16 册，中国中央党校出版社，1992，第 547～550 页。

之后农村逐渐出现新的阶级分化，部分土地再次向少数善于经营的人集中。

一　互助合作的背景和概况

随着土地改革的不断深入，曾因保留封建土地所有制而无地或少地的老区农民也获得了土地、耕畜、农具，新解放区的农民更是直接平分了土地等生产资料。一般而言，实行土地改革后，广大翻身农民的生产积极性大为提高，但对整体的农业生产而言，却不一定有利，因为生产资料平均分配的做法，使本来已经不足的耕畜和农具更加分散，实际使用中的效果就减弱了。比如，在东北解放区一些地广人稀的地方，农业劳动所需要的耕畜和人力甚多。个体农户如果没有能套 1 付犁、1 挂车的三四头耕畜，自己就种不了地。耕地、趟地、送粪和拉庄稼都需要三四匹马，扣地需要 6 匹马。因此种地和使马都需要至少两三个劳力一起干，否则便不能进行。当地的中农每户也不过两三匹马，土改后的贫雇农每户平均只有半匹马到 1 匹马，[①] 仅此便不难想见单家独户种地之困难。

国内的战争局势，亦由抗日战争的以游击战为主，转向解放战争的大规模运动战为主。随着战争的不断胜利和战场的日益扩展，需要动员和组织的战斗兵员和支援前线的民工越来越多。以陕甘宁边区为例，1947 年 5 月至 1949 年 7 月，共动员支前民工 2854 万人，畜工 1251 万人，平均每名男劳动力服战勤 195.9 天，每头牲畜服战勤 111.7 天。晋冀鲁豫解放区的农民，在解放战争期间平均每人服战勤 60 多天。在国民党军队重点进攻的地区和具有决战性

---

① 杜润生主编《当代中国的农业合作制》上册，当代中国出版社，2002，第 82 页。

质的大型战役中，动员的支前民工就更多了。1945 年 9 月至 1949
年 10 月，山东解放区动员了 95 万人参军，动员了 1106 万民工支
前，动员大车 1468 万辆、牲口 78.5 万头、担架 43.5 万副。淮海
战役动员民工 225.1 万人；渡江战役（1949 年 4 月 1 日至 5 月 17
日）共动员支前民工 323.38 万人，支前船舶 2 万艘。① 如此大规模
的战争动员，使农村由于土地改革而出现的土地、农具、耕畜相对
分散以及长期战争消耗、敌人破坏所造成的人力、畜力、生产工具
严重不足的问题更加突出。比如，陕甘宁边区政府、西北局在
《开展一九四八年春耕运动的指示》中提到："经一年来蒋胡匪军
残暴凶狠的烧杀和抢劫，全边区损失公私粮食二十五万石，牛驴六
万余头，农具二十三万件；减少耕地三百六十余万亩，青苗被践踏
摧毁者五十余万亩……一年来边区劳动力减少约计百分之二十
（加上战勤达百分之三十），耕畜减少约计百分之三十至五十。"②
故此，虽然大生产运动与互助合作运动已经开展了好几年，但农民
的生产条件并未明显改善，相较于抗日战争之前，农户独立生产的
困难有增无减。

　　总之，土地改革和大规模内战是这一时期互助合作运动的社
会背景，在认知和研究的过程中必须优先考虑。由于生产和战争
的需要，共产党领导的互助合作也有了进一步发展。

　　过去近 20 年组织农民的成功经验，自然使共产党在寻求解决
（缓和）问题的办法时倾向于更加广泛地发起互助合作运动，以此
提高劳动效率和生产力。解放战争期间，各解放区特别是比较巩固
的老解放区农业方面的互助合作都有很大发展。根据当时各地汇报
的材料，参与互助合作的劳动力一般占当地劳动力总数的一半以

---

① 杜润生主编《当代中国的农业合作制》上册，当代中国出版社，2002，第 74 页。
② 史敬棠等编《中国农业合作化运动史料》上册，三联书店，1957，第 734～735 页。

上，多者占 70% ~ 80%。① 总的来看，这一时期的农业互助合作有以下特征：

（1）生产与战勤相结合，前方与后方大变工。如前所述，解放战争以大规模的运动战为主，战勤动员广泛、数量庞大。如何既做好战勤又不耽误生产，成为领导生产和支援战争的中心环节。最普遍的做法是战勤组与互助组合一。比如有的地方，服战勤的青壮年结成战勤组，不服战勤的半劳力结成拨工组，然后二者合一，结成"战拨组"，平时共同拨工生产，战时战勤组外出支前，拨工组继续生产。有的地方实行全村大拨工，生产委员会每天统计全村应做的农活，统一分配劳动力去完成，打破户界、地界，依序突击，全村如同一大家。有的地方还组织支前民工利用战争空隙帮助驻地农民生产。②

（2）农业互助与副业互助相结合，农业副业大变工。通过互助合作，工作效率提高了。在克服支前与农业生产矛盾的基础上，组织剩余的劳力、畜力、资金、工具进行各种副业生产，增加农民收入，这在各地农村也很常见，且效果很好。③

（3）互助合作的形式、内容、范围等因地制宜，灵活多样。由于各地战事情况不同，自然条件、经济条件不同，以及群众的生产生活习惯、党的组织基础不同，因而互助合作也多种多样。每个地区往往同时存在多种形式的互助组织：有单纯从事农业生产的互助组，有农副业结合的互助组，有群众间互相提供技术服务的互助组，有妇女家务劳动互助组，有大组套小组、大小组相结合的互助组，有男女老少分编的互助组，有男女、整半劳力混编的互助组……且每种互助形式在实践中还不断发展变化，群众在此过程中

---

① 杜润生主编《当代中国的农业合作制》上册，当代中国出版社，2002，第 75 页。
② 杜润生主编《当代中国的农业合作制》上册，当代中国出版社，2002，第 75 ~ 76 页。
③ 杜润生主编《当代中国的农业合作制》上册，当代中国出版社，2002，第 76 ~ 77 页。

展现出惊人的创造力。①

　　除此之外，从土地革命时期已经发挥作用的供销、信用、手工业合作社也有很大发展。例如，在晋冀鲁豫解放区的太行区，1947 年 8 月底合作社发展到 5491 个村庄，有社员 74 万人、资金 23 亿元。有的地区不仅发展了村级社，还建立了区联社。在东北解放区，1949 年农村基层供销合作社发展到 7500 多个，占全区行政村总数的 22%，社员 349 万多人。这些合作社促进了农业的恢复和发展，活跃了农村经济，改善了人民生活，支援了解放战争。②

二　土地改革、互助合作中的偏差及纠正

　　互助合作运动的好处在前文已经谈及，此处不再赘述。下文集中介绍互助合作运动在操作层面存在的普遍性缺陷和偏差。

　　从当时保留下来的资料可以看到，土地改革和互助合作运动在实践中呈复杂的张力关系。在土地改革中，一方面，广大贫农、雇农分得了田地、房屋、劳动工具、耕畜等，激发了劳动和生产的积极性；另一方面，农民又怕努力生产的成果在未来被"割韭菜"，被"均产"。从减租减息削弱封建剥削，到实现耕者有其田消灭封建剥削的政策发展，被部分农民看作是共产党"一直斗富"思路的体现。中农害怕最终会斗到自己头上，翻身贫农也顾虑自己富起来之后会挨斗。有的农民说："可亏了咱是个中农，要不还能跑得了。"因此他们满足于维持现状，不求发展。普遍的反应是"不能不动弹，也不能很动弹，够吃够喝就行了"。不少农民根据本村各

① 杜润生主编《当代中国的农业合作制》上册，当代中国出版社，2002，第 77~78 页。
② 杜润生主编《当代中国的农业合作制》上册，当代中国出版社，2002，第 78 页。

阶层财产的平均状况，把自己的家当约束在一定的水平内，时刻警惕着不要超越过去。抱有这种思想的农民，往往只图眼前吃喝，不做长远打算。太行区有的翻身农户提出"（要）丰衣足食不（要）耕三余一"，也有中农说"要敢发就是耕二余一也不难，就是不敢"。① 这种状况自然不利于丰富社会物资供应和提高生产力，违背了土地改革的初衷。

互助合作运动也类似，一方面在提高劳动效率、增加生产、改善农民生活等确有明显效果；另一方面也引起部分群众认为"组织起来"就是"慢共产"的思想顾虑，在发展生产和经营副业上疑虑重重，不少人就在合作组织中混日子。东北解放区的一些村干部说："见你们（指上级干部——笔者注）就怕（被干部问——笔者注）问'组织起来还费工？'怕说不团结，发财也不是一家发的，一家发也不行！"② 农民在自上而下的动员中，怕别人说他自私、落后、丢脸，因此有些时候在集体劳动中吃了一些亏也不愿意说出来，但要让他认真劳动那也是很困难的。有的群众说："现在是填坑补平，谁'钉架'③ 干，填人家的坑，马马虎虎干填咱的坑，你何必'钉架'干呢！"④ 这样做自然也违背了互助合作运动的初衷。

在这种情况下，农民单干实际上受到了限制和压力。缺乏劳动力的家庭，普遍不敢雇工和出租土地，以免被说成是"剥削"。有的农户不具备单干的条件，又不敢通过正常的市场行为解决困难，不得不加入互助合作组织。另外，一些出身或成分不好的农民产生了不安全感，因为害怕被斗争而不敢不参加互

---

① 史敬棠等编《中国农业合作化运动史料》上册，三联书店，1957，第 964~967 页。
② 史敬棠等编《中国农业合作化运动史料》上册，三联书店，1957，第 1013~1014 页。
③ 拼命的意思。
④ 史敬棠等编《中国农业合作化运动史料》上册，三联书店，1957，第 1003 页。

助组，一些较为富裕的中农甚至积极主动地要求"进步"。比如，东北解放区的洮安县青山区有一个合伙组，在工作队宣布组织可以自愿之后，2个中农和1个雇农就拆伙分出来了。后来这两个中农寻思"自己是个中农，退出来怕人家将来斗尖头"，要求再次加入。最后这个小组仍然以散伙告终，浪费了人力物力。①

平均主义在农村工作中的负面影响引起了毛泽东的注意，1948年4月1日他在晋绥干部会议上发表讲话，对土地改革中的错误倾向和绝对平均主义提出了严厉批评："土地改革的一个任务，是满足某些中农的要求。必须容许一部分中农保有比较一般贫农所得土地的平均水平为高的土地量。我们赞助农民平分土地的要求，是为了便于发动广大的农民群众迅速地消灭封建地主阶级的土地所有制，并非提倡绝对的平均主义。谁要是提倡绝对的平均主义，那就是错误的。现在农村中流行的一种破坏工商业、在分配土地问题上主张绝对平均主义的思想，它的性质是反动的、落后的、倒退的。我们必须批判这种思想。"他还对土改的对象和目的做出了说明，明确了哪些群体不能侵犯："土地改革的对象，只是和必须是地主阶级和旧式富农的封建剥削制度，不能侵犯民族资产阶级，也不要侵犯地主富农所经营的工商业，特别注意不要侵犯没有剥削或者只有轻微剥削的中农、独立劳动者、自由职业者和新式富农。"②

为了进一步纠正农村中普遍存在的错误思想和做法，当年的7月27日，中共中央批准以"新华社信箱"的名义，发表了《关于农业社会主义的问答》（以下简称《问答》），以进一步解释毛

---

① 史敬棠等编《中国农业合作化运动史料》上册，三联书店，1957，第1005页。
② 《毛泽东选集》第4卷，人民出版社，1991，第1314页。

泽东在晋绥干部会议中所提到的农业社会主义"是一种什么思想？它为什么是反动的？"。《问答》首先指出："农业社会主义思想，是指在小农经济基础上产生出来的一种平均主义思想。"它"企图用小农经济的标准，来认识和改造全世界，以为把整个社会经济都改造为划一的'平均的'小农经济，就是实行社会主义，而可以避免资本主义的发展"。而它"在一定的历史条件下，带有革命与反动的两重性质"，即"仅仅在平分封建的土地财产上，有其革命性……除开这种场合以外，农民的平均主义，我们都是不能赞成和实行的"。它反动的方面在于"要平分社会上其他一切阶级、农民一切阶层（例如中农和新式富农）和其他一切人等的土地财产，还要平分工商业，并把这种一切平分称为'共产'或称为'社会主义'。这就是一种绝对平均主义，这就是反动的、落后的、倒退的"。这是因为，这样做"就是要平均主义地破坏工商业及一部分中农和新式富农的土地和财产，因而也要打击广大工业和农业生产者的向上积极性。这样，就不独不能提高社会生产力，而且必然要使社会生产力大大降低和后退"；就是要把已经发展了的农业、工业、商业都还原为自给自足的自然经济。

"农民在分得土地后，是作为小的私有主而存在的，他们的生产条件不可能完全相等，尤其不可能保持不变。""农村中的经济竞争，不可避免地会有新的发展，并使农民之间不可避免地会有新的阶级分化。"而在新民主主义社会中，竞争与阶级分化是不可避免的，而且是被允许的，因为"只有允许这种竞争，才能发动广大农民的生产积极性，把农业经济广大地发展起来"。

中国"进行土地改革，发展新民主主义经济，这是农民解放的第一步……经过另一个阶段的历史斗争，实现社会主义，这是农民解放的第二步"。"但我们要达到社会主义……必须经过新民主主义经济一个时期的发展。"在此期间，"大量地发展公私近代化工业，制造大批供农民使用的农业机器，并因此将农民的个体经济逐步地转变为集体农场经济之后，才有可能"。《问答》再次强调了"各尽所能，各取所值"的原则："即使在社会主义社会，也不能使所有人在生活上完全划一，也和农业社会主义者的反动观点完全不同……在劳动中生产得更多更好的工人与农民，他们取得的报酬就必定较多，而生产得较差的，所得的报酬就一定较少。社会主义社会决不容许不劳而食，也决不容许偷懒的人与积极劳动的人取得同样的报酬与享受同样的待遇。"

《问答》明确地批评了期待再次"填坑补平"等错误思想："分得一定分量的土地财产的贫农与雇农，此后必须努力生产，改善生产，进行生产的竞赛，即依靠自己以及群众间变工互助的劳动，以提高自己的经济情况，决不能还等待什么分配又分配，或只寄托希望于民主政府的救济又救济。"否则"所得的结果，一定仍然是大家的一场贫困"。《问答》在最后还对党员提出要求："必须特别对于贫农和雇农，认真地进行发展生产的教育……进行生产互助组织，以保障大多数农民都能生产发家，都能过富裕生活，乃是共产党员在农村中的根本任务。"①

由此可见，"农业社会主义思想"在贫农和雇农之中表现得最为突出，而在经济条件较好的其他群体中并不流行，但引起了后者在生产和经营方面的顾虑，制约了社会经济的恢复和发展。

为了进一步让社会各界明了共产党的农村和农业政策，纠正工作中的错误，确保有利于生产发展的一系列政策在各地得以执行，

---

① 《当代中国农业合作化》编辑室编《建国以来农业合作化史料汇编》，中共党史出版社，1992，第9～11页。

1948 年 8 月 14 日新华社发表社论《把解放区的农业生产提高一步》。社论明确宣告：随着战争的不断胜利和土改的彻底完成，"到明年，便可能在全国一切基本解放区内开展一个完全没有封建束缚的、各阶层人民得以在自由平等的条件下比赛生产发富的普遍的生产运动"。为此，"首先，是要针对土地改革后所产生的新情况，解决一些有关农业生产的政策问题。这是开展农业生产运动的前提条件"。这些问题是：

（1）确定地权。凡属封建制度已经消灭，贫雇农得到大体上相当于平均数的土地，即便与中农所有的土地有一些差别，也应该"认为土地问题已经解决，不要再提土地改革问题"。"应当以户为单位，最后确定各阶层（包括土地改革前的地主、旧式富农在内）一切男女老少人口的地权财权，保障其不受侵犯。各解放区最高行政机关应当统一颁发土地执照……交各户主收执"，以后的土地转移、买卖即以此为依据。

（2）纠正错误。凡在"土地改革过程中曾经发生而尚未纠正的偏向，必须认真地、适当地、并尽可能迅速地加以纠正"。一切划错了的阶级成分，必须"公开地加以订正"。"因划错成份而没收的土地财物，能退回的应立即退回"，或者"尽一切公私力量，设法予以补偿"。"对于未曾分给或留给一份土地财物的地主、富农，应迅速地予以适当安置。务使一切农村人民都能得到一定的生活与生产资料，使之能维持生活并从事生产。"

（3）"明令允许雇佣劳动（包括请长工、短工等）的继续存在。""事实上目前雇工种地的人大部是家中缺少劳动力，这种雇工是应当提倡的，以免荒芜土地，并造成一部分人的生活困难。"

（4）"允许特定条件下的租佃关系。""凡因孤寡废疾，或因参加革命军队及其他脱离生产的革命工作，或因进入工厂作工及改营工商业等，因而不能耕种自己所分得的土地者，或政府所有公荒须招人投资开垦者，均应允许出租其土地。"

（5）"明令保护在废除高利贷以后的私人自由借贷。""此项新的债权，不问其所属阶级如何，一律受到法律的承认。"

（6）"调整或改订农业税（公粮）。"社论对此未做具体规定，只是笼统地要求"使一方面有利于支援战争，另一方面能鼓励农民生产情绪，有利于改善农民的生活"。不过社论还列举出一些"可供各地参考"的办法："有些解放区已宣布凡土地改革已经完成地区，一律废除农业累进税则，改用无累进率的比例税收制，并规定一律按各块土地常年平均产量计征，不按当年实际产量计征；凡因勤劳或改良作务①所增加之收入，一律不增加负担，使人民多生产者能多得利。""规定统一村款收支，平衡各地负担，严禁一切额外征收，力求减轻人民负担。"②

以上社论中提到的6个政策问题，实际上说明了实行土地改革以来，各地普遍出现了与此相应的6类严重阻碍农村经济和农业发展的错误倾向和做法，社论对此都进行了明确的说明和规定。在笔者看来，社论既切中时弊，又合情合理，清晰地体现了共产党以发展生产、改善人民生活为目标的变革思路和执政理念。

从1948年4月1日毛泽东在晋绥干部会议上的讲话开始，在四个半月的时间内，党和政府连续对土地改革和互助合作中的错误偏向发出明确指示。这说明了此前在农村出现了普遍且显著的问题，也说明了当时共产党的核心领导层确实能够较为及时、完整地了解农村的实际情况，而且能够对问题进行实事求是的分析和认识，提出的纠正措施也是具体有效的。笔者在此对以上3个指示进行简单的总结和对比：

---

① 原文如此，疑有误，似应为"作物"。
② 史敬棠等编《中国农业合作化运动史料》上册，三联书店，1957，第724~731页。

（1）毛泽东在晋绥干部会议上的讲话总结了解放区在土地改革和整党工作中的经验，着重纠正一些地方在这两项工作中发生的"'左'的偏向"，讲话的主要对象是党内干部。

（2）《关于农业社会主义的问答》以毛泽东在晋绥干部会议讲话中批判的绝对平均主义思想为引子，回答为何"绝对平均主义的思想，是一种农业社会主义的思想"以及"它为什么是反动的"。实际上就是要求各个解放区批判和纠正在土地改革中发生的以绝对平均主义为代表的"左"倾错误。《关于农业社会主义的问答》从理论上详细地分析和解释了绝对平均主义的社会经济基础和来源，其革命与反动的两重性，以及它对经济恢复和发展的破坏性，阐述了新民主主义经济的特点。虽然这篇指示的对象并不局限于党员和干部，但它的特点是理论性较强，广大基层工作者和群众在理解和贯彻上有一定困难。

（3）《把解放区的农业生产提高一步》是共产党通过报纸向各解放区直接发出的指示，传播对象包括了所有人。它对一些普遍存在争议的政策问题做出了"明令允许""明令保护"等具体的、可直接操作的指示，在内容上更贴近农业生产和农村工作的实际情况，对党的政策进行了清晰、全面的说明和宣传。

三 "强迫命令"及"放任自流"

在组织劳动互助方面，解放战争时期仍然存在强迫命令的问题。强迫命令集中表现在两个方面：强迫合作以及强迫不等价交换。

（一）强迫合作

强迫合作在当时又被称作"强不愿为自愿"①。笔者以一个合

---

① 史敬棠等编《中国农业合作化运动史料》上册，三联书店，1957，第1020页。

伙组从建立到垮掉的过程为例，从中可以看出强迫合作为何必然不能维持。在东北解放区有一种叫"榜大把青"的生产组织办法，即把自家的土地、牲畜、劳动力、粪都拿出来折算成相应的股份入"伙"，共同生产，秋收后按股份分粮食和其他收益。洮安县在全县、区干部会议上介绍了这种组织的 7 大好处，青山区区长接受之后到了陆家窝棚村，要求该村组织大合伙组。因为群众不接受，所以区长头几次召集开会时群众都说要搂柴没有工夫，无人到会。区长就生气了，认为不接受的人都是落后分子，决定停工 3 天，开会讨论，反正就要组织起来。大家见状只得入"伙"。开会时有中农提出了不同意见："你说这种办法能种好地，我看这样非（撩）荒不可。"可是这个意见不但没被区长采纳，反而认为他是中农，所以从中捣乱。组织起来第 3 天就有 3 个小组垮掉，区长就把那个中农扣押起来。自从这样组织后，群众生产情绪很低，捡粪的人很少，只够给不到1/4的地上粪。叫妇女去捡粪，她们就跑到村里学校去躲着，农会主任到学校去讲话、动员，妇女们又各自溜达回家。全村搂了几天柴火，可每家还是只有 1 车多柴。生产效率之低可见一斑。

　　该村的第三组已经集体立起伙来，大家买了 1 口大锅，还有盆钵和油盐酱醋，以及绳套犁铧等。只有水缸是没花钱借用的。有一次县里的领导干部来到三组，问打头的（组长）："你们这样搞法，能团结好吗？"回答是："你放心吧，我们团结的'蹬蹬'的。"领导又问大家："你们在一起吃饭省呢？还是各在各家吃省呢？"就有人说："当然各回各家吃省，在家里能少吃一碗就少吃一碗，在一块吃大家都死吃。"后来领导与村干部谈起吃粮问题时又问："这样你们吃粮能够吗？"这时干部说出真心话："我就是担心这个问题。"此后，省委研究室有人到村里，问大家怎样组织起来的，都说是自愿，问大家这样干活是否还起劲，大家都说自然不跟给自己干起劲，后又问大家，除了这个办法组织外，是否还有别的办法？大家叽叽喳喳了半天，有人反问："是你说了算？还是区长说了算？"研究室的人说："不管谁说了算，反正你们愿意怎样组织就怎样组织。"这样一讲，当下大家一哄而散，分头拆锅台、搬东西、牵牲口，立即有 5 个组散了伙。①

虽然这个案例由《东北日报》在 1948 年 4 月 18 日发表，但个别领导的强迫、蛮干以及群众的反应，与 10 年之后"大跃进"时期群众被组织进人民公社、吃公共食堂的表现如出一辙。对比起来看，令人不禁唏嘘：如果这些在各地早已发生过的小范围失败教训能得到上层的总结和重视，也许就能避免后来严重的人祸了。好在当时干部强迫推行的范围小，而且上级发现、纠正得早，所以没有造成严重危害。

（二）强迫不等价交换

强迫不等价交换在当时又被称作"强不等价为等价"②。具体的表现又有几种：

（1）畜工换人工的不等价。这在耕畜较多的东北解放区是较为普遍的现象。有的是 1 个马工换 1 个人工，草料由马主负担。有的是 2 个马工换 1 个人工，草料由马主负担。甚至有 4 个马工换 1 个人工。只有个别地区是 1 个马工换 1 个人工，草料由用主负担，或 1 个马工换 2 个人工。这就令有马户吃了亏。由于耕畜不分大小强弱，一律等价换工，有好马的户吃亏更大，因此有马户普遍发牢骚："这样变工法，眼望着就把马变进去了！"

（2）人工互换的不等价。人不分老少强弱，一律等价换工，结果是劳动力强的人吃亏："这简直就是叫勤苦人白拉帮干活弱

---

① 史敬棠等编《中国农业合作化运动史料》上册，三联书店，1957，第 1002～1005 页。
② 史敬棠等编《中国农业合作化运动史料》上册，三联书店，1957，第 1020 页。

的，白给二八月庄稼人帮忙"。这种现象当时在许多地区都存在。

（3）重要农具的无代价使用。以用大车为例，车主还要负担车油，损坏了也要车主自行修理。有车户就气愤地说："什么生产致富啊？这年头儿还是有车马的拉帮穷人，不然，就说你是尖头，说你不讲团结。"

（4）规定公平但不执行。一些地区，马工、人工的使用表面规定都很公平合理，但实际上是不评分不记账，或者仅仅评分记账，并未清工还账。吃亏的群众反映说："互助组就是糊涂组，帐都写在水瓢底上了！"①

以上情况导致一系列不良后果：马多的户要卖马，有好马的户要卖掉好马，换回来坏马；有车马户及劳动力强的人生产情绪低落，导致大部甚至全部互助小组垮台。这就在一定程度上降低了群众的生产热忱，降低了农村的生产力，搞乱了农村社会的阶级关系，经常增加新的纠纷与矛盾。《东北日报》的记者提醒道："这种搞法就会影响党与群众的关系，就会削弱党在农村中的领导。"因此他指出："根据各地经验证明，那里比较认真执行了等价交换的原则，那里劳动互助组织就搞的好些，那里违背或不适当的执行这一基本原则，那里的劳动互助就组织起来的少，而垮下去的多。"②

由此可见，仅仅重新估量群众的社会主义觉悟程度，对群众进行耐心的说服教育，改善领导干部的工作方法，并不能解决互助合作运动中的核心问题。仅靠漂亮的口号和政治压力把农民组织起来，却不能给他们带来实实在在的好处，即便组织不垮台，农民也只是合起来混日子，远没有单干的工作效率高。因此，早在1944年5月，《新华日报》（太行版）就发表社论提出警告："违反了互

---

① 意为记账却不还账。
② 史敬棠等编《中国农业合作化运动史料》上册，三联书店，1957，第1020～1022页。

利自利这个原则，是脱离群众、脱离现实的主观主义，是要把互助组织搞垮台的……事实证明，尽管群众表面在说'吃些亏没啥'，而最后必然弄得怨声载道，散伙垮台完事。"① 毛泽东于 1948 年 4 月在晋绥干部会议上发表讲话时也明确提出："过去被官僚主义分子所把持的、对于人民群众有害无益的那些变工队和合作社都垮台了，这是完全可以理解的，并且是毫不可惜的。"②

新华社 1948 年 8 月 14 日发表的社论《把解放区的农业生产提高一步》明确要求："组织合作互助：第一、必须是自愿结合的。由任何方面对于任何人实行强制而建立起来的生产合作组织，没有不失败的，因为如果这样就不能发挥劳动积极性。所以在一切生产合作互助组织中必须严禁强迫加入。第二、必须是平等互利、等价交换的。某些地区在合作互助中，片面强调贫雇农利益，强制地主、富农甚至一部分中农给贫雇农作无偿劳动或不等价交换，都是破坏生产的错误行为，必须严格纠正。第三、一切劳动人民都可以成为组织合作互助的对象……转向劳动的旧地主参加农民的合作互助，也是允许的；组织中农和贫农的互助，尤其重要。某些地区只单独组织贫雇农生产互助，是不好的。因为这样不但不能推动整个农村的生产运动，也不能解决贫雇农自身的许多困难。"③

总之，在 1948 年和 1949 年，中国共产党在各个解放区对互助合作运动和土地改革进行了全面整顿，反复强调必须坚持有利于生产发展和自愿互利的原则。一些在强迫命令下办起来的组织或解散或重组，一些组织中不等价交换的现象也得到改善，一些互助合作组织也因此得到巩固和发展。

---

① 史敬棠等编《中国农业合作化运动史料》上册，三联书店，1957，第 188～189 页。
② 《毛泽东选集》第 4 卷，人民出版社，1991，第 1312 页。
③ 史敬棠等编《中国农业合作化运动史料》上册，三联书店，1957，第 730～731 页。

（三）"放任自流"问题

与强迫命令同时存在的是所谓"放任自流"问题，即领导干部片面强调农民自愿，不去领导、教育、组织农民，"认为领导不用管才好，什么时候群众需要组织就组织"，"农民不能独立劳动时就得互助合作，不去组织也如此"，等等。笔者认为，这一所谓"问题"，理论上可以避免违背农民的自愿原则，而且也不至于给农民和农村带来混乱和额外的麻烦。但长期以来党内却把基层干部"放任自流"的做法看得相当严重，认为是"崇拜群众运动的自发性，而否定使自发运动带着觉悟的和有计划的性质，否定党应在群众前面行进，否定党应把群众提高到觉悟的水准，否定党应领导群众运动"。①

正如前文所言，由于部分地方在土改和组织农民方面出现了一些错误做法，加上农民个人对中国共产党政策的理解存在差别，客观上农民的自愿选择很可能表现出非理性的倾向，甚至出现明显的错误和违法行为。一些翻身贫农未能大胆放手求发展，他们考虑的是："现在是他们②填咱们的坑道？"部分贫农分得土地后等着再分胜利果实，只图吃喝不认真劳动，太行区武乡有翻身贫农说："急甚，将来还怕不再分给咱一份？"有的表示："填吧，咱这个窟窿可不是一次二次能填满的。"还有部分农民害怕变天，分得的好房子不敢搬进去住，不往分配的地里送粪。③《杜润生自述》中记录了农民一些性质更为恶劣的行为："对群众的过火行为，采取纵容态度，一切由群众说了算。'搬石头'斗干部，结果几天工夫就打死了一批基层干部。晋绥、冀鲁豫最厉害，如晋绥领导干部刘亚雄、牛荫冠的父亲，都是开明士绅，一直支持我们，本想保护一

---

① 史敬棠等编《中国农业合作化运动史料》上册，三联书店，1957，第1022页。
② 指中农、富农等。
③ 史敬棠等编《中国农业合作化运动史料》上册，三联书店，1957，第965页。

下，但就是通不过。有些地方群众乱杀人，反映了部分群众怕变天的心理，怕报复，因此不斗则已，斗则斗死。"①

有鉴于此，毛泽东于 1948 年 4 月 1 日在晋绥干部会议上做出了较为明确的要求和指示："党和群众的关系的问题，应当是：凡属人民群众的正确的意见，党必须依据情况，领导群众，加以实现；而对于人民群众中发生的不正确的意见，则必须教育群众，加以改正。地委书记会议仅仅强调了党应当执行群众意见的方面，而忽视了党应当教育群众和领导群众的方面，以致给了后来某些地区的工作同志以不正确的影响，助长了他们的尾巴主义错误。"② 不过，由于"强迫命令"和"放任自流"之间的平衡在实际中甚难把握，不少地方的干部不断地在两者之间摇摆、反复，这一状况在共产党的农村工作中长期未能得到根本解决。杜润生在回忆土地改革的时候也认为，其中"有个大问题，即放手发动群众和认真贯彻政策、遵守法制的两难问题……几个阶段都是反'左'出右，反右出'左'，总是这个规律，来回反复，从'大革命'一直延续到解放后"。③

四　互助合作加速了解放战争的胜利

取得辽沈、淮海、平津三大战役的胜利之后，国民党军队的主力基本被消灭，中国共产党取得全国胜利已经不是遥远的事情。为此，1949 年 3 月中国共产党在河北省西柏坡村召开第七届中央委员会第二次全体会议。毛泽东在会上做了报告，指出了中国由农业

---

① 杜润生主编《杜润生自述：中国农村体制变革重大决策纪实》，人民出版社，2005，第 13 页。
② 《毛泽东选集》第 4 卷，人民出版社，1991，第 1310 页。
③ 杜润生主编《杜润生自述：中国农村体制变革重大决策纪实》，人民出版社，2005，第 15 页。

国转变为工业国、由新民主主义社会转变为社会主义社会的发展方向及基本途径。讲话中有一段影响深远的内容，指明了中国的农民、农村、农业必将走向集体化："占国民经济总产值百分之九十的分散的个体的农业经济和手工业经济，是可能和必须谨慎地、逐步地而又积极地引导它们向着现代化和集体化的方向发展的，任其自流的观点是错误的。必须组织生产的、消费的和信用的合作社，和中央、省、市、县、区的合作社的领导机关。这种合作社是以私有制为基础的在无产阶级领导的国家政权管理之下的劳动人民群众的集体经济组织。中国人民的文化落后和没有合作社传统，可能使得我们遇到困难；但是可以组织，必须组织，必须推广和发展。单有国营经济而没有合作社经济，我们就不可能领导劳动人民的个体经济逐步地走向集体化，就不可能由新民主主义社会发展到将来的社会主义社会，就不可能巩固无产阶级在国家政权中的领导权。谁要是忽视或轻视了这一点，谁也就要犯绝大的错误。国营经济是社会主义性质的，合作社经济是半社会主义性质的，加上私人资本主义，加上个体经济，加上国家和私人合作的国家资本主义经济，这些就是人民共和国的几种主要的经济成分，这些就构成新民主主义的经济形态。"①

到 1949 年中华人民共和国成立时，全国有 200 多万个比较巩固的临时互助组，其中有副业生产和公共积累的常年互助组近 10 万个。此外，还有少量类似于新中国成立后的初级社，有叫"合伙组"的，也有叫"农业生产合作社"的，东北最多。② 但当时党内的主流意见是先发展新民主主义经济，条件具备之后再向社会主义过渡。因此，中共中央东北局认为这类合作社把个体小农经济要

---

① 《毛泽东选集》第 4 卷，人民出版社，1991，第 1432 页。
② 杜润生主编《当代中国的农业合作制》上册，当代中国出版社，2002，第 83 页。

持续"'颇长时间'的时间规定性，与逐步前进的方法都忽略了"。"某些地方脱离实际、脱离群众要求而提出的'农业合作社'及'合伙种地'、'大伙房'、'大把青'（农民中一种伙种、伙分、伙吃、伙用的办法）、'集体喂马'等"都是错误的，其"基本根源，是空想的农业社会主义思想在农业生产中的反映"，只有坚决克服与认清这种思想，"才能正确地实现毛主席所指示的新民主主义经济发展的方向"。因此，东北局在 1948 年 10 月明确规定："取消某些农会或贫农团、换工队等各种形式的财产公有制，恢复农民的财产私有制。"此后，这类组织大多迅速解散了。①

---

① 中国社会科学院经济研究所中国现代经济史组编《革命根据地经济史料选编》（下），江西人民出版社，1986，第 398~410 页。

第二章 | # 新中国成立后的农民合作化运动与国家工业化战略

—— 回应 "意识形态偏向"

本章主要回应农民互助合作研究中的"意识形态偏向"。事实上，土地改革后广大农民确有互助合作的需要：小规模的个体经济很不稳定，特别是分得土地而缺少其他生产资料的贫农、中下农，仍然存在独立生产的困难；为了发展生产、兴修大中型水利、抵御自然灾害、采用农业机械和其他新技术等，为了避免重新发生借高利贷、典让、出卖土地而导致两极分化现象，也需要进一步组织起来。互助合作运动在以上方面的历史作用大致得到各界人士的认可，本章不再赘述。本章将集中阐述改革开放前农业（农民）合作化运动与国家发展战略之间的必然联系。

1953 年，新中国发生了 3 件大事：①开始执行国家建设的第一个五年计划；②公布过渡时期总路线，要求逐步实现工业化，以及对农业、手工业、资本主义工商业的社会主义改造；③对粮食、油料、棉花等主要农产品实行统购统销。

这 3 件影响深远的大事先后发生在同一年，并非偶然。笔者认为，只要解释清楚这 3 件事相互之间的关系，就能解释中共中央以及毛泽东为何加快农业合作化进程，也能在很大程度上回答笔者在绪论中提到的"意识形态偏向"到底有何缺失。

国民经济恢复时期

新中国成立到 1953 年实行第一个五年计划的 3 年，是国民经济恢复时期，主要任务是恢复被长期战争破坏的农业和工业，改善政府财政状况。在中国最需要休养生息的时候，1950 年 6 月 25 日，朝鲜战争爆发。随着局势的发展，中国人民志愿军于当年 10 月 25 日赴朝参与作战。根据当时的形势，中国政府提出了"加强国防第一、稳定物价第二、其他第三"的方针。"其他第三"就是说要在照顾第一、第二之后，剩多少钱，便办多少事，以没有赤字为原则。"其他"里面包括的项目很多，如文教费用、行政开支和经济建设投资等。[1]

抗美援朝开始之前，国家曾计划用 3 年或 5 年的时间恢复生产，然后进行大规模经济建设，并预计将军费从 1950 年占预算支出的 43% 减少到 1951 年的 30%，以全部预算的 70% 投入经济建设与文化、教育、卫生事业和改善人民的生活。[2] 由于出现了预期之外的大规模战争，1951 年政府的国防开支不但没有减少，反而增长了 80%。[3]

在财政尚不宽裕的情况下，既要充分满足国防的需要，又要维持市场金融不乱，就必须大力增产节约，增收节支，对支出用"削萝卜"的办法，对收入用"挤牛奶"的办法，以减少发生赤字

---

[1] 《当代中国》丛书编辑部编《当代中国财政（上）》，中国社会科学出版社，1988，第 70 页。

[2] 《当代中国》丛书编辑部编《当代中国财政（上）》，中国社会科学出版社，1988，第 69 页。

[3] 《当代中国》丛书编辑部编《当代中国的经济管理》，中国社会科学出版社，1985，第 26 页。

的可能性。① 1950 年下半年调整税收之后，政府为了休养民力，一度减轻了人民的农业税负担：①只向农业正产物征税，对农村副业和牲畜免税；②正税税率由原来的平均 17% 减为 13%。1951 年 7 月，为了增加财政收入，不得不再次增加农业税，政务院决定当年农业税按照原概算增加 10%。这样一来，农民所承担的税率实际上比减税前还要高。除此之外，政府还对酒、卷烟用纸实行专卖，开征契税，增加若干产品的货物税和进口、出口税等。经过以上调整，增加了几十亿斤小米的财政收入，而这些税收的大部分只能由农民来承担。②

与此同时，全国工业总产值比 1950 年增长 38.2%，轻工业由维持、恢复转向发展，机械工业由没活干到订货应接不暇；商业购、销相比 1950 年均有大幅增长。工商业的繁荣使国家税收、企业利润迅速增加，加上全国范围内开展的农业爱国丰产运动和增产节约运动，全国的财政收入比 1950 年增长 1 倍多，达到 133.14 亿元，收支相抵后尚有结余，1951 年成为新中国成立以后第一个财政收支平衡的年份。③

结合以上背景材料，也许能帮助读者对同时发生的农业合作化重要事件有更深刻的理解。

一　围绕山西省发展农业生产合作社问题的争论

当时一些老区的农村的经济恢复和发展后，很多农民认为单干

---

① 《当代中国》丛书编辑部编《当代中国财政（上）》，中国社会科学出版社，1988，第 70 页。
② 《当代中国》丛书编辑部编《当代中国财政（上）》，中国社会科学出版社，1988，第 65、72 页。
③ 《当代中国》丛书编辑部编《当代中国的经济管理》，中国社会科学出版社，1985，第 25～26 页；《当代中国》丛书编辑部编《当代中国财政（上）》，中国社会科学出版社，1988，第 65、73 页。

比互助更有利、更自由，原有的互助组织逐渐涣散。1951 年 4 月
17 日，山西省委向华北局提出《把老区互助组织提高一步》的专
题报告。报告认为：必须提高农业生产互助组，引导它走向更高级
的形式。最根本的办法有：①征集公积金，积累公共财产；②成立
农业生产合作社，加大按劳分配的比重，并且明确提出，"对于私
有基础，不应该是巩固的方针，而应该是逐步地动摇它、削弱它，
直至否定它"。① 华北局负责人向中央主持日常工作的刘少奇请示，
刘少奇表示不同意山西省委的意见，认为现在动摇私有制的条件不
成熟，因为没有拖拉机、化肥，不要急于搞农业生产合作社。4 月
下旬，华北局召开五省互助合作会议，讨论山西省委意见。山西代
表维护省委意见，别省代表不同意山西省委意见，会议自始至终争
论得很激烈。② 根据刘少奇的指示和会上多数人的意见，华北局于
5 月 4 日正式批复山西省委并报告中央。批语指出：动摇、削弱直
至否定私有基础，与党在新民主主义时期的政策及共同纲领的精神
不相符合，因而是错误的。一般地动摇私有财产是社会主义革命时
期的任务。农业生产合作社，全省只能试办几个作为研究、展览和
教育农民之用。即便试办，也要出于群众自愿，不能强行试办，更
不宜推广。③ 刘少奇接到华北局的报告并听取汇报后，连续在几个
场合对山西省委的观点提出批评。④ 刘少奇还在 7 月 3 日为《把老
区互助组织提高一步》写了批语并印发给各负责同志阅读，其中

① 中华人民共和国国家农业委员会办公厅编《农业集体化重要文件汇编（上）》，中共
中央党校出版社，1981，第 33 ~ 36 页。
② 薄一波：《若干重大决策与事件的回顾（上）》，中共党史出版社，2008，第 132 页；
杜润生主编《当代中国的农业合作制》上册，当代中国出版社，2002，第 130 页。
③ 中华人民共和国国家农业委员会办公厅编《农业集体化重要文件汇编（上）》，中共
中央党校出版社，1981，第 34 页。
④ 薄一波：《若干重大决策与事件的回顾（上）》，中共党史出版社，2008，第 133 页。

写道："这是一种错误的、危险的、空想的农业社会主义思想。"①

　　毛泽东了解到以山西省委为一方、以华北局和刘少奇为另一方的争论以后，找刘少奇、薄一波、刘澜涛谈话，明确表示不能支持他们，而支持山西省委的意见。毛泽东问道：不能直接转变，还要经过什么？对私有基础，保护之，就不能动摇之？他认为："既然西方资本主义在其发展过程中有一个工场手工业阶段，即尚未采用蒸汽动力机械、而依靠工厂分工已形成新生产力的阶段，则中国的合作社，依靠统一经营形成新生产力，去动摇私有基础，也是可行的。"同时，他还指示陈伯达召开一次全国性的互助合作会议。②

　　1951 年 9 月，全国第一次互助合作会议召开，会议起草的《中国共产党中央委员会关于农业生产互助合作的决议（草案）》，经毛泽东审定后，于 12 月 15 日发给全国各地党委试行。文件指出，要使广大贫困的农民能够迅速地增加生产而走上丰衣足食的道路，要使国家得到比现在多得多的商品粮食及其他工业原料，同时也就提高农民的购买力，使国家的工业品得到广大的销场，就必须提倡"组织起来"，按照自愿和互利的原则，发挥农民劳动互助的积极性。毛泽东在以中央名义做出的文件批示中还写道，在一切已经完成土地改革的地区都要照此草案在党内外进行解释和实行，"请你们当作一件大事去做"。③

　　同年 11 月 21 日，毛泽东起草了中共中央转批河北省委向华北局提交的综合报告，认为河北经验可在各地广泛推广。河北省委报

---

①　中华人民共和国国家农业委员会办公厅编《农业集体化重要文件汇编（上）》，中共中央党校出版社，1981，第 33 页。

②　杜润生主编《当代中国的农业合作制》上册，当代中国出版社，2002，第 138 页；薄一波：《若干重大决策与事件的回顾（上）》，中共党史出版社，2008，第 135 页。

③　中华人民共和国国家农业委员会办公厅编《农业集体化重要文件汇编（上）》，中共中央党校出版社，1981，第 37～38 页。

告称：今年互助组已由 60 万个发展到 100 万个，并有 22 个土地入股的农业生产合作社，互助合作组织已成为生产运动的中坚力量。①

抗美援朝结束后，中国面临巨大的财政压力和物资紧缺状况，因此必须尽可能地帮助农民增加粮食产量。对此，互助合作运动有两个至关重要的作用：①在科技水平未能迅速提高的情况下，农户之间实行互助合作，已经被事实证明是增加农业产出、改善农民生活的有效办法；②农民被组织起来以后，国家可以更便利地从农业中获取剩余产品。所以，在当时，推动互助合作有了更大的紧迫性。

突如其来的形势转变，打破了国家原有的建设和发展计划，导致毛泽东对他本人所提出的新民主主义发展思路主动进行调整。而中央的大多数干部对此还未能理解和适应。从随后的历史发展来看，毛泽东与刘少奇等人产生重大分歧的种子，可能就是在此时埋下的。

二 互助合作组织大为发展

《关于农业生产互助合作的决议（草案）》下达后，各级党委和政府加强了对互助合作运动的领导，确定了本地发展互助合作组织的方针和措施，设置了专管互助合作的干部或机构。已经完成土地改革的地区，组织起来的农户迅速增多。②

1952 年 2 月 15 日，政务院会议着重讨论了农业生产和互助合

---

① 薄一波：《若干重大决策与事件的回顾（上）》，中共党史出版社，2008，第 136 页。

② 杜润生主编《当代中国的农业合作制》上册，当代中国出版社，2002，第 150 ~ 151 页。

作。会议提出：1952 年是国民经济恢复工作的最后一年，为了给预定在 1953 年开始的大规模、有计划的经济建设打好基础，一定要生产出足够的粮食和工业原料。为此，要加强农业劳动组织。①会议通过的《中央人民政府政务院关于一九五二年农业生产的决定》指出："要求全国在一九五一年的基础上，增产粮食百分之八；增产棉花百分之二十；其他家畜，水产及茶、丝、果品等特产，均需争取完成而且超过计划产量。"为了保证增产计划的完成，"在全国范围内，应普遍大量发展简单的、季节性的劳动互助组；在互助运动有基础的地区，应推广常年定型的、农副业结合的互助组；在群众互助经验丰富而又有较强骨干的地区，应当有领导、有重点地发展土地入股的农业生产合作社。其他专业性质的互助组和生产合作社，亦应适当加以提倡。老解放区要在今、明两年把农村百分之八、九十的劳动力组织起来，新区要争取三年左右完成这一任务"。

到 1952 年末，互助合作组织在全国得到相当大的发展，农业劳动互助组达到 300 多万个，农业生产合作社也达到 3000 多个。与此同时，国民经济得到全面恢复。1952 年，全国农业总产值达 483.9 亿元，比 1949 年增长 48.5%。粮食产量达到 3278 亿斤，比 1949 年增长 44.8%，超出新中国成立前最高年产量 11.3%；棉花产量达 2607 万担，比 1949 年增长 196.3%，超出新中国成立前最高产量 53.6%。在农业全面增产的支持下，工业增长更加显著，总产值达到 343.3 亿元，比 1949 年增长 144.9%。钢产量达 134.9 万吨，比 1949 年增长 753.8%；铁产量达 192.6 万吨，比 1949 年增长 665.5%；原煤产量达 6649 万吨，比 1949 年增长 108%。在经济全面恢复的前提下，社会物价完全稳定，制止住了连续 12 年的

---

①　杜润生主编《当代中国的农业合作制》上册，当代中国出版社，2002，第 152 页。

通货膨胀；实现了旧中国几十年都未曾做到的财政收支平衡，并略有结余。①

1952 年，中国工农各业的生产普遍恢复或者超过抗日战争以前的最高水平，国民经济恢复时期结束。1952 年秋天，土地改革在新解放区也基本结束。从 1953 年起，中国正式进入有计划地进行经济建设的新时期。

三　实行农业社会主义改造的原因探讨

根据薄一波回忆，第一次听到毛泽东谈向社会主义过渡的问题，是在 1952 年 9 月 24 日中央书记处会议上。那次会议主要是讨论"一五"计划的方针任务。在听取了周恩来关于"一五"计划轮廓问题同苏联商谈情况的汇报后，毛泽东讲了一段话，大意是：我们现在就要开始用 10～15 年的时间基本上完成向社会主义的过渡，而不是 10 年或者 10 年以后才开始过渡。经过中央多次开会讨论，以及对有关的文件进行修改补充，到 1953 年 12 月才形成了今天我们所看到的完整表述："从中华人民共和国成立，到社会主义改造基本完成，这是一个过渡时期。党在这个过渡时期的总路线和总任务，是要在一个相当长的时期内，逐步实现国家的社会主义工业化，并逐步实现国家对农业、对手工业和对资本主义工商业的社会主义改造。这条总路线是照耀我们各项工作的灯塔，各项工作离开它，就要犯右倾或'左'倾的错误。"② 笔者不打算详细阐述与"总路线"相关的所有内容，仅集中论述对农业进行社会主义改造

---

① 《当代中国》丛书编辑部编《当代中国经济》，中国社会科学出版社，1987，第294～295 页；《当代中国》丛书编辑部编《当代中国财政（上）》，中国社会科学出版社，1988，第81 页。
② 薄一波：《若干重大决策与事件的回顾（上）》，中共党史出版社，2008，第 151～156 页。

的部分。

实现农业社会主义改造的主要做法是：从临时互助组和常年互助组发展到半社会主义性质（农民入股）的初级农业生产合作社，再发展到社会主义性质（集体所有制）的高级农业生产合作社。

毛泽东的这种构想虽然没有引起直接的反对，但确实出乎大多数中央领导成员的预料，因为当时党内外的共识是：新民主主义社会是一个时间相当长的历史阶段，要在 10 年甚至 20 年以后，等生产力充分发展、人民群众都表示同意以后才实行社会主义政策，向资产阶级全线进攻，消灭资本主义。在此之前，要承认个体经济长期存在，还要保留富农、保留资产阶级。[①] 这也是刘少奇等人对山西省委《把老区互助组织提高一步》提出批评的根本原因。

新中国成立才 3 年，国民经济刚得以恢复，大规模建设即将开始，为什么毛泽东就提出要转向社会主义改造了呢？

笔者的看法是：从国家发展战略的路径选择来理解对小农经济的社会主义改造，比从毛泽东的个人偏好和决策失误来理解具有更强的说服力。在朝鲜与世界最发达的工业国家直接作战，迫使新中国在成立之初便不得不加快重工业优先发展的工业化进程。抗美援朝以后，中国边境先后发生战事，如中印边境战争、中苏边境冲突、对越自卫反击战等，周边地缘政治环境一直紧张。直到 1985 年以后，中国周边的局势才逐渐缓和。战争的基础是工业，特别是与军事工业高度相关的重工业，极而言之，现代战争拼的就是钢铁。在长期紧张的政治和军事环境之下，中国必须加强国防，以军

---

① 杜润生：《杜润生自述：中国农村体制变革重大决策纪实》，人民出版社，2005，第 26 页；薄一波：《若干重大决策与事件的回顾（上）》，中共党史出版社，2008，第 152 页；吴象：《中国农村改革实录》，浙江人民出版社，2001，第 18 页。

事工业为主的重工业自然成为计划发展的重点。还需要注意的是，人民解放军当时已经使用 1954 年全面换装后不断增加的苏联武器装备，也只有用苏式的军事工业设施进行生产，才能维护和更新。[①] 大量引进苏联的生产线，便不得不引进与此相配套的管理体系。这也是中国需要学习苏联的建设经验（包括以军事工业、重工业为主的工业化道路），依靠苏联的支持来实现工业化的重要原因。

朝鲜战场上，中国军队的对手是以联合国名义参战的 16 个国家的军队，其直接后果就是中国与各发达资本主义国家长期敌对。以美国为首的西方阵营对中国实行了全面封锁，使中国在工业化的初始阶段难以进入由西方发达国家主导的国际市场，无法获得来自社会主义阵营之外的投资。这些因素决定了中国只能走以内部积累为主的发展道路。

为了尽快实现以重工业为主的国家工业化，国家计划下的财政和资源投放不可能以改善人民生活、丰富市场供应为主要目的，相反，还要尽可能多地把农业、工业等各行各业所产生的剩余价值和物资集中到迫切需要的建设项目，不得不走上一条以内部积累为主的跨越式、赶超型道路。由于新中国是在小农经济基础上建立的国家，农民在这个过程中的牺牲和贡献就必然是最大的。但是政府直接向 1 亿多个体农户索取生产剩余，所需要的执行成本以及可能引起的冲突和矛盾，是双方都难以承受的。一旦对农业的社会主义改造成功，农民被组织进几百万个（乃至更少的）合作社中，执行成本就能大为降低，快速建设独立工业体系的历史性任务就有可能完成。如果笔者的分析站得住脚，那么在短时间内实现"三大改造"就不能看成毛泽东个人偏好和决策错误的

---

① 温铁军：《"三农"问题与制度变迁》，中国经济出版社，2009，第 163 页。

产物。

全国大规模、有计划的经济建设在 1953 年展开，中共中央、各中央局、省委的领导和大批干部的工作重心将要转到城市和工业建设方面。为了不减弱对农村工作的领导，1952 年 11 月，中共中央决定在省委以上的党委领导下，一律建立农村工作部。中共地委以下的各级党委，因其主要任务即是领导农村工作，故不再另外建立农村工作部。农村工作部的任务是帮助党委掌握农村各项工作的政策方针，中心是组织与领导广大农民的互助合作运动，以此配合国家工业化发展。除此以外，农村工作的各项具体业务仍由政府的农业、林业、水利等部门及合作社分别负责。农村工作部则与这些部门的党委建立经常的联系，对他们的工作加以指导。[①]

3 年来，国民经济恢复工作取得了超乎预期的成果，被认为是与互助合作运动的开展分不开的，这就给了中央领导人进一步推动互助合作以信心。1953 年 2 月 15 日，中共中央发出通知：1951 年 12 月所起草的《关于农业生产互助合作的决议（草案）》，经过一年多的事实证明是正确的，应即作为正式决议，将"草案"二字删去。[②] 经过修改之后，这个决议于当年的 3 月 26 日在《人民日报》上正式公布。[③]

第二节　第一个五年计划时期

国民经济恢复时期，中央财经委员会和后来成立的国家计划委

① 《当代中国》丛书编辑部编《当代中国的农业》，当代中国出版社，1992，第 76 页。
② 中共中央文献研究室选编《建国以来重要文献选编》第 4 册，中央文献出版社，1993，第 64 页。
③ 杜润生主编《当代中国的农业合作制》上册，当代中国出版社，2002，第 171 页。

员会曾经编制过几个粗线条的年度计划纲要，也曾试行编制 10 年或 15 年的远景发展规划，但都因为没有经验、地质资源情况不清、可供使用的统计资料极少、人才不足、知识不足等因素，没有做出成型的东西。后来向苏联学习，并得到苏联政府的具体援助，计划的编制工作才比较顺利。第一个五年计划（下文简称"'一五'计划"）从 1952 年初正式着手编制，一直到 1955 年才提交第一届全国人民代表大会审议通过（计划已于 1953 年开始执行）。可见中共中央对这个计划极为重视、十分谨慎。①

"一五"计划的主要内容为："集中主要力量进行以苏联帮助我国设计的一百五十六个单位为中心的、由限额以上的六百九十四个建设单位组成的工业建设，建立我国的社会主义工业化的初步基础；发展部分集体所有制的农业生产合作社，并发展手工业生产合作社，建立对于农业和手工业的社会主义改造的初步基础；基本上把资本主义工商业分别地纳入各种形式的国家资本主义的轨道，建立对于私营工商业的社会主义改造的基础。"5 年内，全国经济建设和文化教育建设的支出总数为 766.4 亿元，折合黄金 7 亿多两。其中，有 427.4 亿元属于基本建设投资，占总支出的 55.8%。在基本建设投资中，工业是重点，占 58.2%；农、林、水利仅占 7.6%，② 约为 32.6 亿元。这样的投资规模对于庞大的农村人口和落后的农业来说远远不足，为了发展生产和改善生活，农户还需要额外投入资金。对于一家一户无力承担的事情，则需要依靠集体的力量，通过互助合作来解决。

《关于发展国民经济的第一个五年计划的报告》还提到："建

---

① 薄一波：《若干重大决策与事件的回顾（上）》，中共党史出版社，2008，第 201 ~ 203 页。

② 李富春：《关于发展国民经济的第一个五年计划的报告——在一九五五年七月五日至六日的第一届全国人民代表大会第二次会议》，《人民日报》1955 年 7 月 8 日，第 2 版。

设社会主义，必须解决小农经济同社会主义工业化之间的矛盾。社会主义不可能建立在小农经济的基础上，而只能建立在大工业经济和集体大农业经济的基础上。社会主义工业化要求农业从分散的落后的生产方式转变为集体的先进的生产方式……广大的农民要最后摆脱贫穷和痛苦，也必须离开过去长期所走惯了的小生产的旧道路，而转向集体化和机械化的社会主义农业的新道路。"①　"小农经济同社会主义工业化之间存在矛盾"的观点，长期被认为是出于共产党对意识形态的追求，是受到苏联模式的影响，脱离了中国国情，因而是错误的。但是，笔者认为这类批评脱离了历史背景，没有看到貌似政治化和充满价值倾向的话语中所包含的实际意义。在"一五"计划开始实施的 1953 年，小农经济与以重工业为主的发展模式之间就产生了尖锐的矛盾。其中工业及其产业链的布设，使农产品的供给压力空前加大。作为迫不得已的应对措施，对关乎国家安全的农产品实行统购统销、大力提倡互助组向合作社过渡等，就成为偶然中的"必然"。

一　统购统销与合作化的推进

很多人会想当然地以为：与农业合作化一样，统购统销制度是中国共产党为了实现社会主义、实行计划经济而创造并坚持的制度，是生搬硬套苏联模式的结果。实际上并非如此。统购统销最开始是国家为应对突如其来的粮食危机而不得不采取的一种应急措施。

粮食部于 1953 年 6 月 2 日向中共中央提交报告称：1952 年 7

---

① 李富春：《关于发展国民经济的第一个五年计划的报告——在一九五五年七月五日至六日的第一届全国人民代表大会第二次会议》，《人民日报》1955 年 7 月 8 日，第 2 版。

月 1 日至 1953 年 6 月 30 日的粮食年度内，国家共收入粮食 547 亿斤，比上年度增长 8.9%；支出 587 亿斤，比上年增长 31.6%。收支相抵后，赤字为 40 亿斤。6 月 30 日的粮食库存由上年同期的 145 亿斤减为 105 亿斤。由于 1953 年小麦产区受灾，预计减产 70 亿斤，加上广大农民因灾产生有粮惜售思想，预计夏粮征收和收购都将大大减少，形势相当严峻。[①]

1952 年，全国粮食总产量达 3278 亿斤，比 1951 年增长 10.6%，比 1949 年增长 44.8%，超过抗日战争前的最高水平——1936 年的 3000 亿斤。既然已经是一个大丰收年，为何粮食供销形势却未见缓和，反而呈加剧趋势呢？主要原因有 3 个。

（1）城乡粮食供应面迅速扩大，国家售粮大幅增加。随着国民经济恢复和大规模经济建设开始，1953 年的城镇人口已达 7826 万人，比 1949 年增加 2061 万人。城镇的增加人口绝大部分来自农村，这部分人口原来吃粮自给，进城后就得吃商品粮。此外，由于发展工业的需要，经济作物产区迅速扩大，加上其他需要国家救助的缺粮人口，1953 年农村里吃商品粮的人口增加到 1 亿人。国家返销到农村的粮食达到 317 亿斤。[②]

（2）农民生活水平提高，需要消费更多细粮。虽然粮食产量有较快增长，但占全国总人口 80% 以上的农村人口，在旧中国长期处于饥饿或半饥饿状态。经济恢复时期农民增加的收入，大多用于改善生活，主要就是增加粮食消费量。1952 年，农民人均粮食消费量达 444 斤，比 1949 年增加了 74 斤。[③]

（3）农民惜售。中国农民普遍有刻骨铭心的饥饿经历，刚刚

---

① 薄一波：《若干重大决策与事件的回顾（上）》，中共党史出版社，2008，第 180 页。
② 薄一波：《若干重大决策与事件的回顾（上）》，中共党史出版社，2008，第 181 页。
③ 《当代中国》丛书编辑部编《当代中国的粮食工作》，中国社会科学出版社，1988，第 68 页。

恢复的农业生产并不能让他们完全放心。不少农民把余粮储存起来，以备灾荒；有的农民更是待价而沽。[1]

因此，粮食生产量虽然有较快速的增长，但这些粮食有相当一部分被农民用于自身的消费和储备，属于自给性生产。粮食上市及征收量占总产量的比重，不仅没有相应提高，反而在下降：从1951年的28.2%下降到1952年的25.7%。[2]

当时粮食自由市场仍然存在，农民缴纳农业税后，粮食可以自由购销。除了国营粮食公司和供销合作社外，经营粮食的还有私营粮商。1952～1953粮食年度，全国共上市粮食348亿斤，国家仅控制69.9%，粮食形势一吃紧，投机商人就利用尖锐的产销矛盾，与国营粮食部门争夺市场。江西省吉安市，1952年底在5天之内，上市的稻谷全被私商收去。江苏徐州1953年黄豆收割时，来自大江南北的粮商蜂拥而至，有个叫王雨农的粮商就抢购了50万斤。当年青黄不接时，还出现了私商在农村预购"青苗谷""禾花谷"，预购的价格一般比牌价低20%～30%。私商买走的粮食，虽然最终也可以满足市场需要，但抬高了粮价，进而影响整体物价稳定。在私商活动频繁的地区，出现了抢购粮食之风，粮食市价一般高出牌价20%～30%，人民难以承受。据估算，由于供应面继续扩大，1953～1954粮食年度，国家需要掌握粮食700多亿斤，除粮食税可以收到275亿斤外，还需要收购431亿斤（上年度实际收购数为243亿斤），仅靠市场想要收到这么多粮食已经不可能。粮食的统

---

[1] 《当代中国》丛书编辑部编《当代中国的粮食工作》，中国社会科学出版社，1988，第68页。
[2] 《当代中国》丛书编辑部编《当代中国的粮食工作》，中国社会科学出版社，1988，第68页。

购统销就是在这样的形势下被迫出台的。①

因此，统购统销不能被简单地理解为不顾民心、不了解国情、仅凭空想而创造的制度。即使在酝酿、讨论阶段，中央领导层也从未认为统购统销完美无瑕，它的缺点和可能造成的混乱早就被充分认识到。但如果不这样办，任粮食的供销矛盾发展下去，造成的危害更大，所以只能两害相权取其轻。从1953年7月开始，陈云花费了很大的精力来比较各种解决粮食问题的方案，经过广泛征求意见之后，最终提出了在农村征购、在城市配售的办法。1953年10月10日，陈云在全国粮食紧急会议上坦言：我现在是挑着一担"炸药"，前面是"黑色炸药"，后面是"黄色炸药"。两个中间要选择一个，都是危险家伙。"逼死人或者打扁担以至暴动的事，都可能发生。"农民"不能待价而沽，很可能会影响生产情绪"。"毛病还可以举出好多，因为我们没有经验，意想不到的事情一定会有。""征购是一项很艰巨、很麻烦的工作，这比对付资本家难得多。"对于未来粮食供给的形势，陈云也说得很明确："粮食不充足，是我国较长时期内的一个基本状况，在这种情况下，采取征购的措施是不可避免的，越是拖得久，混乱的局面必然越严重，我们也就越是被动。"②

统购统销经陈云向中央提出后，立即得到毛泽东和周恩来的支持。中共中央随即于1953年10月16日通过了《关于实行粮食的计划收购与计划供应的决议》。随后政务院在11月19日通过了《关于实行粮食的计划收购和计划供应的命令》，并于11月23日发布。全国除西藏和台湾外，其他地区原则上一律根据以上两个文件

---

① 薄一波：《若干重大决策与事件的回顾（上）》，中共党史出版社，2008，第181~182页；《当代中国》丛书编辑部编《当代中国的粮食工作》，中国社会科学出版社，1988，第69~70页。

② 中共中央文献研究室选编《建国以来重要文献选编》第4册，中央文献出版社，1993，第446~461页。

从 12 月初开始贯彻实施。①

就在中共中央政治局讨论急迫的粮食问题如何解决、准备召开粮食紧急会议的时候，毛泽东提出了大张旗鼓地向城乡人民特别向是农民群众宣传过渡时期总路线、宣传社会主义。他说："在农村要大大宣传社会主义工业化和社会主义改造的总路线。在大规模基础建设中，粮食问题是必然发生的，是不可怕的。只有把政治思想教育工作做好，粮食问题才好解决。"②《人民日报》于 1953 年 11 月 9 日发表了按照毛泽东指示起草并经毛泽东本人审阅修改的社论《必须大张旗鼓地向农民宣传过渡时期的总路线》。社论写道："为了做好这个宣传工作，各地都应该订出计划，充分准备，在今冬明春的农闲期间，配合着征粮购粮的工作和发展农业生产合作的工作，大张旗鼓地进行。"

在向农民宣传总路线、准备实行统购统销政策的同时，1953 年 10 月 26 日至 11 月 5 日，中共中央召开了全国第三次互助合作会议。会前，毛泽东于 10 月 15 日与中央农村工作部的两名副部长廖鲁言、陈伯达谈话（部长邓子恢因下乡未参加）。毛泽东提出：各地的农业生产合作社"要有控制数字，摊派下去。摊派而不强迫，不是命令主义"；"个体农民，增产有限，必须发展互助合作。对于农村的阵地，社会主义如果不去占领，资本主义就必然会去占领。难道可以说既不走资本主义的道路，又不走社会主义的道路吗？资本主义道路，也可增产，但时间要长，而且是痛苦的道路……如果不搞社会主义，那资本主义势必要泛滥起来"；"互助组还不能阻止农民卖地，要合作社，要大合作社才行。大合作社也可使得农民不必出租土地了，一二百户的大合作社带几户鳏寡孤

---

① 《当代中国》丛书编辑部编《当代中国的粮食工作》，中国社会科学出版社，1988，第 74 页。

② 杜润生主编《当代中国的农业合作制》上册，当代中国出版社，2002，第 206 页。

独，问题就解决了"；"总路线也可以说就是解决所有制的问题……私人所有制……改变为集体所有制和国营（经过公私合营，统一于社会主义），这才能提高生产力，完成国家工业化。生产力发展了，才能解决供求的矛盾"。①

全国第三次互助合作会议一开始，毛泽东这次谈话的内容就被传达了，因此会议就在过渡时期总路线和毛泽东谈话的鼓舞下进行。会议提出到 1954 年秋收前，全国的农业生产合作社将由现有的 1.4 万个发展到 3.25 多万个；到 1957 年秋收前，将发展到 70 万个左右，约占农户数的 16%。②

会议结束前的 11 月 4 日，毛泽东又与在京的中央农村工作部负责人谈话，指出："发展农业生产合作社，现在是既需要，又可能，潜在力很大。"其中有一段讲话非常著名："要搞社会主义。'确保私有'是资产阶级观念。'群居终日，言不及义，好行小惠，难矣哉'。'言不及义'就是言不及社会主义，不搞社会主义。搞农贷，发救济粮……推广新式步犁、水车、喷雾器、农药，等等，这些都是好事。但是不靠社会主义，只在小农经济基础上搞这一套，那就是对农民行小惠。这些好事跟总路线、社会主义联系起来，那就不同了，就不是小惠了……不靠社会主义，想从小农经济做文章，靠在个体经济基础上行小惠，而希望大增产粮食，解决粮食问题，解决国计民生的大计，那真是'难矣哉'！"③

为什么这些"好事"和总路线、社会主义联系起来，就不是"小惠"了呢？上文提到的这些"好事"，都是直接或间接用于提

---

① 中共中央文献研究室编《建国以来毛泽东文稿》第 4 册，中央文献出版社，1990，第 356~360 页。
② 杜润生主编《当代中国的农业合作制》上册，当代中国出版社，2002，第 211 页。
③ 中共中央文献研究室选编《建国以来重要文献选编》第 4 册，中央文献出版社，1993，第 470~471 页。

高农业生产效率和农业产量的，在农户独立经营的基础上做这些"好事"，确实可以提高农民收入、改善农民生活。尤其是对善于经营的中农、富农而言，好处更大，更利于他们发财致富。但是增产的粮食主要用于农民积累财富、改善生活，就无法为迅速发展的国家工业化和城市化提供充足的农产品，无助于国家尽早实现工业化。相对独立的工业体系建立不起来，国家的安全就无法得到根本保障，就要受制于人。与此同时，工业也无法向农民提供大量先进的农业设施、大量的化肥农药，无法实现农村的电气化，农民的生产生活也不可能有质的改善。

随着国家不断建成的工业生产企业陆续投产，为了维持企业的运营，产品必须有购买者。分散经营的小农毕竟势单力薄，无力购买先进的大中型农业器械；即便是极少数富裕农民可以承担购置器械的成本，他们也不会有强烈的愿望来购买这些产品，因为土地改革以后，农地由各户均分的格局已经形成，在中国人多地少的国情下，由各家各户来购买大中型农业器械是不划算的。这样一来，缺乏产品市场的工业企业无法积累资本、循环发展，国家的经济建设计划就要落空，中国的现代化就遥遥无期。

在小农分散经营的条件下，全国范围内的大中型农田基本建设，尤其是农田水利建设就不具备相应的组织基础和经济基础。这样一来，几亿农民固然有可能稍稍提高自己的收入，但无法给农业提供高产、稳产的基本条件，农村的经济发展必然后劲不足。与此同时，不断增长的城市人口和轻工业企业也不可能得到充足的食品和生产原料。

总而言之，毛泽东认为更重要的是要为农民、为国家的长远利益打算，不能仅仅在提高农民短期利益上想办法，所以毛泽东才说："只在小农经济基础上搞这一套，那就是对农民行小惠。"

但是，这些"好事"与总路线、农业合作化联系起来，情况就大不一样了。一方面，增加的农产品可以为更多的城镇职工提供生活资料、为企业提供更多原材料，使国家的工业化基础更加坚实。而且，农民组织起来以后，就可以凭借集体的力量来购置各式现代化的农业器械。相应的，实行合作化之后，农地才能得到更高效、更合理的利用。在重新整合之后的连片农地上耕作，现代机器才真正有了用武之地，生产效率才得以提高。另一方面，大中型农田基本建设也有了组织基础和经济基础，可以有效地管理和维护。按照这样的发展道路，农民的生活不能在短时间内改善很多（在一定程度上忽略了农民的短期利益），却真正能够"解决国计民生的大计"，对于全国人民的长远利益是有莫大好处的，所以"就不是小惠了"。

因此，毛泽东进一步号召："县干部、区干部的工作要逐步转到农业生产互助合作这方面来，转到搞社会主义这方面来。他们不办社会主义之事，他们做什么，办个体经济之事吗？……一定要书记负责，我就是中央的书记……都要负责，亲自动手。中央现在百分之七、八十的精力，都集中在办农业社会主义改造之事上。"①

毛泽东在这次谈话中的论述和指示，第二天就在会议上传达，与会者对此进行了讨论②。另外，会议的主要议程之一就是讨论和修改《关于发展农业生产合作社的决议（草案）》。1953 年 12 月 16 日，草案经中共中央政治局讨论通过，成为正式决议，并下发给各地党委遵照实行。从此，老区的农业生产合作社由试办阶段开始进入发展阶段，从以互助组为中心开始转向以农业生产合作社为中心，新区也普遍开始试办合作社。同月，中共中央还发布了中央宣传部制定的《为动员一切力量把我国建设成为一个伟大的社会

---

① 中共中央文献研究室选编《建国以来重要文献选编》第 4 册，中央文献出版社，1993，第 475 ~ 476 页。
② 杜润生主编《当代中国的农业合作制》上册，当代中国出版社，2002，第 215 页。

主义国家而斗争——关于党在过渡时期总路线的宣传提纲》。在这两个文件中，首次正式提出"农业合作化"与"合作化道路"的概念。①

《关于发展农业生产合作社的决议》写道："一九五一年十二月所作的关于农业生产互助合作的决议，经过两年来在全国各地的实行，证明其中所规定的方针政策是正确的。"根据党在过渡时期的总路线，"我国的国民经济建设不但要求工业经济的高涨，而且要求农业经济要有一定的相适应的高涨。但孤立的、分散的、守旧的、落后的个体经济限制着农业生产力的发展，它与社会主义的工业化之间日益暴露出很大的矛盾。这种小规模的农业生产已日益表现出不能够满足广大农民群众改善生活的需要，不能够满足整个国民经济高涨的需要。为着进一步地提高农业生产力，党在农村中工作的最根本任务，就是要善于用明白易懂而为农民所能够接受的道理和办法去教育和促进农民群众逐步联合组织起来，逐步实行农业的社会主义改造，使农业能够由落后的小规模生产的个体经济变为先进的大规模生产的合作经济，以便逐步克服工业和农业这两个经济部门发展不相适应的矛盾，并使农民能够逐步完全摆脱贫困的状况而取得共同富裕和普遍繁荣的生活"。

《关于发展农业生产合作社决议》还指出了"农业社会主义改造"的具体内容："根据我国的经验，农民这种在生产上逐步联合起来的具体道路，就是经过简单的共同劳动的临时互助组……到实行土地入股、统一经营而有较多公共财产的常年互助组，到实行完全的社会主义的集体农民公有制的更高级的农业生产合作社（也就是集体农庄）。这种由具有社会主义萌芽、到具有更多社会主义因素、到完全的社会主义的合作化的发展道路，就是我们党所指出

---

① 杜润生主编《当代中国的农业合作制》上册，当代中国出版社，2002，第197页。

的对农业逐步实现社会主义改造的道路。"①

1953 年 12 月，过渡时期总路线的宣传主要结合粮食统购统销工作进行，从 1954 年 1 月开始，逐渐转为主要结合农业生产互助合作进行。各地干部创造和运用了许多工作方法，启发农民自己教育自己。有的"帮农民算三笔账"（新中国成立以来党、国家和工人对农民的好处，把农产品卖给国家的好处，互助合作的好处）；有的先"引农民想三种苦"（帝国主义、地主和国民党反动派给农民的苦，奸商和高利贷者给农民的苦，小农经济使农民不能摆脱贫困的苦），再引导农民把"三笔账"和"三种苦"对比起来看，使总路线的宣传教育深入一步，达到"叫农民做三件事"（卖余粮给国家，努力增加生产，参加互助合作），"引农民走一条路"（社会主义道路）的目的。宣传中使用了多种多样的方式，有展览会、座谈会、典型报告、参观、家庭访问等。冬季学习和各种文娱活动也都和总路线的宣传教育密切结合起来。②

根据国家统计局的资料，1953～1954 粮食年度，全国实际粮食产量达到 784.5 亿斤，超出全国（紧急）粮食会议计划 75.5 亿斤，比 1952～1953 粮食年度多收 177.9 亿斤，增长 29.3%；国内销售粮食 596.4 亿斤，比 1952～1953 粮食年度多销售 135.3 亿斤，增长 29.3%。购销相抵后，库存有了较大幅度的增加。难关渡过了，形势缓和了。但是正如陈云所预计的，统购中国家与农民的关系紧张，强迫命令、乱批乱斗的现象都发生过，个别地方还发生了聚众闹事。毛泽东在 1960 年说过：50 年代以来在粮食问题上，我

① 中共中央文献研究室选编《建国以来重要文献选编》第 4 册，中央文献出版社，1993，第 661～681 页。
② 杜润生主编《当代中国的农业合作制》上册，当代中国出版社，2002，第 207～208 页。

们有两次同农民的关系搞得很紧张，第一次就是 1953 年。①

　　1953～1954 粮食年度的工作虽然顺利完成，但是在实际操作中也暴露出不少问题。比较突出的有：对有些老实的农民征购了过头粮；有些农民隐粮不报或少报，应购的未能购足。粮食供应也在地区上出现多供或少供的现象。此时核定售粮任务的工作在收获后进行，从播种到收获期间，余粮户对自己该向国家交售多少粮食，缺粮户对自己能从国家买到多少粮食，都心中无数。加之 1954 年长江、淮河流域发生了百年不遇的严重洪灾，粮食减产，国家为了以丰补歉、调剂余缺，在非灾区多购了 70 亿斤粮食。这样一来，粮食形势又趋紧张。到 1955 年春，许多地方几乎是人人谈粮食，户户要统销。中南、东北、华北等主要产粮区的部分农村，一些不缺粮的农民也和缺粮农民一道，纷纷要求国家供粮，使国家的粮食销量不正常地增长。② 这是国家第二次在粮食问题上与农民关系紧张。问题最终聚集到一点：如何核定 1 亿多农户的粮食余缺？1954～1955 粮食年度采取的办法是评定农户粮食产量，规定农民留粮标准，计算农户余粮量，结合民主评议，核定各农户售粮数字。这种办法在理论上可行，但是所需的工作量极大，无法长期维持一个 6 亿人口的大国在建设时期的需求。

二　全力巩固还是全面发展——邓子恢与毛泽东的争论

　　1954 年冬季，各级党委集中主要力量进行粮食统购工作，顾不上对大批新社实行具体指导和帮助整顿。1955 年 1 月，全国农业生产合作社发展到 48 万多个，其中 38 万个是 1954 年秋

---

① 薄一波：《若干重大决策与事件的回顾（上）》，中共党史出版社，2008，第 191 页。
② 《当代中国》丛书编辑部编《当代中国的粮食工作》，中国社会科学出版社，1988，第 84 页。

收前后新建立的。在新建立的社中，有一部分是在准备不足甚至没有准备的情况下仓促建立的。此时，一些地方陆续发生农业社解体或社员退社的现象。[①] 1955 年 1 月 10 日，由邓子恢起草、刘少奇签发的中共中央《关于整顿和巩固农业生产合作社的通知》，重申了"只许办好、不许办坏"的方针，使合作化运动基本转入"控制发展，着重巩固"的阶段。1 月 15 日，中共中央又发出《关于保护耕畜的紧急指示》，指出近几个月里，不少地区发生大量出卖耕畜、畜价猛跌和滥宰耕畜的现象，情况十分严重，必须及时扭转。[②]

当时，国家与农民在粮食问题上的关系相当紧张，北京不断收到来自各地的相关情况。3 月 3 日，中共中央和国务院发出由毛泽东签发的《关于迅速布置粮食购销工作安定农民生产情绪的紧急指示》（以下简称《指示》），指出"目前农村的情况相当紧张"，发生的许多问题，实质上是农民群众"表示不满的一种警告"，因此决定实行粮食"三定"[③] 政策，同时"再把农村合作化的步骤放慢一些"。《指示》还规定，下年度粮食征购指标减为 900 亿斤，削减 30 亿斤。毛泽东说，粮食征购已经到了界限，征购任务多 1 斤都不行。在当年 5 月 9 日约见邓子恢等人的一次谈话中，毛泽东进一步提出，下年度的粮食征购任务可以压缩到 870 亿斤，"粮食征购数字减少一点，换来个社会主义"。[④]

1955 年 4 月 21 日至 5 月 7 日，中共中央委托中央农村工作部召开全国第三次农村工作会议。邓子恢在会议开始时说："农民对

---

① 杜润生主编《当代中国的农业合作制》上册，当代中国出版社，2002，第 279～280 页。
② 杜润生：《杜润生自述：中国农村体制变革重大决策纪实》，人民出版社，2005，第 46 页。
③ "三定"：定产、定购、定销。
④ 杜润生：《杜润生自述：中国农村体制变革重大决策纪实》，人民出版社，2005，第 47～53 页。

我们的警告已经不止于说怪话、发牢骚，并且表现在行动上。如广东、湖北、江苏等省的少数县发生了若干起几百人乃至几千人的骚动，杀牲口、伐果树、不务生产的现象仍未停止。"他进一步分析道："农业合作化运动中发生的问题是出现紧张形势的最根本的因素。……我们对干部的领导力量估计过高了，对群众觉悟也有些估计过高，对把社办好看得太容易了。……因此计划太大了，发展过多了。"邓子恢还在会议上传达了中央书记处会议提出的"停止发展、全力巩固"的方针。①

5月5日晚，邓子恢向毛泽东报告会议讨论情况。谈到"停、缩、发"方针时，毛泽东对邓子恢说："不要重犯1953年大批解散合作社的错误，否则又要做检讨。"②对毛泽东的告诫，邓子恢没有充分重视。在5月6日做会议总结时，邓子恢未向会议传达毛泽东昨晚对他说的话。③

上文提到在5月9日约见邓子恢、廖鲁言、李先念等人的谈话中，毛泽东还说，农村叫缺粮的有许多是假缺粮，其实是反统购统销。今后两三年是农业合作化的紧要关头，必须打下基础。毛泽东问：到1957年，"化"个40%可不可以？邓子恢答：上次说1/3，还是1/3吧！毛泽东勉强地说道："1/3也可以。"④

5月中旬，毛泽东召开了以讨论农业合作化为主题的15个省、市委书记会议。他在会上说："在合作化问题上，有种消极情绪，我看必须改变。再不改变，就会犯大错误。"他还号召与会者做好准备，秋后不论新区老区都要大发展，1956年秋收前争取发展到100万个社。1955年6月底，毛泽东提出在当时65万个社的基础

①　杜润生主编《当代中国的农业合作制》上册，当代中国出版社，2002，第306~308页。
②　薄一波：《若干重大决策与事件的回顾（上）》，中共党史出版社，2008，第237页。
③　杜润生主编《当代中国的农业合作制》上册，当代中国出版社，2002，第309页。
④　薄一波：《若干重大决策与事件的回顾（上）》，中共党史出版社，2008，第260页；杜润生主编《当代中国的农业合作制》上册，当代中国出版社，2002，第313页。

上翻一番（即到 1956 年秋收前发展到 130 万个）的新建议，邓子恢则坚持按政治局批准的原定计划（即到 1956 年秋收前发展到 100 万个）进行。[①] 邓子恢的主要观点是：①合作化运动应与工业化的进度相适应；②现有的 65 万个社存在很多问题，巩固的任务很重，要为后面的工作打好基础；③地区不平衡，干部领导水平、群众觉悟水平不同，应逐步推广。[②]

7 月 31 日，中共中央召开全国省市自治区党委书记会议，毛泽东在会上做了题为《关于农业合作化问题》的报告，指出全国农村的社会主义高潮就要到来，并且不点名地批评邓子恢和农村工作部"像一个小脚女人，东摇西摆的在那里走路，老是埋怨旁人说：走快了，走快了。过多的评头品足，不适当的埋怨，无穷的忧虑，数不尽的清规和戒律"。

《关于农业合作化问题》是中国农业合作化运动中一个十分重要的文献，影响了中国整整一代人。当时从中央到地方的各级干部，包括被批评的邓子恢等人在内，都被他雄辩的思想打动。[③] 这个报告完整地呈现了毛泽东的农业合作化思想，以及他眼中的农业与工业的关系，很多后人所不解的问题都可以从中找到答案。本书在此予以简单介绍。

对于合作社发展"超过了实际可能""超过了群众对觉悟水平"的问题，毛泽东回答说，"大多数农民有一种走社会主义道路的积极性"，他们"为了摆脱贫困，改善生活，为了抵御灾荒，只有联合起来，向社会主义大道前进，才能达到目的"。认为合作化"超过了群众的觉悟水平"，这是看见了较少量的富裕农民，忘记

---

① 杜润生主编《当代中国的农业合作制》上册，当代中国出版社，2002，第 315、328 页。

② 中共中央文献研究室编《建国以来毛泽东文稿》第 5 册，中央文献出版社，1991，第 261~262 页。

③ 杜润生主编《当代中国的农业合作制》上册，当代中国出版社，2002，第 315、335 页。

了最大量的贫农和非富裕农民。

对于邓子恢所提出的领导干部缺乏经验的问题，毛泽东反问道："我们不去领导农民在每乡每村都办起一个至几个农业生产合作社来，试问'干部的经验水平'从何处得来，又从何处提高呢？"

对于合作化应与工业化进度相适应的问题，毛泽东回答："他们认为在工业化的问题上可以采取现在规定的速度，而在农业合作化的问题上则不必同工业化的步骤相适应，而应当采取特别迟缓的速度。这就忽视了苏联的经验。这些同志不知道社会主义工业化是不能离开农业合作化而孤立地去进行的。"其理由有 3 点，如下。

（1）建设工业化需要大量农产品。"我国的商品粮食和工业原料的生产水平，现在是很低的，而国家对于这些物资的需要却是一年一年地增大，这是一个尖锐的矛盾。如果我们不能在大约三个五年计划的时期内基本上解决农业合作化的问题……我们就不能解决年年增长的商品粮食和工业原料的需要同现时主要农作物一般产量很低之间的矛盾，我们的社会主义工业化事业就会遇到绝大的困难，我们就不可能完成社会主义工业化。"

（2）企业生产出来的重工业产品需要农村市场来消化。"社会主义工业化的一个最重要的部门——重工业，它的拖拉机的生产，它的其他农业机器的生产，它的化学肥料的生产，它的供农业使用的现代运输工具的生产，它的供农业使用的煤油和电力的生产等等，所有这些，只有在农业已经形成了合作化的大规模经营的基础上才有使用的可能，或者才能大量地使用。"因此，"在农业方面，在我国的条件下（在资本主义国家内是使农业资本主义化），则必须先有合作化，然后才能使用大机器"。①

---

①　个体小农只能维持传统上低投入、低产出的生产循环，难以实现农业现代化，这个问题在改革开放后的当下依然突出。

（3）工业化需要来自农业和农民的原始积累。"为了完成国家工业化和农业技术改造所需要的大量资金，其中有一个相当大的部分是要从农业方面积累起来的。这除了直接的农业税以外，就是发展为农民所需要的大量生活资料的轻工业的生产，拿这些东西去同农民的商品粮食和轻工业原料相交换，既满足了农民和国家两方面的物资需要，又为国家积累了资金。而轻工业的大规模的发展不但需要重工业的发展，也需要农业的发展。因为大规模的轻工业的发展，不是在小农经济的基础上所能实现的，它有待于大规模的农业，而在我国就是社会主义的合作化的农业。因为只有这种农业，才能够使农民有比较现在不知大到多少倍的购买力。"

"由此可见，我们对于工业和农业、社会主义的工业化和社会主义的农业改造这样两件事，决不可以分割起来和互相孤立起来去看，决不可以只强调一方面，减弱另一方面。"①

8月3日（全国省市自治区党委书记会议于8月1日结束）毛泽东找邓子恢谈话，提出合作化速度可以再快一点，100万再添30万，搞130万个合作社，即由翻半番改为翻一番，看怎么样？邓子恢考虑后第二天去见毛泽东，回复说干部与群众的思想都准备不足，落后地区还缺会计，账目混乱，仅培养会计就需要时间等，"应该巩固一批发展一批。已经办的社人均收益要超过富裕中农的水平，对农民有吸引力了，那时才可以加快。……100万的数字是反复商量、经中央同意才定下来的，我们争取在实际工作中努力超过，不要再修改了"。毛泽东听了很不高兴，"不以为然地说：百万就行，多30万就不行？我看不见得。觉得邓说的那些根本不是

---

① 中共中央文献研究室编《建国以来毛泽东文稿》第5册，中央文献出版社，1991，第234～260页。

理由，是把战术问题和战略问题混淆了"。①

8 月 26 日，毛泽东给邓小平、杨尚昆批示：目前各地关于合作化问题的电报，"由中央直接拟电答复"，并转告批发此类来报的同志，不要写上"请农村工作部办"。这样，实际上就停止了邓子恢和中央农工部指导全国农业合作化运动的工作。9 月 7 日，毛泽东起草中央通知：中央政治局决定召开中共七届六中全会。他规定发言内容主要讲合作化问题，还对邓小平说："看来像邓子恢这种思想，靠他自己转不过来，要用'大炮轰'。"②

1955 年 10 月 4 日至 11 日，中共七届六中全会召开。会上，邓子恢、杜润生做了检查，承认了错误。毛泽东点名批评了邓子恢。做总结讲话时，毛泽东特别强调这次会议是一个伟大的社会主义高潮即将到来之前的一场大辩论。这是在由资本主义到社会主义过渡期间，关于我们党的总路线是不是完全正确这样一个问题的大辩论。这关系到合作社能不能发展，能不能巩固？是大发展，还是小发展？他还强调合作社是能大发展的，也是能办得好的，既然现在能办好，为什么以后不能办好？能办小的就不能办大的？能办初级的就不能办高级的？老区能发展，新区就不能发展？③

大会之后，各地农村就掀起了"社会主义高潮"。1955 年底，全国的农业生产合作社由年中的 63.4 万个增加到 190.5 万个，入社农户达 7545 万户，占全国农户总数的 63.3%。据统计，1955 年底合作社的主要农作物单位面积产量与个体农户相比，稻

---

① 杜润生：《杜润生自述：中国农村体制变革重大决策纪实》，人民出版社，2005，第 57 页。
② 杜润生：《杜润生自述：中国农村体制变革重大决策纪实》，人民出版社，2005，第 57~58 页。
③ 杜润生：《杜润生自述：中国农村体制变革重大决策纪实》，人民出版社，2005，第 61~62 页；杜润生主编《当代中国的农业合作制》上册，当代中国出版社，2002，第 346 页。

谷超出 10.2%，小麦超出 7.4%，大豆超出 19%，棉花超出
25.9%。①

1956 年 1 月底，入社农户达到 9555 万户（其中高级社农户数
3652 万户），占全国农户总数的 80%。短短几个月，就完成并超出
毛泽东所说的"基本上完成合作化"的指标。此时，毛泽东提出：
有些同志脑子发热，报上不要再发表农业合作化的数字，要强调质
量第一。到 3 月底，入社农户比重达 90%（其中高级社的农户数
约占全国农户总数的 55%）。既已如此，中共中央在 4 月底就批准
按照 3 月底的数字发布新闻，宣布"全国基本实现农业合作化"②。
这体现了毛泽东工作思路的一个特点：在多数情况下，毛泽东希望并
鼓励国家干部带着高昂的热情、只争朝夕的紧迫感去工作，去实现并
力争超出各项任务指标。一旦他发觉工作目标已经远远超过了实现的
可能性，干部头脑发热、开始蛮干冒进时，他又会主动地向干部泼冷
水，提出各种疑问，尽量让他们冷静一些。这个特点在后来也有多次
体现。

三　浅析毛泽东与邓子恢的分歧

在谈论 20 世纪 50 年代农业合作化发展速度问题时，绝大多
数人都认为邓子恢的论点符合中国"三农"的实际情况，是稳
妥、正确的；而毛泽东只看见事情好的一面，被胜利冲昏了头
脑，脱离了实际，是错误的。其中杜润生的观点最为典型，也是
为最多人所接受的，即毛泽东与邓子恢分歧的实质，是生产力决
定论和生产关系决定论的认识分歧。邓子恢照顾了生产力发展水

---

① 杜润生主编《当代中国的农业合作制》上册，当代中国出版社，2002，第 376 页。
② 杜润生主编《当代中国的农业合作制》上册，当代中国出版社，2002，第 378 页。

平，坚持利用有益于生产力发展的私有经济的思路；毛泽东则主
张在夺取政权之后先尽快改变所有制，在公有制基础上发展生产
力。历史证明，新民主主义社会的阶段是跳不过去的，即使跳过
去，还会退回来。① 总的意思是：历史已经证明，真理站在邓子恢
一边。

　　笔者认为，要客观地分析毛泽东与邓子恢的分歧，关键在于从
什么角度来进行评价。评价的标准应该是看毛泽东与邓子恢各自想
要达到什么目的，最后其目的达成的程度如何。毛泽东历来是综合
考虑世界各国力量的对比、国际形势的缓急、周边国家的动向等因
素，以此来制定宏观的国家战略，其视野具有全局性。1954～1955
年，适逢国际形势趋于缓和。② 与此同时，西方发达国家的经济普
遍不景气，无力发动大规模战争。而中国的"一五"计划顺利实
施，工业产值和经济实现高速增长。毛泽东希望利用国际国内的有
利形势，进一步加快建设步伐，积累国家财富和力量，以应付将来
可能发生的战争，并且尽快达成无数仁人志士梦寐以求的百年夙
愿——国家工业化。以重工业为主、独立健全的国家工业体系建设
方针是一个明智的选择。因此，在毛泽东领导下，党和国家的各项
政策和措施都力求服务于这个最高目标。但是，国内的农业生产状
况和工业大发展的要求极不适应，毛泽东决心加快农业合作化进
度，促进生产增长和人力物力的集中利用。在后人看来，"一五"
计划的超额完成（事实上，毛泽东本人并未对"一五"的建设成
就感到很满意，所以才在1956年4月做了著名的讲话《论十大关
系》），以及在大约30年的时间内基本建成了独立的现代工业体

---

① 杜润生：《杜润生自述：中国农村体制变革重大决策纪实》，人民出版社，2005，第
　　65页。
② 相关的重要事件有：1954年4月至7月在日内瓦举行的国际会议，就恢复印度支那
　　半岛和平问题达成了协议；1955年2月举行的亚非政府首脑会议，通过了促进世界
　　和平合作的10项原则。

系，客观上讲，毛泽东的战略目标基本实现，而且是以极快的速度实现的。因为这是个超常规、跨越式的发展，所以在此过程中也存在一些严重的问题。

邓子恢则强调农民、农村、农业稳定持续的发展，他反对合作化加速的各项依据大致上符合当时中国"三农"的状况。由于邓子恢、杜润生等人确实也发自内心地支持农民走合作化道路，表面看来他们与毛泽东的分歧似乎只在于合作化推进的速度。事实上，毛泽东与邓子恢更为根本的冲突有两点：①合作化对工业化的支持力度。毛泽东认为，只有尽快把几亿农民组织到几百万个合作社中，才能降低国家与农民的交易成本，在发展农业生产、提高农民生活水平的同时，尽可能地从农业中提取剩余产品来支持工业建设；而邓子恢对合作化与工业化关系的重视程度，客观而言是不如毛泽东的。②对新型的具有中国特色的农村现代化路径的自觉探索。邓子恢等人认为，合作组织的理想状态是类似于苏联式的集体农庄。毛泽东原本也有同样的想法，但他是中央领导层里最先反思苏联模式，也是对新型的具有中国特色的农村现代化路径进行自觉探索的第一人。1956年的重要报告《论十大关系》，以及后来对人民公社、社队企业的创造性设想，都是他反思和探索的重要成果。

正是因为存在这样的认识差异，而且始终未能说服邓子恢转变认识，毛泽东才批评邓子恢领导下的中央农村工作部"好行小惠""言不及义""十年来没干一件好事"。

如果按照邓子恢的思路来推行农业合作化，是不是就能避免后来国家发展方面的重大损失，并且取得与加快合作化同样的成就，甚至还有所超过呢？历史是无法假设的，结果如何我们已经不得而知。

四　全国合作化后，粮食统购进一步发展

上文已经提及，1955 年春，为了缓和农村的紧张状况，实行了粮食"三定"政策，农业生产和粮食问题暂时得到解决。1956 ~ 1957 粮食年度，虽然适逢小麦增产、早稻丰收，国家的粮食购销却再次出现问题。7 月、8 月、9 月比 1954 年同期多销粮食43 亿斤，少购粮食 30 亿斤。到了秋粮上市时，这种趋势还在发展。其原因有四：①随着"一五"计划的实施，城市和企业对粮食的需求不断增长；②华北地区自然灾害严重，国家需要调拨相当数量的粮食支援灾区；③农民要求进一步改善自己的粮食消费状况，但是改善的速度超过了生产增长的速度；[①] ④统购价格低于市场价格，农民感觉卖给国家的粮食越多，自己吃亏越多。这就导致许多地方出现了不管收成好坏都要求减少征购的现象。

为了适应基本实现农业合作化的新形势，继续保证国家对粮食的需要，1956 年 10 月 6 日国务院发布了《关于农业生产合作社粮食统购统销的规定》。10 月 12 日，中共中央、国务院联合发布《关于目前粮食销售和秋后粮食统购统销工作的指示》。这两个文件确定了粮食分配和购销的几个原则：

（1）不论高级社或初级社，粮食统购统销都以社为单位，根据 1955 年分户、分社核定的粮食定产、定购、定销数字，统一计算与核定。原则上由社统一交售或购买。

（2）农业社在保证了国家粮食征购任务以及社、社员必须留用的粮食以后，如果还有多余的粮食，可以自己决定卖给国家，也

---

① 《当代中国》丛书编辑部编《当代中国的粮食工作》，中国社会科学出版社，1988，第 94 页。

可以根据社员的劳动情况，将多余的粮食分配给社员。

（3）为了保证灾区的粮食供应，国家对粮食丰收地区的余粮社，须适当增购部分余粮，但增购数不得超出增产部分的40%。

（4）国家对缺粮社供应粮食，必须执行什么时候缺粮、什么时候开始供应的办法。①

1957年10月11日，国务院发布了《关于粮食统购统销的补充规定》，提出了"以丰补歉"的新措施，进一步节制农民的粮食消费，加强国家对剩余粮食的控制。文件指出："个体经济转变为合作经济以后，农民收入普遍有所增加，过去吃粮较少的农户，也增加了粮食消费量。""同时，由于自然灾害的影响，我国的粮食生产还不够稳定，收成丰歉在年度间和地区间很不平衡。在这种情况下，农村和城市的粮食消费特别是丰收地区的粮食消费，如果不加适当节制，那就势必影响城市工矿区、经济作物区、灾区和其他方面必不可少的粮食供应，妨碍国家社会主义建设的顺利进行。"该文件的新规定有以下三个方面。

（1）1955年实行"三定"时所规定的留粮标准不得提高，国家核定的粮食定购数量不得减少，定销数量不得增加。灾区人民的口粮标准应该适当降低；收成较差地区农民的口粮标准，也应该比平常年景有所降低。

（2）国家对于余粮的和自足的农业社和单干户，必须增购一部分粮食；对于缺粮的农业社和单干户，必须减销一部分粮食。增购的数量，一般为增产部分的40%，特殊情况下，应该多增购一些。

---

① 中华人民共和国国务院办公厅发布《国务院关于农业生产合作社粮食统购统销的规定》，《中华人民共和国国务院公报》1956年第37期，第969~971页；中华人民共和国国务院办公厅发布《中国共产党中央委员会、国务院关于目前粮食销售和秋后粮食统购统销工作的指示》，《中华人民共和国国务院公报》1956年第37期，第971~973页。

（3）为了加强粮食管理，一切粮食市场都应该关闭，由国营粮食机构在可能范围内，帮助农业社和农民进行粮食品种调剂。[①]

特别需要注意的是，1955 年实行粮食"三定"时，没有规定增产要增购；1956 年调整为丰产地区增产的粮食增购数量不超过增产部分的 40%；1957 年调整为"特殊情况下"征购可以超过 40% 的上限。

笔者在研究中发现，粮食购销政策的调整与当时国家所面临的形势和组织条件有着密切关系。1957 年，通过修改统购统销制度，国家控制剩余粮食的能力前所未有地强大。而真正意义上的粮食"三定"只实行了 1 年，1957 年就被"以丰补歉"的理由彻底突破。很重要的原因是原定要"三个五年计划"才能完成的农业社会主义改造，在 1956 年就基本完成，使国家严格执行的统购统销政策有了便利的组织基础。到 1957 年底，全国农户数为 1.24 亿，参加农业合作社的农户占了 98%，农业合作社有 78.9 万个[②]（由于高级社的规模比初级社大，因此虽然入社农户增加，但合作社总数下降了）。这就意味着国家不必再通过与 1 亿多农户直接打交道来取得他们的生产剩余。通过把全国农民组织起来的几十万个农业合作社，国家与分散小农交易成本奇高的问题基本解决，保证了工业建设计划的实施。中央的各项政策就能以合作社为中介，贯彻到全国广大的农村地区。

除了组织基础以外，客观存在的粮食供应形势也迫使国家实行更加严格的统购统销政策。首先，随着国家工业化的顺利开展，在"一五"计划胜利完成的 1957 年，城市人口增至 9949 万人，全部由国家供应粮食，比统购统销开始实行的 1953 年（恰

---

① 中华人民共和国国务院办公厅发布《国务院关于粮食统购统销的补充规定》，《中华人民共和国国务院公报》1957 年第 44 期，第 898～900 页。

② 杜润生主编《当代中国的农业合作制》上册，当代中国出版社，2002，第 408 页。

好就是"一五"计划的第一年）增加了 2100 多万人。其次，各地农村大约有 5000 万人口每年缺少一部分粮食，需要国家接济。此外，由于自然灾害，一般年景也有 2000 万~3000 万灾民缺粮。遇上灾年，情况就更严重。最后，全国 4000 万种植经济作物的农民和 1000 万渔民、牧民、林民、船民、盐民的粮食完全由国家供应。以上三方面的缺粮人口，正常年景就达 2 亿人，如遇灾年，更是高达 2.5 亿人。因此国家的粮食供应面，占当时全国人口 1/3 多。[①]

五　"一五"计划、农业的社会主义改造、统购统销的密切联系

综上所述，自从 1953 年 11 月实行粮食统购统销后，国家的粮食征购计划年年顺利完成，而且做到粮食收支平衡并有结余。[②] 这就在一个极为重要的方面，保证了国民经济的稳定发展，对第一个五年计划超额完成起到了基础性的作用。而农业社会主义改造的成果——几十万个合作社——是统购统销顺利实施的组织基础。笔者在本章开头所提到的发生在 1953 年的 3 件大事——"一五"计划、总路线（农业的社会主义改造）、统购统销，就是通过以上逻辑联系在一起的。

因此，农业合作化不断加速，很重要的目的是缓和大规模建设计划所引起的粮食紧张局面，以及满足国家从农村提取工业化所必需的原始积累的需要。

---

① 《当代中国》丛书编辑部编《当代中国的粮食工作》，中国社会科学出版社，1988，第 97~98 页。
② 《当代中国》丛书编辑部编《当代中国的粮食工作》，中国社会科学出版社，1988，第 96 页。

第三节　人民公社化时期

虽然农村的科技水平没有质的提升，但是通过加快农民合作化速度、实行统购统销政策，农业还是为城市工业的快速发展提供了有力的支持。1957 年，"一五"计划超额完成。与此同时，全国农户总数中的 98% 参与到 78.9 万个农业合作社中去，这些社绝大多数是实行生产资料集体所有制、规模较大的高级社。在"二五"计划开局之年（1958 年），为了进一步增加主要农产品的产量，加强农业、农村对工业和城市的支持力度，继续扩大合作社的经营规模、提高集体化水平，就成为顺理成章的事情了。与此同时，某些民间自发的组织创新，也给毛泽东等人带来了重要启发：通过在城乡普遍组织起"一大二公"的人民公社，中国或许可以走出一条有自己特色的"三农"现代化路径；缩小乃至消灭"三大差别"，似乎也有了实现的可能性。

一　人民公社在全国范围内建立

给毛泽东等人带来直接启发的，是农田水利建设与合作社办工副业中出现的一些新事物。1957 年 9 月 24 日，中共中央和国务院发布《关于在今冬明春大规模开展兴修农田水利和积肥运动的决定》，全国各地开展了空前规模的农田水利建设运动。投入水利建设的劳动力 10 月为 2000 万～3000 万人，11 月为 6000 万～7000 万人，12 月达 8000 万人，1958 年 1 月多达 1 亿人。[①] 农田水利建设

---

① 薄一波：《若干重大决策与事件的回顾（下）》，中共党史出版社，2008，第 479 页。

要求在大面积土地上统一规划，修建长达几公里、几十公里乃至上百公里的灌溉渠系，往往要涉及很多个社，不同的村、乡，甚至是不同的县，这需要大量的协调工作。一些较大规模的建设工程需要大批劳动力、物资、资金，一社一村往往无法独力承担。一些农业社就联合起来，统一规划、施工。甚至有一些社由联合进而合并，统一安排各项生产和建设。①

1958 年 1 月的南宁会议上，听说广西出现并社现象时，毛泽东说："可以搞联邦政府，社内有社。"后来正式提出小社并大社的主张。有关部门根据毛泽东的指示，起草了《关于把小型的农业合作社适当的合并为大社的意见》②，指出："我国农业正在迅速地实现农田水利化，并将在几年内逐步实现耕作机械化，在这种情况下，农业生产合作社如果规模过小，在生产的组织和发展方面势将发生许多不便。为了适应农业生产和文化革命的需要，在有条件的地方，把小型的农业合作社有计划地适当地合并为大型的合作社是必要的。"文件于 3 月 20 日在成都会议上通过，4 月 8 日经政治局会议批准正式下达。③ 此后，各地迅速开始了小社并大社的工作。辽宁省于 5 月下半月将 9272 个社合并为 1461 个，基本是一乡一社，平均每社 2000 户，最大的有 18000 多户；河南省由 38286 个社合并为 2700 多个社，平均每社 4000 户。④

1958 年 1 月的杭州会议、南宁会议上，毛泽东提出地方工业的产值在几年内要超过农业产值的设想。国家经委根据他的意见，起草了《关于发展地方工业问题的意见》，第一次正式提出农业生产合作社办工业的问题。文件于 3 月 23 日在成都会议上通过，于 4

① 杜润生主编《当代中国的农业合作制》上册，当代中国出版社，2002，第 509 页。
② 薄一波：《若干重大决策与事件的回顾（下）》，中共党史出版社，2008，第 512 页。
③ 中华人民共和国国家农业委员会办公厅编《农业集体化重要文件汇编（下）》，中共中央党校出版社，1981，第 15 页。
④ 薄一波：《若干重大决策与事件的回顾（下）》，中共党史出版社，2008，第 513 页。

月5日经政治局会议批准正式下达。农业社办工业，这就突破了"农业生产合作"这个名称的限制，实际上提出了给农民的经济合作组织另找名称的问题。[①]

以大搞农田水利建设为中心的农业生产高潮，以及地方工业的遍地开花，导致农村劳动力在一段时间内出现短缺。一些地方为了尽可能腾出劳动力用于工农业生产，自发创办了简易的公共食堂、托儿所、养老院等。为了让青年农民学习农业技术，吉林延边、河南登封、湖南浏阳等地的农村还办起了"农业大学"。正是在这种情况下，中共中央领导人开始酝酿新的农村基层组织结构。[②]

早在1958年初，毛泽东就先后和几名中央领导人讲过，乡社合一，将来就是共产主义雏形，什么都管，工农商学兵。同年7月，陈伯达通过在北京大学演讲、在《红旗》杂志上发表文章等方式，正式公开提出"人民公社"这一概念。在此前后，河南、河北的个别地区就已经按照这个设想建立了人民公社。8月上旬，毛泽东到农村视察时肯定了河南七里营人民公社，在山东听到干部表示准备办大农场时说："还是办人民公社好，它的好处是，可以把工、农、商、学、兵结合在一起，便于领导。"这些讲话被记者在《人民日报》公开发表后，全国各地迅速掀起了办人民公社的热潮。8月29日的北戴河政治局扩大会议通过了《在农村建立人民公社问题的决议》《关于今冬明春在农村中普遍开展社会主义和共产主义教育的指示》。两个文件分别于9月10日、9月11日公布。到9月29日，全国农村已经基本实现了人民公社化，入社农户占总农户的90.4%，有12个省达到100%，平均每社4797户；河南、吉林等13个省，有94个县建立了县人民公社或县联社。到

---

① 薄一波：《若干重大决策与事件的回顾（下）》，中共党史出版社，2008，第513页。
② 薄一波：《若干重大决策与事件的回顾（下）》，中共党史出版社，2008，第513页。

10 月底，农村共有人民公社 26576 个，参加农户占农户总数的 99.1%。至此，1956 年才建立起来的 70 多万个高级农业生产合作社，被 2 万多个政社合一的人民公社代替，平均 28 个合作社并成 1 个人民公社。①

1958 年 12 月 10 日，中共八届六中全会通过了《关于人民公社若干问题的决议》，其中概括了人民公社的主要内容和理想状态：劳动力和生产资料可以在更大的范围内做统一的安排和调度，比以前得到更合理、更有效的使用，因而更便于发展生产；工农商学兵各项事业（其中的农包括了农林牧副渔五业），在公社的统一领导下，得到密切的结合和迅速的发展，成千成万的小工厂在农村中雨后春笋般地兴建起来；公社创办了大量公共食堂、托儿所、幼儿园、敬老院等集体福利事业，这就使几千年来屈伏在锅灶旁边的妇女得到彻底的解放。由于实行工资制和供给制相结合的分配制度，过去经常愁吃愁喝、愁柴米油盐酱醋菜的家庭，从此可以"吃饭不要钱"，得到了最重要和最可靠的社会保障。农村人民公社制度更为深远的意义在于它为中国人民指出了农村逐步工业化的道路，农业中的集体所有制逐步过渡到全民所有制的道路，社会主义的"按劳分配"逐步过渡到共产主义的"按需分配"的道路，城乡差别、工农差别、脑力劳动和体力劳动的差别逐步缩小以致消失的道路，以及国家对内职能逐步缩小以致消失的道路。②

二 在困难的逼迫下调整人民公社制度

当时大多数人对人民公社的设想和愿望是美好的，但此后在

---

① 薄一波：《若干重大决策与事件的回顾（下）》，中共党史出版社，2008，第 513 ~ 526 页。
② 中华人民共和国国家农业委员会办公厅编《农业集体化重要文件汇编（下）》，中共中央党校出版社，1981，第 110 ~ 111 页。

经济领域却发生了新中国成立以来最严峻的危机。正如薄一波所总结的，"1958 年下半年发动的以钢为纲、钢产量翻番，以粮为纲、粮食产量翻番为中心内容的'大跃进'运动，超越了客观的可能，违背了有计划按比例发展的规律，结果事与愿违，钢、粮产量不但没有翻上去，反而使社会生产力遭到很大破坏，群众的积极性受到严重挫伤，造成工农业生产和整个国民经济的大滑坡"。①

全国实现人民公社化后不久，农村出现发生了一些尖锐的问题。

（1）农业丰产不丰收。1958 年风调雨顺，各地的农田基本建设也发挥了明显效益，主要农作物呈丰产势头。然而，在建立人民公社的同时，全国城乡土法上马，大炼钢铁。农村劳动力被抽调几千万人上山采矿、挖煤、砍树、炼铁。从秋季开始，又抽调大批劳动力去水利工地。在秋收大忙时节，农村中留下的多为老弱妇孺，无力完成秋收任务，导致许多地方已经成熟的粮食未能收割入库而烂在地里，造成丰产不丰收。

（2）浮夸风，高估产导致高征购。由于浮夸风在全国很多地方出现，当时政府对农业产量估计过高，加上城市人口迅速增加和其他事业发展的需要，导致了高征购：1958 年与 1957 年相比，粮食总产量增长 2.5%，国家对粮食的净征购量却增长 23.2%，农村人均粮食占有量因而下降了 1.3%。这一情况与当时公社公共食堂存在的问题相交织，1959 年春许多地方农村口粮短缺，牲畜饲料严重不足，导致人畜疾病增多，开始出现非正常的人畜死亡现象。②

---

① 薄一波：《若干重大决策与事件的回顾（下）》，中共党史出版社，2008，第 620 页。
② 杜润生主编《当代中国的农业合作制》上册，当代中国出版社，2002，第 534～535 页。

（3）在公社化过程中，社员自留地和家庭副业大都被收归公有，社员除了依靠集体分配，没有其他收入。一些公社因现金短缺无法发工资，集体分配只是由公社食堂向社员提供低标准的实物配给。由于劳动强度增加和生活水平下降，农村开始出现浮肿病，这也是导致某些地区出现非正常死亡的一个重要原因。①

农村人民公社引发的种种尖锐问题，在全国各地不断暴露出来，毛泽东对这些问题很快就有所察觉。全国实现人民公社化以后的一个多月里，他频繁地进行调查研究，听取各地干部和群众的意见，随后多次召集中共中央领导人、各大区负责人和省委书记参加一系列重要会议，还写了一系列《党内通信》，澄清一些错误和混乱的认识，试图对人民公社的所有制结构、管理体制、分配制度进行改善和规范，对"大跃进"中的一些错误做法进行纠正。一方面，他提倡人民公社大力发展商品经济。1958 年 11 月 2 日，毛泽东在第一次郑州会议上发言时就指出："公社要多搞商品生产，现在好像自给自足才是名誉的，而生产商品是不名誉的，这不好。要扩大商品生产，扩大社会交换。"② 另一方面，他指出全民所有制与集体所有制要区别对待。1958 年 11 月 7 日，还是在第一次郑州会议上，毛泽东说："小全民，大集体③，人力、财力、物力都不能调拨。这一点需要讲清楚。社会主义有两种所有制，即全民的与集体的，两者混同起来不利。"④ 除此之外，他还讲到了现阶段仍是社会主义，不要急于向共产主义过渡；水利建设等任务要减少，指标要减少。毛泽东的大多数调整意见，在中共中央八届七中全

---

① 杜润生主编《当代中国的农业合作制》上册，当代中国出版社，2002，第 536~537 页。
② 中央文献研究室：《第一次郑州会议至庐山会议前期纠"左"的努力》，《党的文献》2013 年第 2 期，第 3 页。
③ "小全民""大集体"指的是一个县、一个公社之内的集体所有制。
④ 中央文献研究室：《第一次郑州会议至庐山会议前期纠"左"的努力》，《党的文献》2013 年第 2 期，第 4 页。

会于 12 月 10 日通过的《关于人民公社若干问题的决议》中都有所反映。

由于措施采取得比较及时，也符合实际情况，到 1959 年上半年，很多错误的做法已经得到纠正。但是，在 1959 年 7 月 2 日至 8 月 16 日的庐山会议期间，议题由总结"大跃进"以来的经验教训转向对"右倾机会主义"的斗争。会后，农村工作也从对人民公社的整顿和巩固转向批判"右倾机会主义"、反对"右倾思想"。在这个过程中，很多已经被纠正的错误做法又重新抬头，公社体制的调整也中断了。

这样一来，人民公社制度创设初期存在的漏洞没有能够迅速地得到补救，以高指标、瞎指挥、浮夸风、共产风为主要标志的"左"倾错误在各地农村严重泛滥，与城市和工业领域的一系列错误共同造成连续 3 年的全局性的巨大损失。为此，1960 年 11 月 3 日，中共中央发出《关于农村人民公社当前政策问题的紧急指示信》，要求全党认真调查研究，纠正错误，调整政策。信中写道："中央再次指出，'共产风'必须坚决反对，彻底纠正"，而且罕见地明确要求"把这封指示信原原本本地读给全体党员和干部听，读给农民群众和全体职工听，反复解释，做到家喻户晓，把政策交给群众，发动群众监督党员干部认真地、不折不扣地贯彻执行。"[1]同日，中共中央还发出《关于贯彻执行〈紧急指示信〉的指示》。这是中共中央从庐山会议后期开展"反右倾"以来的重大转折。[2]

在毛泽东的指示和指导下，1961 年 3 月通过了《农村人民公社工作条例（草案）》，并下发给全国农村党支部。3 月 22 日，《中共中央关于讨论农村人民公社工作条例草案给全党同志的信》与

---

[1]　中华人民共和国国家农业委员会办公厅编《农业集体化重要文件汇编（下）》，中共中央党校出版社，1981，第 377 页。

[2]　杜润生主编《当代中国的农业合作制》上册，当代中国出版社，2002，第 583 页。

草案一同发布。信中写道:"要把这个条例草案从头到尾一字不漏地读给和讲给人民公社全体党员和全体社员听,对于同社员关系密切的地方要特别讲得明白,对于他们的疑问要作详细解答,同时,征求他们对于这个条例草案的各种修改意见。"①

经过广泛的调查研究,在听取和收集了各种意见的基础上,中共中央制订了《农村人民公社工作条例修正草案》(下文简称《修正草案》),于 6 月 15 日发出《关于讨论和试行农村人民公社工作条例修正草案的指示》。由于《修正草案》是在大量调查研究工作的基础上形成的,其基本内容适应当时广大农民和基层干部的要求,因而受到他们的欢迎,对调动农民积极性、恢复农业生产力起了积极作用。《修正草案》共有 60 条,其中较为重要的有:①人民公社是政社合一的组织,是我国社会主义社会和政权在农村中的基层单位。②农村人民公社一般地分为公社、生产大队、生产队三级,以生产大队的集体所有制为基础。③公社各级的规模都应该有利于生产和经营管理,不宜过大。公社的规模一般应相当于原来的乡,大队的规模一般应相当于原来的高级社。④社员家庭副业的产品和收入,都归社员所有和支配。除了国家统购统销的产品外,都可以拿到集市上交易。⑤社员个人的一切生活资料,包括房屋、存款等,永远归社员所有。⑥生产队办不办食堂,完全由社员讨论决定。不论办不办食堂,社员的口粮都应该分配到户,由社员支配。②

根据 1961 年 8 月中央农村工作部的统计,《修正草案》公布以来,全国的公社数增长了 1 倍多,达到 55682 个;生产大队增加 22

---

① 中华人民共和国国家农业委员会办公厅编《农业集体化重要文件汇编(下)》,中共中央党校出版社,1981,第 453 页。

② 《当代中国农业合作化》编辑室编《建国以来农业合作化史料汇编》,中共党史出版社,1992,第 640~647 页。

万个，共约 71 万个；生产队增加 156 万个，共约 455 万个。① 这就意味着原来规模过大的各级集体经济组织重新"分家"，缩小了规模。尤其是公社一级，数量增长了一倍以上，这意味着公社的平均规模缩减为不到原来的一半。

《修正草案》中还有一个遗留问题——生产权在小队，分配权却在大队，即所谓"三包一奖"问题。这个问题不解决，群众的生产积极性仍然会受影响。毛泽东在 1961 年 9 月建议把基本核算单位下放到队而不是大队，请各地调查研究此问题。② 经过"七千人大会"的讨论后，中共中央于 1962 年 2 月 13 日发出《关于改变农村人民公社基本核算单位问题的指示》，宣布实行以生产队（小队）为基本核算单位的三级所有制作为人民公社的根本制度，至少 30 年不变。③ 从历史事实看，这项制度在全国大多数地方一直维持到 20 世纪 80 年代初。

经过一系列政策调整，"左"倾错误不断得到纠正，农业开始逐步恢复，为国家摆脱三年困难时期提供了必要条件。到 1965 年，粮食生产恢复到 1957 年的水平，国家粮食购销情况好转，人民生活比困难时期有所改善。④

三　"理想的人民公社"与"不完整的人民公社"

正如徐俊忠在《毛泽东社会主义建设道路几个问题再探讨》

---

① 杜润生主编《当代中国的农业合作制》上册，当代中国出版社，2002，第 617 页。
② 杜润生主编《当代中国的农业合作制》上册，当代中国出版社，2002，第 620 ~ 628 页。
③ 中华人民共和国国家农业委员会办公厅编《农业集体化重要文件汇编（下）》，中共中央党校出版社，1981，第 544 ~ 554 页。
④ 《当代中国》丛书编辑部编《当代中国的粮食工作》，中国社会科学出版社，1988，第 105 页。

一文中所指出的，1958 年在中国全面实行的人民公社制度，在其原有的制度设计之中还包含了一个与国家发展战略有关的重大构思：探索一条有别于苏联模式的"三农"现代化路径。

一直以来，国内有一种非常盛行但错误的观点：人民公社是仿照苏联的集体农庄而设立的，区别只在于人民公社的规模（指入社人数）更大，机械化水平更低。事实上，在战略构思和制度设计层面，人民公社都与集体农庄存在显著区别。

苏联集体农庄的主要特点如下：生产完全按照中央的指令进行，没有商品和产品交换的概念；只从事农业生产，基本没有其他工副业存在。连现代大规模农业生产所必需的拖拉机，也都由国营拖拉机站拥有和管理。苏联的工业产品完全由国营工厂生产，或者直接从国外进口，基本不存在村社集体所有的工业和企业。

人民公社则不同，1958 年 8 月中共中央通过的《关于在农村建立人民公社问题的决议》就已经指出："建立农林牧副渔全面发展、工农商学兵互相结合的人民公社，是指导农民加速社会主义建设，提前建成社会主义并逐步过渡到共产主义所必须采取的基本方针。""大社统一定名为人民公社，不必搞成国营农场，农场就不好包括工、农、商、学、兵各个方面。"①

1958 年 12 月通过的《关于人民公社若干问题的决议》，概括了人民公社的主要内容和理想状态，其中更是明确提到："人民公社必须大办工业。公社工业的发展不但将加快国家工业化的进程，而且将在农村中促进全民所有制的实现，缩小城市和乡村的差别。应当根据各个人民公社的不同条件，逐步把一个适当数量的劳动力

---

① 中华人民共和国国家农业委员会办公厅编《农业集体化重要文件汇编（下）》，中共中央党校出版社，1981，第 69 ~ 72 页。

从农业方面转移到工业方面……人民公社的工业生产……首先为发展农业和实现农业机械化、电气化服务，同时为满足社员日常生活需要服务，又要为国家的大工业和社会主义的市场服务。"另外，"凡是原来有基础面又有发展前途的手工业，一定要继续发展，并且逐步进行必要的技术改革。"

关于商品的生产和交换，决议还提到："人民公社无论在工业方面和农业方面，既要发展直接满足本社需要的自给性生产，又必须尽可能广泛地发展商品性生产……只有这样，整个社会经济才能够以较快的速度向前发展，而各个公社也才能够换回必要的机器和设备，实现农业机械化、电气化，也才能够换回所需要的消费物资和现金。"决议还特别强调："应当着重指出：在今后一个必要的历史时期内，人民公社的商品生产，以及国家和公社、公社和公社之间的商品交换，必须有一个很大的发展。"①

为了加强对工业的领导，许多人民公社党委设置了专职的工业书记，公社管理委员会也设立了专门的工业管理机构。农村工业被提升为一个相对独立的产业，而不是像以往那样，是从属于农业的一个附属品，甚至只是农村众多副业中的一个组成部分。

可见，依中央文件的规定，人民公社在推行之初就不是一个单纯的农业组织。同时，人民公社"政社合一"的功能，又决定了它不是单纯的经济组织。这种设计的原本意义在于使人民公社具有组织生产和管理社会的双重功能，从而在使工农业生产得到更有效组织的同时，使一系列社会发展的目标，包括实现农村的共同富裕、社会保障，发展文化教育事业、提高农民文化水平以及进行社会主义新农村建设等，得到切实落实。因此，人民公社在当时被中共中

---

① 中华人民共和国国家农业委员会办公厅编《农业集体化重要文件汇编（下）》，中共中央党校出版社，1981，第110～126页。

央当作农村中具有自我发展和自我管理可能的基本组织架构。①

　　理想状态下的人民公社，在毛泽东看来是一条前无古人、具有中国特色的"三农"现代化路径，其中还包含一种新型的城乡关系和格局。毛泽东在 1959 年 12 月至 1960 年 2 月"读苏联《政治经济学教科书（下册）》谈话"中，提到了一个极富创见的观点："在社会主义工业化过程中，随着农业机械化的发展，农业人口会减少。如果让减少下来的农业人口，都拥到城市里来，使城市人口过分膨胀，那就不好。从现在起，我们就要注意这个问题。要防止这一点，就要使农村的生活水平和城市的生活水平大致一样，或者还好一些。有了公社，这个问题就可能得到解决。每个公社将来都要有经济中心，要按照统一计划，大办工业，使农民就地成为工人。"②

　　从上面的谈话可以看出，毛泽东已经预见到，随着农业机械化的发展，农业能够吸纳的劳动人口必然会减少。一旦农村不能提供足够的就业机会，这些人口必然会向城市转移。由于中国农村沉淀着巨量的人口，大规模的人口转移会给城市和国家带来沉重的压力。如果农村能通过举办工副业，吸纳过剩的农村劳动力，不仅能够促进农村经济发展，还能避免农民背井离乡、家庭分离。农民不需要"进城"，而是在农村"造城"，这可谓一件两全其美的事情。客观而言，毛泽东的这个设想在当下仍有很强的现实意义，也能为我国城乡关系的改善提供一些有益的启示。

　　但是在农村"大办工业"的实际效果，可以用"一哄而起，旋即萎缩"来概括。1958 年 8 月，中共中央决定在全国建立人民

---

① 徐俊忠：《毛泽东社会主义建设道路几个问题再探讨》，《马克思主义与现实》2010年第 6 期，第 186 页。
② 邓力群：《毛泽东读社会主义政治经济学批注和谈话（上）》，中华人民共和国国史学会，1998，第 197 页。

公社的同时，又做出了全党全民大办钢铁的决议。于是各地的人民公社在刚挂起牌子的时候，就开始组织社员投入大办"小、土、群"的炼钢铁运动，投入运动的农民达几千万之多。由于制度上的明显漏洞，很多公社借机平调各队的劳力、财力、物力，办起一大批小矿场、小煤窑、小农机修造厂、小水泥厂等，并且把原先农业社建立起来的许多副业和手工工场、作坊等无偿地转为公社工业。与此同时，中央各个工业部门也借"大办工业"之"东风"，发动公社大办本部门的小工厂，以求实现本系统工业的"大跃进"。在这一热潮中，一些地方提出"苦战一百天，实现公社工业化"等虚夸的口号，越来越多的公社工业一哄而起。据统计，截至 1958 年末，全国人民公社已建立"工业企业"260 万个，总产值达 65.5 亿元，加上大队办的工业，总产值共 80 多亿元。① 在当时"大跃进"的浮躁气氛中，以上数字恐怕有不少虚夸的成分，但社队企业数量多、产值高也是事实。

当时很多公社为了快速兴办企业，直接侵犯了农民的财产所有权，引起了农民的强烈不满。在"软件"方面，公社干部基本不熟悉工业企业管理、不懂工业生产技术；农民群众没有从事工业生产劳动的经验，甚至连必要的培训也欠缺。由于以上原因，急促办起来的企业大多给农村和国家造成了人力、物力、财力上的巨大损失，直接打击了农民生产劳动的积极性。

1960 年，中共中央决定"大办粮食"，对国民经济进行全面调整。按照中央的指示，社队企业的从业人员大批被清退回"农业第一线"；留在社队企业的，也大部分实行"亦工亦农"。从 1960 年冬季开始，全国农村人民公社普遍清理旧账，把平调、占用的资产和设施予以退还，社队企业的经营范围和规模也受到了中央明文限制。

---

① 杜润生主编《当代中国的农业合作制》上册，当代中国出版社，2002，第 753 页。

从 1962 年开始，中共中央和国务院多次发文，决定社队不办企业。这个过程被徐俊忠称为"去工业化"和"去商业化"。[①] 这样一来，人民公社就成为一个纯粹经营农业的集体经济组织，在本质上与苏联的集体农庄就非常接近了。从此以后，全国绝大多数人民公社都不再具备《决议》所规定的完整功能，原来设想的理想状态也就无从谈起。随着全国经济状况有所恢复，以及后来"文化大革命"兴起，社队企业的发展也出现了几次起伏波动。但客观而言，毛泽东曾寄予厚望的新型"三农"现代化路径探索，在很大程度上已经中断。"农林牧副渔全面发展、工农商学兵互相结合"的农村基层组织并未在全国成为现实。

尽管如此，中国还是有极少数乡村保留着类似于人民公社的管理和经营体制（相对完整意义上的），比如河南的刘庄村、南街村，河北的周家庄乡，江苏的华西村。这些闻名全国的集体经济名村，在经济发展水平、人民生活质量等方面都远远高于全国农村的一般水平，甚至高于国内一线城市的一般水平。正是这些集体化名村的存在，证明了一种新型的、有中国特色的"三农"现代化道路是有可能实现的。

第四节 工农产品剪刀差与合作组织的中介作用

在本章的结尾部分，笔者有必要对农业生产合作社、人民公社与国家工业化的关系提出一点自己的看法。为了把分析建立在可靠的避免意气之争的基础上，需要用扎实的统计数据作

---

① 徐俊忠、苏晓云：《"去工业化"与人民公社的困境》，《现代哲学》2009 年第 5 期，第 62 ~ 78 页。

为材料。为此，笔者先要对新中国成立后工农业产品剪刀差进行介绍。

一 "工农业产品价格剪刀差"的存在及反思

本书的第一章就提到，在第二次国内革命时期的中央苏区，曾经出现过严重的工农业产品剪刀差，即农民在粮食收获季节只能贱价出卖粮食，高价购买工业产品的剥削与被剥削现象。中国有经济学家在 20 世纪 80 年代末对新中国成立之后的农副产品收购价格指数和农村工业品零售价格指数进行考察，发现 1950 年与旧中国比价剪刀差①最小的 1930～1936 年相比，工业品价格高出农产品价格 34.4%。以 1950 年为基期，1958 年农产品比工业品提价了 38%，意味着比价剪刀差缩小了 38%。两相抵消后，以价格动态呈现的剪刀差早在 1958 年就不存在了。②

但是，判断商品交换价格是否合理，不能仅仅依据商品价格本身的变化，还要看商品本身所包含价值的变化。这就引申出比值剪刀差的概念，即在工农商品交换中，工业品价格越来越高于其价值，农产品价格越来越低于其价值，在统计图上呈张开的剪刀状。经过计算发现，新中国成立至 1978 年以前，比值剪刀差逐步扩大，工农产品的价格与价值显著背离，最严重的年份为 1978 年，剪刀差比 1955 年扩大 44.65%，达 364 亿元。农民每创造 100 元产值，通过比值剪刀差无偿流失的数额，在 1952 年为 17.9 元，1957 年为 23 元，1978 年为 25.5 元。1953～1985 年，全国预算内固定资产投

---

① 比价剪刀差，即价格动态表现的剪刀差，指以一定时间为基期，工业品价格越来越高，农产品价格越来越低，在统计图上呈张开的剪刀。

② 严瑞珍、龚道广、周志祥、毕宝德：《中国工农业产品价格剪刀差的现状、发展趋势及对策》，《经济研究》1990 年第 2 期，第 64 页。

资共 7678 亿元，平均每年 240 亿元左右，大体相当于每年工农业剪刀差的绝对额。因此，研究者得出了结论：30 多年来国家工业化的投资主要是通过剪刀差取得，是剪刀差奠定了中国工业现代化的初步基础。这就不可避免地削弱了农业自身扩大再生产的能力，限制了农民生活水平的提高。1952～1977 年，按可比价格计算，中国重工业产值增长 23 倍，轻工业增长 7.7 倍，而农业增长最慢，仅为 1.1 倍。[①]

上面引用的研究结果来自《中国工农业产品价格剪刀差的现状、发展趋势及对策》（下文简称《剪刀差》）一文，它是新中国成立以来关于工农业产品价格剪刀差的著名研究，影响极大。笔者不具备专业的经济学背景，无法测算这一统计结果是否准确。笔者通过文献研究确定，不管具体的数值是多少，新中国成立以来确实存在工农业产品剪刀差的事实。但是上述研究存在 5 个严重的误区，在此特别提出，希望读者注意。

1. 认为新中国成立前期的建设资本完全来自对"三农"的"剥削"

中国在快速工业化的过程中确实从农村提取了大量资本，严重限制了社队自我发展的潜力。但不能据此认为工业化的原始积累完全来自农业和农民，因为工业体系本身也能够提供积累。不断投产的工业企业也生产了大量产品，在供国内消费和使用的同时还持续向国外出口，为国家赚取了外汇，也为国家工业化提供了不可替代的支持。客观事实是，工业、农业共同为国家工业化奠定了基础。

2. 认为是国家的"剥削"导致农业产值增长远远落后于工业

受制于可耕地面积和生物生长的自然规律，农业（狭义的）

---

① 严瑞珍、龚道广、周志祥、毕宝德：《中国工农业产品价格剪刀差的现状、发展趋势及对策》，《经济研究》1990 年第 2 期，第 64～70 页。

产值的增长速度随着时间的推移，必然越来越低于以现代化机器为生产工具的工业。近代以来，任何一个国家在经济快速增长的同时，必然伴随着农业产值占国民生产总值比重的快速下降，因此农业增长速度比工业慢不能完全看成是工农业剪刀差削弱了"三农"的结果。

3. 把国家财政的固定资产投资等同于全社会的固定资产投资

"固定资产投资"指的是用于固定资产扩大、再生产的经济活动，它包括基本建设投资和现有设施的更新、改造等投资。新中国成立以来，国家财政预算支出中的基本建设和更新改造投资支出，确实占有重要地位，通常年份占整个预算支出的40%左右。据统计，1949～1985年，国家财政预算中用于固定资产投资的金额为8270亿元，这个数字与《剪刀差》中的"1953年到1985年全国预算内的固定资产投资共7678亿元"相差不是很大。但是，除此之外，各部门、地方和企业用自筹资金投入的固定资产还有4713亿元；各家银行投入的固定资产贷款有1030亿元；利用外资及其他投资487亿元。这些投资加上国家财政预算，才是相对完整的"全民所有制固定资产投资"，而《剪刀差》一文对此完全没有提及。①

除了全民所有制投资外，城乡集体所有制企业、事业单位和居民住宅建设投资约有8000多亿元，因此1949年到1985年，全社会的固定资产投资规模达到23000亿元，②国家财政投入在其中仅占36%。可见，30多年来全社会的固定资产投资远远大于《剪刀差》一文中测算的7678亿"剪刀差绝对额"。完全可以肯定，工

---

① 《当代中国》丛书编辑部编《当代中国财政（下）》，中国社会科学出版社，1988，第130页。
② 《当代中国》丛书编辑部编《当代中国财政（下）》，中国社会科学出版社，1988，第130～131页。

农产品价格剪刀差是全国固定资产投资的重要来源，但是除此以外，还有其他重要来源。

4. 把固定资产投资过于狭窄地理解成"国家工业化的投资"

《剪刀差》中认为"剪刀差绝对额"等于"全国预算内的固定资产投资"额，进而推论出"30多年来国家工业化的投资主要是通过剪刀差取得的"，实际上是把固定资产投资等同于"国家工业化的投资"，这是一个很大的误区。

新中国的固定资产投资，除了对工业的直接投资以外，还有对其他方面的重要投资。比如，1953～1985年，国家用于交通运输和邮电通信的固定资产投资为1903亿元；国家用于商业、服务业、文教卫生、城市公用设施的固定资产投资为2667亿元；单是建设城镇居民住宅，全社会投资就达4000多亿元。1949～1985年，国家投入农林水利的固定资产投资为1003亿元，加上社会集资、集体所有制投资、民办公助投资，总共约3000亿元。① 从以上数字可以看出，全国的固定资产投资远远大于直接的工业投资，也远远大于30多年来的"剪刀差绝对额"，因此《剪刀差》中的重要结论——"30多年来国家工业化的投资主要是通过剪刀差取得的"，完全不能成立。

5. 忽视了社会运行成本

要形成固定资产，自然需要相应的财政投入。但固定资产形成以后，不可能无代价地运行，它的使用、管理、维护也需要相应的成本，否则就只是固定起来的废物，对国家工业化毫无作用。而固定资产的正常运行，又依赖于全社会的正常运行，这一方面的成本是《剪刀差》一文完全忽略的。事实上，国家对社会正常运行的

① 《当代中国》丛书编辑部编《当代中国财政（下）》，中国社会科学出版社，1988，第132～135页。

投入是巨大的，也是不能回避的。

1950～1985 年，国家财政直接支出文教、科学、卫生、体育事业费 2776 亿元。除此之外，国家财政拨给各部门的科技费用和基本建设支出（间接支出）达到 1428 亿元。除了以上两项外，城市建设资金、国营企业、事业单位、城乡集体单位对科教文卫等事业还有额外的支出。[①] 另外，1952～1985 年，全国的行政管理费用约为 1371 亿元。[②] 1950～1985 年，国防经费支出为 4013 亿元，占同期财政总支出的 16.8%。[③]

除了以上数字，新中国成立 30 多年来，国家在社会保险、社会救济、社会福利、优抚事业、职工医疗等方面做了大量的工作，投入了巨额的资金，具体数字已经难以统计。

30 多年来，仅仅是社会运营的各方面投入，便已经远远超出所谓的"剪刀差绝对额"。假设没有这些投入，不单是固定资产没有用武之地，整个国家、整个社会都会陷入瘫痪状态，国家工业化建设更是无从谈起。

综上所述，《剪刀差》中的重要结论——"是剪刀差奠定了中国工业现代化的初步基础"，明显言过其实。《剪刀差》一文对我们认识新中国成立以来的"工农业产品价格剪刀差"有着积极的意义，但是文中关于剪刀差和国家工业化关系的重要结论，值得商榷之处甚多，难以尽信。

不管怎样，上文所引的工农业剪刀差研究，还是在一定程度上说明了一点：新中国成立以后，由于工业基础落后，不得不通过剪

---

① 《当代中国》丛书编辑部编《当代中国财政（下）》，中国社会科学出版社，1988，第 171～203 页。

② 《当代中国》丛书编辑部编《当代中国财政（下）》，中国社会科学出版社，1988，第 242 页。

③ 《当代中国》丛书编辑部编《当代中国财政（下）》，中国社会科学出版社，1988，第 260 页。

刀差来无偿提取一部分农业创造的国民收入，作为国家工业化初期资金原始积累的来源。正因为如此，虽然国家的工业体系在很短的时间内便初步建立，但农村经济长期增长缓慢，农民生活长期得不到显著改善。恰好在这个时期，中国农村实行的是人民公社制度。表面上看来，人民公社与农村的贫困、全国农产品长期短缺共同存在，这正是人们常说的"人民公社效率低下"的根本原因。但是从以上分析可以看出，农业落后、农村贫困的其中一个原因，在于国家的一系列政策和行为造就的工农业剪刀差这个"财富抽水机"，每年把公社所创造的大量生产剩余转移到城市和工业领域。

除此之外，新中国长期依靠农户间的互助合作，以社队为主体来提供农村所需的公共物品（参见第四章），这些投入原本就是庞大的。换句话说，农民的自我供给是中国农村公共品供给的主要策略，上级政府的财政和物资支持只起到辅助作用，当时简称为"民办公助"。与此同时，农村集体为改善生产、生活条件所进行的投资，并未被完整地纳入国家正式的统计数据，其人力和物力成本也被政府和学界长期忽略。但是，高效而低成本地提供公共物品，恰恰是社队集体效益和效率的重要体现。

因此，"人民公社效率低下"应该是一个遮蔽了许多问题的命题，它确实忽略了一系列衡量效率的关键因素。综合各方面来考虑，可以得出结论：人民公社的"效率问题"并不完全是农民贫困、农村落后的根源。我们的视野还须扩展到人民公社的外部环境。

二　合作组织的中介作用

农业合作涉及人民公社的其中一个重要功能，就是充当国家向农民提取生产剩余的中介。工农业产品剪刀差产生的前提是工业产品和农业产品发生交换，为了保证国家获得其中的差额，就必须由国家本身来主导工农产品的交换。在改革开放前的中国，这种主导是通过严格的计划经济体系实现的。为了获得农民生产的剩余产品，国家采取了农产品统购和派购等措施。统购的农产品只能由国家收购，包括粮、棉、油3种。派购的产品由国家指定的部门（主要是商业部和供销合作总社）统一收购，在1978年达到了117种（不包括地方增加的品种）。① 地方政府为了满足当地建设的需要，还层层加码，扩大统一收购的产品种类。许多省区市实际上对农产品实行了大部或全部收购，由此造成农村可被加工的农副产品寥寥无几。② 这也是农村工副业生产长期徘徊，甚至比合作化前还有所下降的重要原因。这样一来，人民公社经济效益之低下就不难想象了。因此，笔者在绪论中才会认为：人民公社效率低下、社员贫困的主要责任不在人民公社制度本身，而在于它的外部原因，在于国家的其他宏观政策。

为了严格执行农产品的统购、派购、议购等政策，需要有相应的农村基层组织来充当国家与1亿多分散小农户的中介，以此来缓和、转移矛盾，降低国家与农户交易的成本。这个中介就是国家领导的合作化（集体化）运动的产物——几十万个农业生产合作社，以及后来的几万个人民公社。③ 一大二公、政社合一、权力高度集中的人民公社，更是把中介的作用发挥到极致：国家付出的交易成本更低，对农民剩余产品的控制力更强。

需要强调的是，充当国家向农民提取生产剩余的中介，只是合作组织的一个重要功能，绝非其全部功能。无论从制度设计还是从实践

---

① 《当代中国》丛书编辑部编《当代中国商业（上）》，中国社会科学出版社，1987，第102～103页。
② 《当代中国》丛书编辑部编《当代中国的乡镇企业》，当代中国出版社，1991，第102～103页。
③ 根据《当代中国的农业合作制》列出的统计数字，1960年农村人民公社共有2.4万个，1963年有8万个，1966年有7万个，此后一直维持在5万余个。

来看，合作组织的最主要功能还是把农民原本分散的力量集中起来，用于建设自己的家园、发展生产、改善生活。

不管怎样，合作组织之所以要发挥提取农村资本的功能，完全在于国家不得不快速实现工业化的客观压力，以及无法从外部获得投资的现实制约。

这就是包括人民公社化在内的合作化运动与国家工业化战略的关系。关于这一点，正如上文提到的，1955 年毛泽东在《关于农业合作化问题》的报告中就已经讲得很明白："为了完成国家工业化和农业技术改造所需要的大量资金，其中有一个相当大的部分是要从农业方面积累起来的。""我们对于工业和农业、社会主义的工业化和社会主义的农业改造这样两件事，决不可以分割起来和互相孤立起来去看，决不可以只强调一方面，减弱另一方面。"这是一条迫不得已而又几乎是唯一可行的道路。所以，杜润生在多年后还一再坦承：在七届六中全会上，邓子恢和他的检讨不是违心的，是由衷地承认毛主席是正确的。

三 集体化与"小仁政""大仁政"

单独考虑农村和农业的微观机制，无法真切了解新中国"三农"制度变迁的内在动力及其趋向。因此，笔者选择了从近代以来无数仁人志士的夙愿——实现工业化为切入点进行研究。具体而言，就是先从第一个五年计划开始，考察在"集中主要力量发展重工业，建立国家工业化和国防现代化的基础"[①] 这样一个任务之下，中国需要实行什么样的"三农"制度来配合。

---

① 中共中央文献研究室选编《建国以来重要文献选编》第 4 册，中央文献出版社，1993，第 353 页。

经过上述分析，可见对新中国推行农业合作化（集体化）的历史事实带有"意识形态偏向"的理解即使不是偏颇的，至少也是偏离了重点的。

总而言之，由于上文提及的原因，新中国需要在个体经济和农业经济为主的基础上快速建成独立的工业体系，因此必须尽可能多地汲取来自农业的生产剩余。与此同时，由于主要的工业企业还处于建设之中，未能给农业以相应的支持和回报，未能进行较为公平的工农、城乡物资交换。这就是早在1953年9月，粮食的统购统销政策还在酝酿之中时毛泽东便提出"小仁政"与"大仁政"问题的核心所在。毛泽东说："所谓仁政有两种，一种是为人民的当前利益，另一种是为人民的长远利益，如抗美援朝，建设重工业。前一种是小仁政，后一种是大仁政。""重点应当放在大仁政上……放在建设重工业上。要建设，就要资金。所以，人们的生活虽然要改善，但一时又不能改善很多。"① 这其中的逻辑显而易见：没有国家的工业化，国家的其他事业就不可能实现现代化，中国农业由传统向现代转型的历史性任务，也会缺乏实际的支撑。毛泽东个人以及国家在日后的许多重要决策，很大程度上都可以看成是这一逻辑的贯彻和延续。

因此，当农民的行动与国家的工业化目标和战略不相一致时，以毛泽东为首的中共中央倾向于通过教育农民、提高农民集体化程度（主要指1958年以前）等办法来解决问题。从实际效果看，这些办法在一定程度上达到了预期目标。到"大跃进"时期，这些做法产生了严重的反效果，引起农民强烈普遍的不满，迫使国家对"大跃进"和人民公社体制进行重大调整。无论如何，就达成建立独立的工业体系这样一个战略目标而言，整个合作化运动是发挥了

---

① 顾龙生：《毛泽东经济年谱》，中共中央党校出版社，1993，第331页。

积极作用的，广大农民是为此做出了巨大的牺牲和贡献的。因为长期以来无法直接向全国公开表明：中国的现代化过程，需要农民提供原始积累，所以政府在宣传上确实使用了人们熟悉的带有浓厚政治意味的表述方式，如"左"倾、右倾、资本主义、社会主义、资产阶级、机会主义等。这也在一定程度上导致人们产生"意识形态偏向"的理解。而在实现了人民公社化以后，农村工业化和现代化的重要性越发突出，社队在建设社会主义新农村方面发挥了越来越大的作用。

当然，作为一个主宰了中国农村超过 20 年的基层组织形式，人民公社并不仅仅具有提取功能，它和其他类型的合作组织相互配合，共同发挥着多方面的作用，在一定程度上满足了当时小农在生产、生活方面的各种需求。相关内容将在下一章专门讨论。

第三章 | 新中国成立后满足农民三种合作需求的途径
——回应"流通偏向"

本章回应农民互助合作研究中的"流通偏向"。20 世纪 80 年代以前，新中国的农民与大生产、大市场、大金融之间的矛盾几乎不存在（或者说它们被农户与国家、农户与合作组织之间的矛盾掩盖了）。其原因与当时国家实行计划经济的宏观政策有关，更与当时的一系列合作组织和国家机构有关：通过合作社、人民公社，农户间的生产合作获得了组织基础；通过供销合作社、国营粮食部门、国营商业部门（企业），农户与大市场对接的需求被替代；通过信用合作社，农村的金融需求在一定程度上被满足。必须承认的是，这些合作组织和机构在实际工作中引起了不少农民的不满，存在改进的余地。

第一节 提供生产合作组织基础的合作社和人民公社

除了服务于国家的工业化战略以外，合作社以及后来的人民公社还为农户的生产合作提供了必要的组织基础，这原本也是农民合作组织的重要任务和功能。

正如上一章所提到的，农民集体经济组织的形式在新中国成立后近30年的时间里有过不少重大调整。本章的分析立足于以生产队（小队）为基本核算单位的人民公社，而非公社化初期普遍存在"一平二调"的大型公社。因为以生产队为基础的人民公社制度持续时间最长，1962年通过《关于改变农村人民公社基本核算单位问题的指示》予以调整后，这一组织形式便基本固定下来，维持了20年，至今还深刻地影响着中国农村的基本制度。

农村集体经济组织将农民组织起来，在农业方面主要发挥了3种作用：①农业生产管理；②农田基本建设和维护；③农业技术和新品种推广。下文分别进行介绍。

一 农业生产管理

通过统购统销政策和人民公社制度，中国农村和农民被前所未有地纳入国家整体的计划经济体系。农村实行计划经济的核心是农业生产计划。在人民公社体制下，直接从事农业经营的生产队必须接受公社、大队下达的生产计划；公社和大队则通过下达计划和指标、频繁地开会布置、下队检查督促，以确保政府计划任务的完成。

人民公社体制下的农业经营模式，是公社、大队领导下的生产队经营。农业生产管理是公社和大队投入精力最多的事情。公社和大队主要通过会议向生产队布置生产管理工作。根据张乐天的调查，公社时期与生产有关的会议十分频繁，而且会议内容非常细致。在早稻生长的旺季，几乎每两天就有1次公社或大队的会议，内容主要是早稻的管理。尽管会议上常常弥漫着政治气氛，但基本内容还是具体实在的，包括对当前作物生长情况的分析和应当采取的管理措施。大队和公社对"做什么"和"怎么做"都有详细布置，生产队长则需要将任务落实到社员。①

在生产队作为基本核算单位的制度下，生产队的作物管理更是事无巨细、纷繁复杂。作物的长势各不相同，地块高低、肥瘦、干湿差别甚大，天气也处于时刻变化之中，不同的病虫害此起彼伏。生产队长必须根据每天的具体情况安排社员作业。

尽管对国家计划经济体制的评价以负面居多，但在村社范围内实行统一规划和安排，对农业生产的好处非常明显。尤其是自然村——相当于生产队，属于典型的熟人社会，对内的管理和监督都比较容易落到实处。以农田灌溉为例，在作物缺水的时节，早灌一天和迟灌一天的效果大不一样，农民自然懂得这个道理。但可供灌溉的水量是有限的，作物缺水程度、与水源的远近也有不同，在家庭经营的情况下，农户都争取使自家的田块能先浇上水，由此造成的冲突数之不尽，成本极高。而在农地集体所有、统一规划使用的情况下，灌溉管理只需要"一个人、一把锹"，效率高且成本低。类似的例子还可以举出很多。因此，在人多地少的条件下，在一定范围内实行有计划的集体耕作能够节省劳动力、提高劳动效率，对农民的整体利益是有好处的。

病虫害是农作物的大敌，如果防治不及时，往往会导致作物减产乃至绝收。以使用化学农药为例，在家庭经营的情况下，各户施药的时间和方式不同，导致不利于作物生长的昆虫和细菌无法彻底被杀灭。害虫从先用药的农户田里逃到周边未用药的农户田，使周边农田遭受损失，在其他农户发现并采取措施之后，害虫又会逃到先前已经用过农药的田块（随着药效的减弱）。这样一来，所有农户都不得不增加用药次数、提高用药剂量，直接造成了日益严重的

---

① 张乐天：《告别理想：人民公社制度研究》，上海人民出版社，2005，第217~219页。

环境污染和食品安全问题。

20世纪50年代初期，河北、山东、河南、江苏、安徽一带的蝗虫危害十分猖獗，各地政府发动群众与合作社采取"改治并举"的办法，一方面用人工围歼捕打与药剂防治相结合的办法进行防治，另一方面又通过大搞农田基本建设，排除洼地积水，削高填洼，平整土地、铲除杂草，消灭蝗卵滋生源头，使千年蝗害在不到10年的时间内就得到有效控制。又如，对南方水稻螟害的防治，是通过强有力的党政体系，发动农民采取"栽培避螟"和药剂防治并重的办法，通过稻田改制和品种合理搭配，错开、限制螟虫的发生时期，使螟虫危害率大大下降。这些措施都需要动员大量劳动力协调行动，在生产上统一规划。正是通过组织起来的农民，对病虫害的防治才得以在缺乏大量现代工业产品投入的情况下，在短时间内奇迹般地取得前所未有的效果，对同期的粮食增产有很大贡献。①

新中国植物保护工作的基层队伍，过去主要由人民公社、生产队设置不脱产的农民植保员组成，至20世纪70年代中期，这支队伍已经发展到50万人。80年代初期农村实行家庭联产承包责任制以后，植保工作出现了新问题。由于由集体组织防治，统一购买、保管、使用农药变成了分户防治，分户购买、保管、使用农药，一些地方出现防治失误或农药使用不当，造成农作物药害及人畜死亡等严重情况。②

再以种植业的病虫害防治新技术推广为例，中国科学院院士、中山大学昆虫学家蒲蛰龙教授在20世纪50年代初期就提出了"以

---

① 《当代中国》丛书编辑部编《当代中国的农作物业》，中国社会科学出版社，1988，第67页。

② 《当代中国》丛书编辑部编《当代中国的农作物业》，中国社会科学出版社，1988，第500～501页。

虫治虫"的生物防治理论，亦即利用天敌昆虫来防治农业害虫，在实践中取得了很大成功。与利用化学农药的方法相比，生物防治的优点有：①对人畜无害；②对环境不造成污染；③抑制虫害时间长，不影响生态系统的良性循环；④从源头上保证了食品安全。就在相关技术不断取得进步并在农业实践中取得显著成效时，突然遇到了瓶颈——20世纪70年代末开始的经济体制改革，以及家庭联产承包责任制。当时为中国社会经济带来活力的一系列改革，竟会成为运用和推广可持续型新技术的障碍，这是出乎人们意料的。据中山大学昆虫学研究所所长庞义教授说："分田到户之后，生产规模变小，耕作方式各有不同，农民意识也不一样。而害虫生物防治技术需要较大的农田生产规模，而且要经过一段时间才能奏效。对于小规模生产、希望在短时间内见效的农户来说，他们更愿意通过施用化学农药的方法来治虫。"①

虽然如此，在人民公社体制下，管理和计划在很多地方成为生产队长一个人的事情，而个人的决策不见得总是公平和正确的。如果能把个人负责与集体负责相结合，更多地调动社员的责任心和积极性，那么公社时期的农业生产管理也许会带来更好的结果。

二　农田基本建设和维护

新中国成立以来，主要农产品的总产量在大多数年份都有所增长。取得这一成就的因素有很多，诸如运用现代农业机器、使用化学肥料、使用化学农药、改进栽培管理技术等。但决定性的因素是通过合作社和人民公社把农村劳动力组织起来，以极低的成本建成

---

① 黄纯：《中大害虫生物防治技术打造绿色生态农业》，《中山大学报》2010年11月10日，第2版。

了遍布全国的中小型农田基础设施，其中作用最大的是农田水利设施。与此相配套的，就是通过集体组织对水利设施实行有效的利用、管理、维护。唯有如此，才能最大限度地避免旱涝等自然灾害，增加水稻、小麦等高产作物的种植面积和复种指数，才能把优良品种的增产潜力发挥出来。而土地集体所有、高度组织化的人民公社体制，恰恰提供了低成本建设、使用、维护农田基本设施的组织基础。

农田基本建设包括疏浚河道、改良土壤、平整土地、修筑机耕道等，其中最重要的是修建各种发挥排水、灌溉功能的水利设施。水利是农业的命脉，农田水利体系的根本改善，正是中国农业增产的真正秘密。

中国自古以农立国，但在历史上一直是个水旱灾害频繁的国家，因此以水利为主的农田基本建设与农业生产乃至国运兴衰都有着极其密切的关系。据史料记载，在自公元前 206 年至 1949 年的 2155 年间，全国性的水旱灾害共发生 2085 次，几乎平均每年 1 次。[1] 特别是自鸦片战争以来，由于战乱频仍，大量农田基本设施被破坏或荒废。1949 年新中国成立时，全国灌溉面积仅为 2.4 亿亩，约占当时耕地面积的 16.3%。[2] 就各省而言，有效灌溉面积都在各省耕地面积的一半以下，农业大省河南仅有 5.87%，吉林占 1.94%，山东占 2.83%；浙江情况较好，也只占 49.95%。薄弱的农田水利设施在自然灾害面前不堪一击，1949 年成灾面积多达 1.4 亿亩。[3]

新中国成立初期，农田基本建设的主要内容及特点是国家引导

---

[1]　汤奇成：《水利与农业》，农业出版社，1985，第 23 页。

[2]　水利部农村水利司：《新中国农田水利史略（1949～1998）》，中国水利水电出版社，1999，第 7 页。

[3]　李文、柯阳鹏：《新中国前 30 年的农田水利设施供给——基于农村公共品供给体制变迁的分析》，《党史研究与教学》2008 年第 6 期，第 28 页。

并扶助全国人民共同办水利，建设的主体是农户。中央当时的原则是只在较大的、群众无力承担的工程上才使用投资，主要用在大型的水利工程、修复河道、防范洪涝灾害方面。这一时期农业生产的水平和要求都比较低；与后来相比，农田水利建设也较少，主要是一些田间工程①，由农户各自负责或以互助合作的形式实施。

1953 年初，中央水利部所做的《一九五二年全国农田水利工作总结和一九五三年工作要点》点明了农田水利和农民合作的密切关系："由于每一件农田水利工作，都是关系着较多群众利益的事业……在一九五二年农田水利工作的发展中，群众的各种组织形式也都随着有了发展和提高……有力地推动了农村的互助合作运动。"文件还明确要求"今年以及今后数年内，各省水利部门在农田水利工作上，无例外地均应以发展群众性水利及加强灌溉管理做为领导重点；大型灌溉工程只可以选择投资小受益大的举办。"②

1956 年，全国基本实现农业合作化，农田水利的供给方式也相应发生变化。毛泽东在 1956 年 1 月对《一九五六年到一九六七年全国农业发展纲要（草案）》的修改和给周恩来的信中写道："一切大型水利工程，由国家负责兴修，治理为害严重的河流。一切小型水利工程，例如打井、开渠、挖塘、筑坝和各种水土保持工作，均由农业生产合作社有计划地大量地负责兴修，必要的时候由国家予以协助。"③ 虽然后来《一九五六年到一九六七年全国农业发展纲要（草案）》经中共中央政治局提出时以上文字又有所

---

① 张嘉涛：《农田水利建设主体及相关问题的探讨》，《中国水利》2002 年第 1 期，第 41 页。
② 中央人民政府水利部：《一九五二年全国农田水利工作总结和一九五三年工作要点》，《人民水利》1953 年第 2 期，第 12～23 页。
③ 中共中央文献研究室编《建国以来毛泽东文稿》第 6 册，中央文献出版社，1992，第 4 页。

调整，但毛泽东的这个意见一直贯穿并体现在分田到户之前的政府政策，以及全国农田基本建设的实践中。在此后的 20 多年里，以水利为主的农田基本建设高潮迭起，取得了重大成绩。客观而言，中国农田水利的大框架就是在这一时期形成的。①

一般而言，人民公社时期的农田基本建设以"谁受益，谁建设"为原则。生产队的基础设施，由生产队的社员自己建设，队长负责统筹安排本队成员的任务。从事基本建设的社员与从事农业生产的社员一样，完成工作后可获得相应工分，最后凭工分参与生产队的年终分配。例如，工程由公社或生产大队统筹建设，被分配给受益的或邻近的生产队，生产队根据自身情况，结合工程的任务和时间，决定抽调多少劳动力参与，并从本队的集体粮食中拨付被抽调社员的伙食；参与工程的社员通常按误工的标准参与队内的年终分配。而对不能直接受益的生产队而言，公社和生产大队的任务则带有劳动力平调或摊派的性质。一些公社或生产大队会根据各生产队参与工程的情况，在年终决算时免除一部分负担作为补偿。对这些生产队而言，就相当于派遣社员为集体赚取了收入。而对社员而言，参加劳动、服从队长的各种派遣，都是为了获得工分，最后凭借工分取得相应的粮食和现金。无论是种田还是参与其他工作，在工分制度下都没有本质的区别，因此通过合作社和人民公社体系调动社员参加各种农田基本建设是相对容易的。

在相关部门或上级政府主导的大中型农田基本建设中，劳动力的投入方式与公社或生产大队统筹的方式类似，即把任务一层层往下摊派，最后都由生产队抽调劳动力落实。政府在这些工程中主要承担各类材料、器械、设备、伙食等开支。

---

① 张嘉涛：《农田水利建设主体及相关问题的探讨》，《中国水利》2002 年第 1 期，第 41 页。

以人民公社制度为组织手段、民办公助的农田基本建设方式，在很大程度上保证了新中国水利灌溉等基建事业的快速发展，促进农业生产水平不断提高。据统计，从 1957 年到 1978 年，中国的农田有效灌溉面积从 4.1 亿亩增加到 6.7 亿亩（1949 年为 2.4 亿亩）；灌溉面积占耕地总面积的比例从 24.4% 上升到 45.2%（1949 年为 16.3%）。[①]

在国外，有不少发展经济学家一直主张，落后国家的农村地区拥有大规模且尚未开发的农业劳动力资源，如果适当地加以组织，这些农民就可以利用农闲，自己解决基本工具（铁锹、箩筐、手推车等），从事掘沟挖渠、变山丘荒地为可耕地等工作。这些工程可以在既不影响中央政府财政预算又不减少农业产量的情况下进行。但在世界范围内，大量社区发展规划和农村工程项目最终失败，只有一些工程在接受了中央政府或国际援助机构的大量资助之后才得以完成。然而在中国，以社队为主体的农田基本建设高潮不断，持续时间很长。一些外国学者认为，正是土地私有制给农村劳动力自愿从事公共工程项目带来了困难，因为参与这些工作的人可能得不到主要的好处。以新建一条灌溉渠为例，在土地私有制下，主要的受益者是那些在渠边拥有土地的人，他们用水最为便利，其他农户则不得不从较远的地方引水。其中还有许多人是无地的劳动者或佃农，他们要么根本认识不到生产力会提高，要么即使离水渠很近，也只能眼睁睁地看着增加的收益被更高的费用抵消，因此他们很难形成参与公共工程的积极性。在中国，农业合作社及后来成立的人民公社使劳动与利益的结合成为可能。即便一条水渠只能使全村 1/4 的土地增产，也还是可以动员全村的人去修建。村民（社

---

① 李文、柯阳鹏：《新中国前 30 年的农田水利设施供给——基于农村公共品供给体制变迁的分析》，《党史研究与教学》2008 年第 6 期，第 31 页。

员）可以按工作量得到数额不等的工分，更重要的是增加的产量并不由耕种那 1/4 土地的人独占，而是归集体所有，最终将根据农民的总工分数按比例分配。①

根据张乐天在浙江省北部农村的调查，公社时期农田基本建设的劳动投入占生产队全年总劳动投入的 1/10 左右，仅次于农业生产所占的比重。需要注意的是，农田基本建设在正常情况下集中在每年冬春的农闲期间进行，并非分散于全年，因此劳动的艰苦程度可想而知。农民对此难免有怨言，但生产队却有主动性和积极性进行建设。各队除了完成上级布置的任务之外，还自愿承担了队内的建设项目，后者的劳动投入往往超过前者。究其原因，主要是农村人口一直在增加，满足社员温饱的压力也相应增加。生产队为了保证粮食增产，不得不改善农业生产条件，最终达到"改田"或"造田"之目的。长期且密集的劳动投入，为农业机械化和规模经营创造了良好条件。在张乐天所调查的大队，原本水田都夹在桑地和山岗中间，拖拉机根本无法开进去。1973~1978 年，大队统一组织平整土地，新建田漾 8 口，灌溉农田 840 亩，新建的水田全部实现自流灌溉，而且适宜于拖拉机操作。农民至今还把这块土地看作集体化时期留下的珍贵"遗产"。②

类似这样的例子在全国范围内普遍存在。笔者于 2009 年到青海省循化撒拉族自治县街子镇洋库浪村进行田野调查时了解到该村的水利建设情况。循化撒拉族自治县内的水域属于黄河水系，虽然洋库浪村就位于水量丰沛的街子河旁，但旱灾仍是最主要的自然灾害，原因是 1974 年以前该村基本没有水利设施。即便是水地③，每

---

① 〔美〕麦克法夸尔、费正清编《剑桥中华人民共和国史》下卷，中国社会科学出版社，1992，第 519 页。
② 张乐天：《告别理想：人民公社制度研究》，上海人民出版社，2005，第 223~224 页。
③ 水地：可以用水灌溉的农地。

隔2～3年就会因干旱而影响作物收成。村里的老人回忆道，从前"上面的水满着呢，但下不来。下面的黄河水也上不来。我们在中间的吃亏着呢。有水利设施后才好了"。当时作物灌溉基本只能靠天下雨以及人工灌溉，因为高原地区蒸发量大，只要一个月不下雨就干旱得厉害，人工浇水也不足以应付，必须靠下雨才能缓解。严重干旱的时节，不要说作物灌溉，连人畜饮水都有困难。

1974年，洋库浪村一带发生了严重旱灾。因为情况严峻，县政府还派干部到该村驻点。当年的大队支部书记韩尕三向上级政府提交报告，申请在洋库浪村修建一个大口井①及引水渠，目的是把另外一个大队的地下水源引到洋库浪村并储存起来，供村民生产生活用，以彻底解决缺水问题。经过一番交涉，大队从武装部获得了一些炸药，其他必需的人工和材料由洋库浪大队自行解决。1974年12月20日，大口井开工挖掘。1975年，长、宽各40米，深7.3米的大口井和长约500米的引水渠修成，但在完工当年引水渠就被洪水冲毁。1976年集体维修了引水渠。1980年集体延伸并翻新了引水渠，获得了更多水源，整个工程至此才算基本完成。整套水利设施至今仍运作良好，洋库浪村的水田和人民生活再也不用受干旱影响。

最后完工的引水渠长1000多米，整体深埋于地下，既保护了水渠、避免了水的蒸发和被污染，又不浪费土地。引水渠最深处离地面8.9米，平均深度为4～5米。水渠底部铺设石板，并浇铸混凝土，上方以石板覆盖，最后再把挖出来的泥土回填，因此基本保持了原来的地形地貌。笔者曾从水渠上走过，完全不能看出地下埋有超过1000米的水渠。原大队支部书记韩尕三对笔者说，洋库浪

---

①　笔者在当地人的带领下，见到了村民口中的"大口井"，并且进行了拍照。它实际上是个露天的大蓄水池，周围筑有围墙，既保护了水源，也避免人畜掉进水中。要进入围墙，必须用钥匙打开铁门，钥匙由村里的专人掌管。

村的一系列水利工程和设施"全凭群众经验",自始至终没有外来专家和技术人员参与。整个工程除了武装部提供的炸药外,没有任何外部投入,也没有花费额外的资金,几乎是完全靠动员大队的劳动力来完成。工程的效用显著,而且成本极低,这在今天看来是不可思议的。

以组织起来的农民为主体,进行绝大多数农田基本建设,这是由中国在经济实力非常薄弱的条件下还要集中资源建设现代化工业的国情决定的。但是20世纪50年代合作化、公社化的完成,确实也为农民提供了在更高水平上建设社会主义新农村的组织基础和经济条件。中国巨量的农村劳动力被前所未有地组织和动员起来,花费极少的资金便在全国农村兴修了巨量的公共工程,并承担了很多关乎国计民生的大型工程。这样的事情在其他国家是难以想象的。

自合作化运动开始以来,增加农业产量便是各个集体组织的重要目标,进行大规模的农田基本建设,以及后文将要介绍的引进新技术、新品种,都是实现这一目标的有效手段和基本保证。

对于人民公社解体后农田水利设施供给的状况,社会上的认识已经逐渐趋于一致:资本和劳动力的投入总体呈下滑趋势,大多数设施都建于合作化或集体化时期,处于"吃老本"的状态,用多管少、老化严重。20世纪80年代前半期,农田水利的投入呈显著的下降趋势,80年代后半期才开始缓慢回升,[1] 但投资增加的速度赶不上原有设施老化、失修的速度。全国农田灌溉面积"赤字"不断增加,各地越来越严重的旱涝灾害从90年代开始密集出现并延续至今。

---

[1] 李文、柯阳鹏:《新中国前30年的农田水利设施供给——基于农村公共品供给体制变迁的分析》,《党史研究与教学》2008年第6期,第31页。

由于 20 世纪 80 年代分田到户，农村缺乏相应的组织基础，大中小型农田基本建设陷入了"花的钱越来越多，办的事越来越小"的窘境。基础设施属于典型的公共产品，即便通过政府投资，工程顺利完成，但因为缺乏相应的组织基础和经济条件，设施的使用、管理和维护方面问题丛生，严重制约了其效用的发挥，使用寿命也大为缩短。这些问题在农户直接使用的农田基建末梢——到田到户的小型设施中表现得尤为明显。

三 农业技术和新品种推广

除了农田基本建设以外，与农业增产关系最大的因素是先进农业技术和高产品种的引进。从传统向现代转型的中国农业，需要推广新型农业技术和高产新品种的组织基础，而人民公社制度恰好低成本、高效率地提供了这样一个基础。

新中国成立后，各种农作物都有一批新培育的优良品种在实际生产中大面积推广应用。一般而言，只要采用了适合的良种，作物的年平均产量能有 10% 左右的提升，一些情况下甚至能增产 20% ~ 30%。据统计，到 20 世纪 80 年代初，全国共育成新品种 3000 多个，用于大田生产的有 2500 多个，其中种植面积在 100 万亩以上的有 300 多个。中国自育的优良品种已在粮、棉、油等作物生产上占主导地位，而且主要农作物的品种都更换了 3 ~ 5 次，每次品种更换都使产量有较大增长。[①]

在中国人多地少的条件下，为了提高农地利用率，实行间作、套作，发展多熟制栽培，增加复种指数，改革传统耕作制度也是重

---

① 《当代中国》丛书编辑部编《当代中国的农作物业》，中国社会科学出版社，1988，第 65 ~ 66 页。

要的增产措施。南方水稻产区早在 20 世纪 50 年代就因应水利等生产条件的改变，把单季稻改成双季稻或油菜—水稻、小麦—水稻，变一熟制为两熟制，沤改旱（烂泥田改为旱地）、旱改水（旱地改水田），并相应增种绿肥，改进栽培管理技术，收到很好的增产效果。60 年代，在长江流域推广了双季稻栽培。70 年代，长江中下游和华南部分地区则在水稻小麦两熟制和双季稻的基础上，发展成绿肥—早稻—晚稻、小麦（大麦）—早稻—晚稻、油菜—早稻—晚稻等三熟制，成为长江下游地区主要的耕作栽培制度。长江以北、淮河秦岭以南，则着重发展小麦—水稻、小麦—棉花、油菜—水稻两熟制。北方黄淮海地区，过去都是一年一熟，50 年代以后，间作、套作逐步发展为两年三熟或一年两熟。1978 年全国复种指数为 151，比 1952 年增长 20%，80 年代以后因为农业结构调整，复种指数有所下降。[①]

以上成绩如何能在短时间内取得呢？不少人想当然地以为：只要新式高效的科技和产品研发出来，只要存在所谓"自由的市场"，农民在逐利本能的驱动下自然会迅速接受对自己最有利的新事物。因此根本不需要多此一举地推广、普及，也不需要打造什么组织基础，只要给农民自由选择的权利就足够了。

事实上，小农经济条件下的新品种和新技术推广是非常困难的。正如张乐天在调查后所指出的那样，传统的村落缺乏创新机制，农民对于从外面引进的技术持怀疑态度。解放战争时期，当地的县蚕桑指导室曾派 2 名技术人员到张乐天所调查的镇里推广新的养蚕方法。他们选了几家富裕的农户作为榜样，劳神费心地向农民讲授新技术，但未得到农民的支持。县里也曾派技术人员来推

---

① 《当代中国》丛书编辑部编《当代中国的农作物业》，中国社会科学出版社，1988，第 66 页。

广纯系稻，他们还亲自赤脚下田做示范，但极少有人愿意选用新稻种。那时的农民甚至连化肥都不相信，说化肥只能"吊吊肥"，对庄稼没什么好处。市场上的化肥卖不出去，镇长的朋友下乡推销化肥，农民还说他用黑乎乎的东西欺骗农民，其实他推销的是德国化肥。[①]

分户经营的农民难于接受新事物，根本原因在于小农的产出往往只能勉强维持家庭劳动力再生产的最低水平，对采用新事物所可能引起的成本和风险缺乏承担能力。但组织起来之后，集体的力量使农户承担风险的能力增强了，可能造成的经济损失由集体直接承担，分摊到各农户头上微乎其微。实行"大包干"前，大量的推广工作通过上级命令和"组织的力量"来实施，一定程度上保证了新品种和新技术的有效性，同时还有效地降低了组织内存在不同意见所产生的协商成本。尽管也曾经产生过某些品种和技术不适用的问题，但总体来说，当时的农业经营制度还是为新品种、新技术的引进提供了良好条件。

张乐天指出了人民公社时期在技术引进方面的特殊方式：

（1）召开会议。公社和大队每年都召开大量的农业生产会议，分析农业生产情况，指出问题与困难，提出应当采取的生产措施。正是通过一次次的会议和上级检查落实，新的名词和术语以及新的方法、措施、技术指标等被引入自然村。

（2）专门的机构和人员。公社有一整套正常运转的专门组织，发挥着技术引进和指导的职能。农村供销社向生产队提供化肥、农药、农用薄膜、农具、农业机械和新的作物品种。公社的农业技术人员在引进新品种和新技术的过程中起着关键作用。他们还举办农

---

① 张乐天：《告别理想：人民公社制度研究》，上海人民出版社，2005，第231～232页。

业技术学习班，培训基层的农业技术骨干。大队和生产队的农业技术人员则直接对农民进行生产技术指导。3 级植物保护组织随时关注作物的病虫害情况，通过会议、广播等及时发出虫情预报，辅导生产队防病治虫。另外，还有水利、农机、农电等自成系统的机构，它们的管理范围包括农田排灌、基站布局与管理、农机的保养与维修、农村电网管理等。除了以上正式的组织以外，公社还号召队里的年轻人组织科学实验小组。

（3）规范的程序。在作物品种引进方面，公社时期形成了一套引进——试种——推广的规范程序。如果新品种在小范围试种效果良好，马上组织参观访问、经验介绍和技术培训，并在全县推广种植。[①]

1980 年以前，中国的农作物技术推广体系是由中央、省、地区、县、公社（区）、生产大队、生产队 7 级组成。中央、省、地区 3 级主要是管理机构。县级既是管理机构，又是直接组织实施技术推广工作的机构，所以县级是整个体系的重点。公社是基层推广组织。大队、生产队是群众性科技实践组织。各级农作物技术推广机构都由同级政府的农业行政部门直接领导，同时接受上级技术推广机构的业务指导。[②]

对于实际生产而言，关系最大的是公社及其以下组织。在公社一级，农业技术推广站是综合性的，包括种子、植保、土肥、栽培等各项技术，由公社管理委员会直接领导。建立人民公社以后，多数大队和生产队逐步建立了群众性的科技组织，一般有 3～5 人，包括种子员、栽培员、植保员、管水员等。其主要作用是协助县、

---

① 张乐天：《告别理想：人民公社制度研究》，上海人民出版社，2005，第 232 ～ 234 页。

② 《当代中国》丛书编辑部编《当代中国的农作物业》，中国社会科学出版社，1988，第 526 ～ 527 页；《当代中国》丛书编辑部编《当代中国的农业》，当代中国出版社，1992，第 572 ～ 573 页。

区、社、站带领群众在生产中采用先进技术，实行科学种田，使各项使用于本地的新技术落到实处。这批遍布农村的农民技术员在全国约有 1000 万人。①

"文化大革命"开始以后，农业部下属的地方各级技术推广机构受到冲击，但广大农民的生产需要依然迫切。于是，有的地区在群众中成立了一些科学实验小组，公社办起了一批集体性质的科学实验站，从农民中吸收了一大批具有科学种田经验的农民技术员。湖南省华容县从 1969 年开始，创办了"四级农业科学实验网"，即县办农业科学研究所、公社办农业科学实验站、生产大队办农业科学实验队、生产队办农业科学实验小组。华容县随后还制定了《四级农科网工作条例》。华容县的做法引起了湖南省有关领导的重视，1971 年湖南省政府召开全省农业科学技术经验交流会，开始在省内推广华容县的经验。1973 年全国范围内已做到每个县有农科所、农技站，80% 的公社、70% 的大队、60% 的生产队都建立了农科组织。1974 年，经国务院批准，农林部和中国科学院在华容县召开了四级农科网经验交流会。会后，"四级农业科学实验网"在全国很快发展起来。到 1975 年底，全国有 1140 个县建立了农业科学研究所，26872 个公社建立了农科实验站，332223 个大队建立了农科实验队，2246594 个生产队建立了农科实验小组，四级科技队伍共有 1100 多万人，实验地达 4200 多万亩。建立"四级农业科学实验网"后，有的省没有把原有的技术推广机构和"实验网"结合起来，致使下属的县和公社形成两套功能类似的机构。②

客观地说，中国的传统农业向现代农业转变之所以取得了巨大

---

① 《当代中国》丛书编辑部编《当代中国的农作物业》，中国社会科学出版社，1988，第 528～530 页。
② 《当代中国》丛书编辑部编《当代中国的农作物业》，中国社会科学出版社，1988，第 523～525 页。

的成效，主要受惠于近 30 年的农民合作化历程，这使小农与现代化大生产的对接因具备组织基础而变得可能。在人民公社时期，农业技术和新品种推广是集体的一项重要任务，本质上也是源于农业增产的目标，而这一目标也与普通农民的意愿相契合。新事物带来的收益又教育了原来保守的农民，提高了农民接受新事物的积极性。客观而言，人民公社时期的技术引进在规模、速度、效益等方面都是前所未有的。但分田到户以后，农村的农业技术的引进、创新和推广都缺少经济和组织基础。原有的实验和技术推广体系受到体制变动的影响，绝大多数基层组织、人员分流。原来遍布农村的农民技术员更是在极短的时间内销声匿迹。分田到户之后，大家都是为了实现自身利益的普通农民，别人是否增产与他们的利益无关。事实上，帮助别人等于是帮助潜在的竞争对手。原来的农技骨干也就埋头于家庭经营，基本不再承担推广农技的义务。这样一来，各地的农技推广长期处于空白状态，小农与现代化大生产的对接再次成为问题。因为不当使用化肥、农药、除草剂等，农业对环境造成的污染日益严重，成为中国"三农"可持续发展的重大障碍。

第二节　替代农户与市场对接需求的供销合作社和国营粮食、商业部门

正如第二章所介绍的，20 世纪 50 年代，国家实行了粮、油、棉的统购统销政策。事实上，"一五"计划期间，对农副产品大范围地实行派购的制度已逐渐建立起来。此后，包括粮食在内，农户生产的绝大多数农产品不允许在市场上自由销售（有个别时候、个别地方是允许的）。小农户与市场的对接需求

被全国性的计划经济体系所替代，小农户与市场的矛盾被"消灭"了。只是在此过程中又派生了其他问题，如抑制了农村商品经济的发展，削弱了农户和集体经济组织自我积累、自我发展的能力。

一 农产品的统购、派购制度

新中国成立初期，国营商业和供销合作社对农副产品主要实行自由采购的办法。为了掌握货源，帮助工厂和农民克服收购原材料和销售产品方面的困难，国家实行了公私联购、联营以及预购、赊购等形式。从1953年11月起，为了保证经济建设顺利进行，对粮食、食用植物油脂油料实行计划收购、计划供应的政策，即统购统销政策。1954年，在对棉布实行统购统销政策的同时，对棉花实行了统购，对絮棉实行了统销。①

为了加强重要城市及工矿区副食品的供应工作，中共中央决定，商业部于1954年1月成立中国食品公司，统一负责肉禽蛋等主要副食品的经营工作。各省、自治区、直辖市以及地区和重点县也相继建立食品公司，实行当地商业行政部门和上级食品公司双重领导。中国食品公司系统的机构、人员、设备、资金随后不断增加。截至1984年末，除了各级公司以外，还有农村食品购销站（组）26136个，城镇肉禽蛋专业商店21109个（不含综合性副食商店和菜市场兼营网点），以及配套的肉类联合加工厂、禽蛋厂、冷冻厂、冷藏库及冷藏车、冷藏船等，甚至还有脏器生化制药厂127个。这样一来，中国食品公司就形成了一个从农村到

① 《当代中国》丛书编辑部编《当代中国商业（上）》，中国社会科学出版社，1987，第52页。

城市，从收购、加工、批发到零售的全国性肉禽蛋专业经营体系。①

新中国成立初期，城市人口变化不大，蔬菜供求矛盾尚不突出，因此只有部分大城市的国营商业和供销合作社经营蔬菜。随着第一个五年计划开始实施，城市人口快速增加。1953 年，郊区蔬菜上市量只能满足市场销售量的 74%。由于供不应求，菜价波动很大。为了稳定菜价，各地国营商业和供销合作社相继扩大了经营。1955 年 12 月，国务院第五办公室规定，蔬菜（包括鲜、干、腌、酱菜）由国营商业统一经营，负责安排生产、平衡计划、组织经营、保证供应，并负责对私营商业实行社会主义改造。1956 年 3 月，国务院决定"今后大中城市、工矿区的干鲜菜的供应，由商业部统一经营管理。商业部下设中国蔬菜公司，负责干鲜菜、酱腌菜、薯类（菜食部分）、调料及杂项食品的经营"。中国蔬菜公司成立不久，即与中国食品杂货公司合并成立了中国蔬菜食品杂货公司。蔬菜生产、供应和经营中出现的问题，主要依靠各地党委和政府解决。②

实行统购统销政策的头几年，农民仍然保留了一些自由支配产品的权利，即允许农民在完成统购任务后，可以把自己留用的粮食、棉花、油料拿到国家领导的粮食市场和其他市场自由销售。一些私商乘机到农村套购、贩卖统购物资，影响了国家的收购和分配计划。尤其在 1956 年下半年政府决定开放农村小土产自由市场后，许多属于统一收购的农产品和其他物资在完成国家收购任务以前，就已无限制地进入了自由市场。1957 年 8 月，国务院发布了《关

---

① 《当代中国》丛书编辑部：《当代中国商业》（下），中国社会科学出版社，1987，第 191～193 页。
② 《当代中国》丛书编辑部：《当代中国商业》（下），中国社会科学出版社，1987，第 303～308 页。

于由国家计划收购（统购）和统一收购的农产品和其他物资不准进入自由市场的规定》，明确指出：

一、凡属国家规定计划收购的农产品，如粮食、油料、棉花，一律不开放自由市场，全部由国家计划收购。国家计划收购任务完成以后，农民自己留用的部分，如果要出卖的时候，不准在市场上出售，必须卖给国家的收购商店。不是国家委托收购的商店和商贩，一律不准收购……

二、规定下列各种农产品和其他物资属于国家统一收购的物资：烤烟、黄洋麻、苎麻、大麻、甘蔗、家蚕茧（包括土丝）、茶叶、生猪、羊毛（包括羊绒）、牛皮及其他重要皮张、土糖、土纸、桐油、楠竹、棕片、生漆、核桃仁、杏仁、黑瓜子、白瓜子、栗子，集中产区的重要木材，38 种重要中药材（具体品种，另由卫生部通知），供应出口的苹果和柑桔，若干产鱼区供应出口和大城市的水产品，废铜、废锡、废铅、废钢。这些统一收购的物资都由国家委托国营商业和供销合作社统一收购。不是国家委托的商店和商贩，一律不准收购。农民自己留用部分如果要出卖的时候，不准在市场上出售，必须卖给国家委托的收购商店，这些商店必须负责收购……

三、不属于以上计划收购和统一收购两类的物资，如：鸡、鸭、鹅、鲜蛋[①]、调味品、分散产区的水产品、非集中产区的干果和鲜果、不属于统一收购的中药材等，仍然开放国家领导的自由市场。

如果上述商品中的某些商品，在当地供应紧张的时候，各省人民委员会可以命令规定为当地统一收购的物资，按照统一

---

① 后来对活禽、鲜蛋、菜牛、菜羊也实行国家统一收购，即派购。

收购物资的规定办理……①

以上规定表明了国家实际上已经把农副产品收购分为三类：第一类由国家统购；第二类由国家指定的部门统一收购，称为派购；第三类允许进入自由市场。对于第三类物资，国营商业和供销合作社也经营一部分，有的随行就市收购，有的与生产者协商议价收购。这一做法一直持续到 20 世纪 80 年代。国家的统购和派购政策与范围大致如下：

（1）国家实行统购的农产品，一直只包括粮食、食用植物油料、棉花 3 种。

（2）国家派购的农副产品品种，1956 年以来有过不少调整。1962 年底国务院公布了一个目录，共列出 34 类，按细目算约 100 种左右，作为全国大体的统一规定，在以后较长的一段时间内变化不大。其中，商业、粮食、供销、医药部门统一派购的农副产品一直在 80 种左右。1976 年以后，中药材供应紧张，又增加了一些派购品种。1978 年，商业部和供销合作总社统一派购的农副产品（不包括地方增加的）共有 117 种。②

农副产品的统购派购制度，在当时商品供应普遍短缺的情况下发挥了保证基本供给、支援国家建设的作用，也是计划经济体系的重要组成部分。但从 1979 年开始，粮食、油料、棉花连连丰收，其中粮食产量更是连续几年创历史最高水平。因此，出现了一个前所未有的问题：粮食、棉花等一些重要的农产品，在市场上已经相对过剩，国家收不进、存不下、销不出，但因为在价格上反映不出

---

① 中华人民共和国国务院办公厅发布《关于由国家计划收购（统购）和统一收购的农产品和其他物资不准进入自由市场的规定》，《中华人民共和国国务院公报》1957 年第 36 期，第 751 ~ 753 页。

② 《当代中国》丛书编辑部编《当代中国商业》（上），中国社会科学出版社，1987，第 102 ~ 103 页。

来，农民还是继续大量生产，国家只好继续大量收购，财政上也得大量补贴，负担越来越沉重。这说明了统购、派购制度已经影响了农村商品生产的发展和经济效益的提高。

为此，1985 年 1 月 1 日，中共中央、国务院发布了《关于进一步活跃农村经济的十项政策》，规定"从今年起，除个别品种外，国家不再向农民下达产品统购派购任务，按照不同情况，分别实行合同订购和市场收购"；"取消统购派购以后，农产品不再受原来经营分工的限制，实行多渠道直线流通"；"任何单位都不得再向农民下达指令性生产计划"。至此，实行了约 30 年的农产品统购派购制度成为历史。

二　供销合作社的变迁

介绍新中国农民与外部市场对接的历史，不能不涉及供销合作社，因为在近 30 年的时间里，供销合作社一直是农村最主要的采购和物资供应机构，也是当今中老年农民集体记忆中的一个重要部分。下文专门介绍供销社体制的历史变迁。

毛泽东、刘少奇、张闻天等党和国家的重要领导人，对供销合作社寄予了极高的期望。但是，随着 20 世纪 50 年代后期人民公社化的实现，以及一些相关的政治变动，供销合作社的作用和地位也有所削弱。

新中国成立前后，生产、消费、供销合作社在全国城乡已经大量建立起来。但是对于合作社在新民主主义经济中的地位和作用，人们还没有清晰的认识，很多人认为这是战争时期的一种应急措施。探索合作社的基本发展方针和方向，成为当时的一个重要理论问题，也是实际工作中的重要问题。

1948 年 9 月，刘少奇写了《论新民主主义的经济与合作社》

一文，首先提出合作社经济在新民主主义经济中的历史作用和任务："与投机资本斗争、与旧资本主义成分斗争，并组织小生产最后在极广大范围内彻底改造小生产成为大生产。"他提出：合作社经济"是国家经济的极广大而可靠的同盟军"，"是无产阶级领导下的新民主主义国家用以帮助、领导和逐步改造广大小生产者的主要工具"。在中国这样一个小生产占极大优势的国家，"千千万万的分散的独立小生产者，是经过一种商业关系把他们联系起来，并使他们与大工业联系起来，构成国家和社会的经济联系"。这个任务只有通过国家机关及合作社共同进行，才是最理想的方式。刘少奇还提出，合作社的商业以为社员服务为唯一目的，"决不能和投机商人以至普通商人一样，贱卖高买，以盈利为目的"，而且要"使合作社与国家商店进行适当的分工"，这样既可使国家商业机关及生产机关减少许多繁杂的业务，又可使合作社有专门的社会职责与业务范围，使合作社能够发展，还能避免国家商店与合作社发生竞争。①

1948 年 9 月，张闻天在为东北局起草的《关于东北经济构成及经济建设基本方针的提纲》中也提出，无产阶级在领导农民等小生产者走向社会主义前途时，合作社是农民所能接受的经济办法，农村供销合作社是在经济上指挥农民小生产者的司令部，是组织农村生产与消费的中心环节，是土地改革后在经济上组织农民与小手工业者最主要的组织形式。这个提纲经毛泽东、周恩来、刘少奇修改后批转全国，作为各解放区合作社的工作方针。②

1949 年 3 月，毛泽东在中共七届二中全会上做报告时指出：

---

① 中共中央文献研究室、中华全国供销合作社总社编《刘少奇论合作社经济》，中国财政经济出版社，1998，第 1～20 页。
② 《当代中国》丛书编辑部编《当代中国的供销合作事业》，中国社会科学出版社，1990，第 17 页。

"占国民经济总产值百分之九十的分散的个体的农业经济和手工业经济，是可能和必须谨慎地、逐步地而又积极地引导它们向着现代化和集体化的方向发展的，任其自流的观点是错误的。必须组织生产的、消费的和信用的合作社，和中央、省、市、县、区的合作社的领导机关。""单有国营经济而没有合作社经济，我们就不可能领导劳动人民的个体经济逐步地走向集体化，就不可能由新民主主义社会发展到将来的社会主义社会，就不可能巩固无产阶级在国家政权中的领导权。"[①]

1949 年 9 月 29 日经由中国人民政治协商会议通过的《共同纲领》也明确了合作社的性质，肯定了其在新民主主义经济中的作用："合作社经济为半社会主义性质的经济，为整个人民经济的一个重要组成部分。""鼓励和扶助广大劳动人民根据自愿原则，发展合作事业。在城镇中和乡村中组织供销合作社、消费合作社、信用合作社、生产合作社和运输合作社。"

刘少奇对新中国的供销合作事业给予了极大关注。华北人民政府成立时，根据刘少奇的意见，率先设立了（华北）合作委员会以及（华北）供销合作总社。到 1950 年 3 月，全国各类合作社社员总数已达 2000 万人，较 1949 年 4 月增长了近 3 倍。基层合作社总数达到 3.7 万个，其中农村合作社 3.4 万个。为了适应国民经济恢复发展的需要，使合作社工作走上正轨，在刘少奇、朱德领导下，1950 年 7 月在北京召开了中华全国合作社工作者第一届代表会议。会上正式宣布成立中华全国合作社联合总社，统一领导全国供销、消费、手工业等合作事业。会议要求各级合作社认真执行国家政策，在组织城乡物资交流和同私商投机行为的斗争中，成为国营商业的有力助手；要按照社会主义的原则而不是资本主义的办法

---

① 《毛泽东选集》第 4 卷，人民出版社，1991，第 1432 页。

进行工作。到 1953 年末，各级合作社自有资金较 1950 年增长 19.5
倍，社员股金增长 10.7 倍。到 1954 年，各省、自治区、直辖市和
绝大多数县都建立了各级联合社，初步形成了网点遍布城乡、组织
完整、独立运作的合作社系统。①

1953 年随着大规模经济建设开始实施，粮食、食油、棉花、
棉布供应出现了紧张状况，国家于 1953 年 10 月对粮食、油料实行
统购统销政策，1954 年 9 月对棉花、棉布实行统购统销政策。对
上述农产品的统购统销，主要是委托供销合作社代理，其收购的粮
食、油料占国家收购总量的 60% 以上，棉花全部由供销合作社收
购。1955 年 4 月，国务院决定将供销合作社经营的粮食、油料代
购代销业务交粮食部门统一办理。1956 年 12 月，把棉、麻、烟、
茶、畜产品（肉禽蛋除外）的收购、加工、分配、调拨业务委托
供销合作社经营。此后，供销合作社一直承担着国家委托的主要农
产品的采购任务。② 随着农村私营商业的社会主义改造在 1956 年末
基本完成，供销合作社也逐步成为组织农村商品流通的主导力量。

到 1957 年，供销合作社已经自上而下地形成了完整的系统。
1958 年 2 月，在"大跃进"的形势下，国务院发出通知："中央已
决定将全国供销合作总社同城市服务部合并，改称第二商业部。"
此后，县级以上供销合作社相继与同级国营商业部门合并。4 月，
第二商业部与财政部下达通知，确定从 1958 年起，供销合作社执
行国营企业的财务制度，停止从利润中提取各种基金，所得税以利
润形式上缴国库，实行利润分成。6 月，中共中央进一步决定，基
层供销合作社（即以区或乡为单位设立的供销社）及其以上的各

---

① 《当代中国》丛书编辑部编《当代中国的供销合作事业》，中国社会科学出版社，
1990，第 19~27 页。
② 《当代中国》丛书编辑部编《当代中国的供销合作事业》，中国社会科学出版社，
1990，第 31~32 页。

级供销合作社由集体所有制转化为全民所有制。12 月 20 日，中共中央、国务院发布决定，把基层供销合作社全部下放给人民公社，其资产和人员一律归公社使用。这样一来，连基层供销社也成为"官办"商业，不再是群众性的经济组织。原有的社员代表大会、理事会、监事会等一套民主管理制度被也被废止。①

在上述基层供销合作社改革历程的描述中，笔者同时使用了"下放"和"官办"这两个概念。为了避免读者误解，在此做一些必要的说明，"下放"和"官办"虽然是对同一个改革过程的描述，但实际上分别针对了两个不同的被改革主体。

（1）"下放"是针对原来的全国供销合作总社与后来的第二商业部而言。改革前，供销合作社已经形成相对独立而完整的系统，由全国供销合作总社牵头管理，实行的是自上而下的纵向管理体系，基层社处于整个体系的末端，即最"下"端。国家决定把基层供销社的资产和人员一律转由人民公社使用和管理，基层社从原来的完整体系中分离出去，所以这个分离过程对于总社和第二商业部而言就是"下放"。

（2）"官办"则针对供销社的社员而言。原来的基层供销社是社员入股成立的供销合作组织，上级供销社只是基层社的联合组织。基层社不仅为社员服务，所有权也属于社员，以社员为主体实行民主管理，所以各基层社还按照规定建立了代表大会、理事会、监事会等一套民主管理制度。而中共中央在 1958 年把各级供销社由集体所有制转化为全民所有制，执行国营企业的财务制度，停止从利润中提取各种基金，国家与供销社实行利润分成。基层社就从"民有"变成了"官有"或"国有"。随后国家进一步决定，把基

---

① 《当代中国》丛书编辑部编《当代中国的供销合作事业》，中国社会科学出版社，1990，第 38~40 页；《当代中国》丛书编辑部编《当代中国商业》（上），中国社会科学出版社，1987，第 88~90 页。

层社的资产和人员一律转由人民公社使用和管理，成为人民公社的供销部门。原来的供销合作社社员当然就失去了民主管理的权力。由"民办"转为由人民公社来办，也就可以称为"官办"了，因为人民公社是"政社合一"的组织，是国家行政机构中最低的一级。

1961 年，中共中央提出恢复供销合作社。1962 年 9 月，中共中央在《关于商业工作问题的决定》中再次明确供销合作社是社会主义集体所有制经济。然而，在 1964 年 10 月，供销社监事会被看作"资产阶级的民主机构"而被取消。1965 年，县级以上供销社再次改为全民所有制。"文化大革命"期间，供销社行政领导机构又与国营商业合并，许多地区还把基层供销社并入国营商业。由于实行"一元化"领导，供销合作社的理事会自然就被取消。①

1995 年，中共中央、国务院决定恢复成立中华全国供销合作总社，全国供销社从上到下再次成为一个完整的系统。20 世纪 80 年代以来，国家和供销社系统发布了一系列文件，不断要求"深化改革"，试图朝着办成真正的农民合作经济组织的方向努力。从实际效果而言，却是"只闻楼梯响，不见人下来"，绝大多数合作社仍然保留着独立于农户的利益，甚至到了与广大农户的利益背道而驰的程度。简单而言，最明显的一个表现是有"供销"无"合作"，有"供"无"销"。

改革后的供销合作社体系，真正算得上"合作"的因素所剩无几。另一方面，相比于帮农民"销"的积极性，合作社向农民"供"的积极性要强烈得多。"销"指的是协助农户把产品卖出去，帮农民赚钱。"供"指的是把外来的商品卖给农民，赚农民的钱。日益严重的农产品销售难题就是供销社有"供"无"销"最好的证明。

---

① 《当代中国》丛书编辑部编《当代中国商业》（上），中国社会科学出版社，1987，第 90～91 页。

凭借长期积累的资源和庞大的组织体系，供销社在与个体户及民间合作组织的竞争关系中，往往能形成优势。这种竞争优势的一个客观作用，就是不断从"三农"中提取资源和资本，并转移到城市、工商领域。尽管供销社相对于农民仍然占有优势，但是面对其他大型商业企业时往往又处于劣势。实际上，现有的供销社大多也无意进取，缺乏与大型商业企业一争长短的雄心壮志，也缺乏服务"三农"、帮农民赚钱的道德责任感。

在不少地方，基层供销社早已名存实亡、陷于瘫痪，无"供"亦无"销"。进入 21 世纪以来，供销合作社系统改革的主流方向已不再是恢复原来的合作制与集体所有制的性质。它们纷纷化身为自主经营的独立企业，以利润最大化为主要（甚至是唯一）目的，与普通的工商企业无异。

因此，在缓解小农户与大市场的矛盾、满足农民的供销合作需求方面，当今的供销合作社系统几乎不能发挥积极作用，亦无意发挥积极作用。人们不必再对其抱有不切实际的幻想。

三 供销合作社的"供"与"销"

下文专门介绍 20 世纪 80 年代中期以前供销合作社的业务开展情况，主要是介绍其供、销两方面的具体情况。

正如上文所言，"供"指的是把外来的商品卖给农民，赚农民的钱；"销"指的是帮助农户把产品卖出去，帮农民赚钱。在真正的合作经济组织之中，不管是"供"还是"销"，都属于为农民服务的范畴。

（一）生产资料及生活资料的供应

供销合作社"供"的业务，具体包括向公社、生产队、农民供应农业生产资料，以及向农民供应生活资料。

1. 农业生产资料的供应

新中国建立 30 多年来，农业生产资料中的化肥、农药、农药器械、中小农具、农用塑料薄膜、耕畜 6 大类一直由供销合作社经营。根据不同时期国家在农村的方针、政策，供销社还要有针对性地组织货源，调节供应。50 年代初期，一些技术性较强的农业生产资料还处于试用阶段。供销社此时的指导思想是组织货源、搞好调拨、扩大销售，并且根据不同商品的特点，分别采取"先试验、后推广"，"克服保守思想，积极推广使用"，"技术在先，供应在后"等措施。农业合作化以后，由于生产资料需求不断增加，供销社实行适当控制销售的方针，采取"集中使用，保证重点"，"只供应集体，不供应个人"，"支援农业生产，巩固集体经济"等原则。供销社采取向集体组织倾斜的供货方式，也是 50 年代农业合作化能够迅速推进的一个原因。①

改革开放以后，农村逐步推行了家庭联产承包责任制，生产资料的需求主体发生变化。1981 年，全国供销合作总社提出了"不论是对生产队，还是对专业组、农业户或个人的供应，都要一视同仁，同等对待"的供应方针，从此结束了长达 20 多年的生产资料"只供集体，不供个人"的历史。② 客观而言，物资供应的"一视同仁，同等对待"虽然适应了市场需求的新变化，却导致"社员"的身份变得无关紧要，这与供销社恢复为经济合作组织的改革目标不能相互适应。

2. 农民生活资料的供应

供销社经营的生活资料，主要是人民日常饮食起居所必需的各

---

① 《当代中国》丛书编辑部编《当代中国的供销合作事业》，中国社会科学出版社，1990，第 273 ~ 274 页。

② 《当代中国》丛书编辑部编《当代中国的供销合作事业》，中国社会科学出版社，1990，第 274 ~ 275 页。

种器具和用品，货源主要来自轻工业、手工业、农村家庭副业，以及部分军工企业生产的民用品。

新中国成立后，全国供销合作总社和商业部各有一套工业品批发机构。1953 年 12 月，中财委决定日用工业品基本由国营商业部门管理，县供销合作社和基层供销合作社所需的工业品，改为主要向当地国营商业批发站进货。如此一来，就出现了国营商业如何分配城乡工业品的问题。1954 年 7 月，陈云在为中共中央起草的《关于加强市场管理和改造私营商业的指示》中指出："城乡市场必须互相支援。副食品供应不足时，应压缩中小城市和集镇的副食品的消费，优先供应大城市及工矿区；城乡都需要的工业品，应尽先供应农村，以利农产品的采购。"这就是后来被称为城乡分配商品的"两优先"原则。①

1963 年，国家经济状况有所好转，农民生活有所改善，迫切要求国家增加工业品供应。在国家计委的主持下，全国商业计划会议专门讨论了工业品下乡问题，规定百货增产部分的全部或大部分供应农村。会后，不少地方政府成立了商品分配小组，监督工业品下乡计划的执行。"文化大革命"中，"两优先"原则被视为修正主义遭到批判，加上生产混乱，工业品的城乡分配再次出现不合理状况。许多地方在分配短缺商品时，城市分得多，农村分得少；县城留得多，农村供应少，真正到农民手里的就更少了。1975 年全国供销合作总社恢复后，要求各级供销社继续贯彻执行"两优先"原则。1982 年以后，随着工业品流通体制的改革和计划管理商品的减少，各地供销合作社普遍由单渠道进货变为多渠道进货，即由过去只能向当地国营商业三级批发进货，变成直接向工厂、企业和

---

① 《当代中国》丛书编辑部编《当代中国的供销合作事业》，中国社会科学出版社，1990，第 127～128 页。

外地批发单位多家进货。到 1986 年，全国供销社自采货源已占到全部日用工业品货源的 50% 左右。[①]

（二）农副产品的收购和销售

供销合作社"销"的业务，具体是在农村收购各种农副产品，并负责对外销售。新中国成立初期，国家尚未对城乡市场进行全面安排，只是委托供销社代购粮食、重要工业原料和出口物资。各地供销社组织力量深入农村进行调查，摸清农副土特产品情况，了解农民在生产和销售方面的要求，结合往年实际收购数量，提出年度计划草案，分别与粮食、商业、外贸、工业、手工业等部门衔接。1952 年，全国合作社代购额占国家农副产品收购总额约 70%。其中代购的粮食占国家收购总量的 49.7%，棉花占 79.9%，麻类占 72.6%，烤烟占 51.8%，茶叶占 56.1%，羊毛占 24.2%，蚕茧占 95.5%。[②] 这一时期，供销社已经在国家的农产品收购工作中发挥核心作用，对国家有计划的经济建设发挥了重要的保障作用。

1953 年起，国家先后决定对粮食、油料、棉花实行统购。供销社经营的粮、油业务移交国家粮食部门，工作重点放在收购国家委托的棉花、麻类、烤烟、蚕茧等重要工业原料，以及帮助农民销售其他农副土特产品。从 1957 年开始，随着国家把农村物资分为三类，供销社在农副产品收购方面既要努力完成国家委托的统购、派购任务，又要收购农村中大量三类物资和完成国家计划后的一二类物资，以解除农民生产的后顾之忧。这种情况一直持续到 20 世纪 80 年代中期。

在"销"方面，由供销社长期稳定经营的品种主要是棉花、

---

① 《当代中国》丛书编辑部编《当代中国的供销合作事业》，中国社会科学出版社，1990，第 128~130 页。

② 《当代中国》丛书编辑部编《当代中国的供销合作事业》，中国社会科学出版社，1990，第 124 页。

麻类、茶叶、果品、干菜、调料、食用菌、畜产品（肉禽蛋以外的产品）、土产品（桐油、竹材、薪炭、生漆等）。其中，只有棉花是国家实行统购的品质，对于国计民生的影响尤其巨大。下文以棉花收购为例，展现供销社在当时是如何以"销"来为农民提供服务的。

为了方便棉农售棉，供销社系统几乎在主要产棉地区的每个乡都设有棉花收购站。收购站的设置以棉农送售棉花往返不超过 15 公里为原则，超出距离的由供销社给予里程补贴。农业合作化后，不少地区在组织棉花收购时注意与其他农事活动穿插进行，采用了划片、定点、约时间等有组织的收购方法。协助社队安排好人力、畜力，尽量做到生产、交售两不误。旺季过后，为便于农民出售零星存棉，各地还普遍组织了下乡流动收购。

供销社在收购棉花时，籽棉和皮棉都收。交售籽棉的，除了可以用来扣除国家统购的棉、油以外，其余的棉、油和大部分棉饼及棉籽皮都返还给生产队，返还比例不少于出饼率的 80%；达不到 80% 的，供销社以粮食或其他同等质量的饲料抵补。1981 年以后，由于各地油料作物丰收，一些集中产棉区的粮食部门不再统购棉油，供销社轧花厂将棉籽或油、饼、皮，按规定比例返还给棉农。如果棉农不需要，可由供销社议价收购。[①]

20 多年来，供销社承担了替农民销售各类产品的职责，基本做到农民提供多少就收购多少。这在今天看来是不可思议的，因为任何一个企业都不可能没有数量限制地收购、转售产品。但这一做法客观上并未对供销社的经营构成很大压力，根本原因就在于当时国内的物资供应长期处在短缺阶段，主要特点是供不应

---

① 《当代中国》丛书编辑部编《当代中国的供销合作事业》，中国社会科学出版社，1990，第 326 页。

求，绝大多数产品不存在真正意义上的过剩。无论何种产品、无论收购多少，只要在全国范围内进行适当的调配，迟早都能销售出去。但是，随着中国的工业和农业生产持续增长（包括在全球性的增长之中），这种特殊的供求环境在 20 世纪 80 年代已经基本消失。

1983 年，国务院转批了国家体改委、商业部《关于改革农村商品流通体制若干问题的试行规定》，要求国营商业和供销合作社"都要大力推行以承包制为中心的经营责任制"。到 1984 年，实行承包经营的单位已经占经营单位总数的 93%。1985 年 4 月，各地供销社对经营单位实行责任制的情况进行了一次系统调查。调查结果显示，实行责任制后经营单位分成了三种：第一种，责、权、利结合得好，国家、企业、社员、职工各方面利益兼顾得好，经济效益和社会效益全面提高，这样的企业占 15%；第二种，经济效益明显提高，但社会服务效益不明显，国家、企业、社员、职工的关系处理得不好，这样的企业占 52.5%；第三种，经济效益和社会效益没有明显提高，有的还出现下降，这样的企业占 32.5%。① 调查表明，实行承包经营之后，过半数供销社的经济效益有所提高，但大多数供销社服务"三农"的功能下降，重"供"轻"销"的情况比较突出。

1985 年，国家正式取消了实行多年的统购、派购制度，供销合作社彻底摆脱了原来所承担的各项农产品收购任务。各地供销社重"供"轻"销"的情况日益严重。

在世界范围内，合作社帮助农民销售产品是普遍现象。但在中国，现有的供销合作社虽然名为"供销""合作"，绝大多数却有

---

① 《当代中国》丛书编辑部编《当代中国的供销合作事业》，中国社会科学出版社，1990，第 70～71 页。

"供"无"销",更谈不上合作,这一现象实在是耐人寻味。但是,结合上文所梳理的供销合作社体制变迁历程来看,这个现象的出现并非偶然。从 1958 年开始,供销社已经成为"官办"的商业机构,无论是后来的"下放"还是"上收",都没有从根本上改变其"官办"的性质。20 世纪 80 年代以来,虽然连续几个中央一号文件都强调"基层供销社恢复合作商业性质",但是这一目标与"以承包为中心的经营责任制"改革存在直接冲突。随着经营责任制的普遍实施,供销社的合作制也就无从谈起。1985 年,统购、派购制度被取消,供销社不再承担来自国家的收购任务。从此,"实行独立核算,自负盈亏"的供销社,迅速地转向以"赚农民的钱"为首要目标,"恢复合作商业性质"基本成为纯粹的宣传口号。

真正的合作社,大多是由社员投资设立,由社员民主管理,当然就要实行大多数社员所期望的措施和决策。如果是农民合作社,它的重要任务就是以较低的价格向农户供应合格的物资,尽可能地帮助农户销售产品,还要尽量地提高产品的售价。所以,中国这种缺乏群众性与合作本质的"供销合作社"忽略了"帮农民赚钱",专注于赚农民的钱,重"供"轻"销",正是由其性质所决定的。

四 计划经济体制的相关问题

上文回顾了人民公社制度、供销合作社以及农产品的统购统销政策,但笔者并不认为与此有关的一切都完美无缺。笔者认为,计划经济时期存在一些值得重视的经验,却从未主张重新实施原来的计划经济体制。因为在计划经济时期,虽然小农户与大市场的矛盾不突出,但这是以压抑农民的生产和销售的自主权为基础的,由此产生了一系列消极作用。

（1）剥夺了农民投资经营、归农民所有的资产。供销合作社原本就是农民入股兴办的群众性集体经济组织，但在1958年以后，供销合作社几度与国营商业合并，把原本属于集体所有制的供销合作社变成全民所有制。这就等于是把属于农民的资产无偿地收归国有。

（2）商品流通渠道单一。从1958年起，在一段时间内急于取消商品生产和商品交换，急于把多种所有制并存的商业体系向全民所有制过渡，对集体商业实行合并，对个体商业实行升级过渡，集市贸易也时开时关。这样一来，商业网点大量减少，经营特色消失，给人民生活带来诸多不便。并入国营商业的小商小贩发财无望，缺乏劳动积极性。国营商业要承担绝大多数的商品流通任务，压力很大，成本很高。

（3）农民长期脱离真实的市场经济。农产品的统购派购，最开始是作为临时措施提出来的，但后来不断丰富和巩固，支配农村的物资交换超过30年。这样一来，社队仅按照国家计划生产，而非面向市场需求生产；国家对农业的管理，主要依靠行政命令，而非经济手段。农户和集体经济组织长期脱离真实的供需市场。改革开放后，随着市场经济的快速发展，农民难免会感到陌生和不知所措。1983～1993年，中国出现了两次大规模的农产品卖难现象。为了重新熟悉市场的运作规律、掌握应对市场波动的办法，中国农民在物价涨跌之中付出了很大代价，而这些代价原本是有可能避免的。

（4）剥夺了社队选择生产品种和数量的自由，导致各社队的比较优势无法发挥，造成了"几亿农民搞饭吃"的局面，这是造成农村普遍贫困的重要原因，也妨碍了中国由传统农业向现代农业过渡。

（5）国家规定的农产品收购价格长期低于市场价格，农民卖给国家越多，就感到吃亏越大。国家不得不采取禁止自由市场、不断加强对农民的社会主义教育、施加政治压力等办法，力图避免农民脱离国家的计划经济体系。但这些办法不可能一直压制农民变革束缚型体制的强烈愿望，因此最终都被取消。

总体而言，单一化的商品流通渠道，对于国家有计划地进行经济建设虽然有一定的积极意义，却限制了农民增加收入的门路，使农民生活长期得不到改善。本应扶助"三农"的供销社系统，最终演变成了统购、统销、派购政策的附属物。在此过程中，供销社系统具有了自己独立的利益，越来越偏离农民的整体利益。统购派购政策取消后，供销社的积极作用就基本丧失，最终也没能恢复为既"供"又"销"的农民经济合作组织。

正是因为以上种种问题，农民对集体组织的离心倾向一直存在，引起了很多农民对集体的反感。时至今日，他们依然谈"合"色变、谈"组织"色变。

另一方面，新中国成立前30年，各种政治运动对正常的商业运作和产品供销冲击过大，甚至在短时间内反复多次地实行重大的体制变更，这类事情对经济发展和人民生活的损害很大，好的初衷未能取得好的效果。

第三节　力图满足农村金融需求的信用合作社

获得现代化的金融产品和服务，是传统农业向现代农业转化的必要条件。共产党充分认识到信用合作对改善农村金融环境的重要性。但是，从20世纪50年代后期开始，国家频繁调整农村信用合作社体系，信用合作社逐渐由"民办"转为"官办"，合作社的成分所剩无几。与此同时，农村的生产经营主体发生了转变，农户不再迫切需要信用社的帮助，贷款数额在20年间基本没有增长。

一　信用合作社的发展历程

新中国成立之前，具有现代形式的信用合作组织便已存在。但是受大规模战争和严重通货膨胀的影响，老解放区原有的信用合作组织逐渐名存实亡，货币存贷业务大多陷于停顿。新解放区则未及开展有组织的信用合作。

1950 年以后市场物价逐步稳定，重实物轻货币的现象开始转变，农业生产由恢复走向发展，商品经济复苏，民间借贷也活跃起来。部分地区经济增长较快，经济作物、土特产等普遍增加，家庭副业和手工业逐步恢复。农民有了扩大生产的普遍要求，传统上群众在资金方面的互通有无已经不能满足这一迅速增长的需求。与此同时，部分农民收入增加，手中也有了一些余钱，尤其是少数富裕农民需要为多余资金寻找出路，于是高利贷现象就在不少地方出现。少数贫农缺乏劳动力和畜力，或者受到疾病等意外状况的打击，不得不向民间高利贷求助，一些农户因此又丧失了土地等重要的生产资料。而当时群众所信任的国家银行才刚刚开始在农村建立机构，还非常不普及，因此推动群众性的信用合作就显得十分迫切了。

1951 年 5 月，中国人民银行召开全国农村金融工作会议，提出了加强农村金融工作和积极发展信用合作的任务。① 会议认为，从新中国成立到这次会议前，中国人民银行把工作重点放在城市金融工作方面，取得了遏止通货膨胀、支持城市生产迅速恢复和发展的显著成绩，可是对农村金融工作注意不够，对农村在土地改革和

---

① 　与供销合作组织有全国性的总社不同，中国的信用合作组织一直没有全国性的联合机构，长期以来包括信用合作在内的农村金融工作都由中国人民银行统一领导。

开展互助合作运动后出现的新情况未进行系统的调查研究；会议提出要扭转这种情况，银行在农村金融的工作，要从以发放农业贷款为主转变为以调剂资金为主，即在农村组织存款，用农村的钱支持农村经济发展，因此要积极发展信用合作社，与高利贷做斗争，逐步建立农村新型信用关系；会议要求省以下各级人民银行应把开展农村金融作为主要任务，80%的县支行，应把80%的精力放在农村金融工作上，具体是要把银行机构迅速下推，在集镇上建立营业所，同时开展信用合作工作。①

1950年末，全国多数县都设立了中国人民银行县支行，但县以下只建立营业所457个，而且大多位于经济比较发达的集镇。全国13600多个县以下行政区中，绝大多数还未设立银行营业所。这种情况既不利于开展银行业务、支持农村经济的恢复和发展，也不利于推进行信用合作。因此，人民银行要求1951年内在区一级普遍设立营业所，并规定营业所有两个任务：一是办理农村的存款、放款业务，支持农业生产发展和供销合作社的巩固和壮大；二是组织推动信用合作事业的发展。因为银行机构很难延伸到村庄，更不可能挨家挨户去办理业务，所以必须组织信用社，由信用社直接办理农户业务。资金不足的信用合作组织，银行给予支持，并在利率上给予优惠，资金多余则存入银行。银行营业所某些业务自己办不了，可由信用合作组织代办，银行支付代办费。这样就把银行和信用合作结合起来，信用合作组织成为国家银行联系群众的桥梁。②

信用合作社仅经过短短1年的实践试办，就显示出3个方面的积极作用：①帮助农民解决了生产和生活上的资金困难。②支持了

---

① 《当代中国》丛书编辑部编《当代中国的信用合作事业》，当代中国出版社，1998，第48～49页。
② 《当代中国》丛书编辑部编《当代中国的信用合作事业》，当代中国出版社，1998，第54～55页。

互助合作运动的发展。办得较早和业务开展较好的信用社通过业务合同把生产、供销、信用联系起来，促进了生产互助合作和供销合作的发展。③代理了部分银行业务，成为银行在基层农村的得力助手。①

为了加强对信用合作的领导，1952年，中国人民银行要求凡是在没有建立银行营业所的地方，县支行要调配人员迅速把机构建立起来。而且银行营业所和信用社应该相互衔接而不重叠，营业所只设到区，不下伸到乡。信用社是群众性的资金互助组织，相当于银行在农村的基层机构，它既受社员监督和管理，在业务上又接受银行的领导和监督。可以说，银行营业所起到信用联合组织的作用。对于一些重要的政策性问题，中国人民银行还进行了明确：入社是劳动人民的政治权利，应当按人入社，但是要坚持自愿原则；贷款应以户为单位承担；1人入社和全家入社，在贷款权益上是一样的；不管1人入1股还是多股，都实行"平股平权"原则，即1个社员只有1票选举权和表决权。为了便于党政部门统一领导，社员就近存款、借款，以及社员监督，信用社一般实行1乡1社，不宜跨乡。②

1954~1956年，是逐步实现信用合作化的时期。信用合作化的进展与农业合作化运动基本同步，大致经历了3个阶段。第一阶段是1954年，全国掀起了信用合作运动的高潮。到年底，信用合作社由1953年的8000多个发展到12.6万个，70%的乡建立了信用合作社。第二阶段是1955年，实行"坚决停止发展，全力转向巩固"的方针，对已经建立的信用社进行整顿。第三阶段是1956

---

① 《当代中国》丛书编辑部编《当代中国的信用合作事业》，当代中国出版社，1998，第68~70页。
② 《当代中国》丛书编辑部编《当代中国的信用合作事业》，当代中国出版社，1998，第76~79页。

年初，把 1955 年的方针作为"右倾保守观点"加以批判。上半年，信用社发展到 16 万个，达到 1 乡 1 社，实现了信用合作化。实现了农业合作化后，有些中央和地方部门的领导认为，信用社应该并入国家银行或农业社。经过一些地方的试点，发现总体而言合并弊多于利。1956 年 4 月，中国人民银行党组向中共中央和毛泽东汇报银行工作，提到全国已经实现了信用合作化时，毛泽东赞扬说："银行有了脚，信用社有了头，这就好了。"当中国人民银行在汇报中提到信用社应独立存在，不应取消时，毛泽东也说："信用社不能改为农业社的信用部，并入了，银行就没有脚了。"①

这一时期的一个重要特点，是在农村合作化运动普遍开展的情况下，各地党政机关把农业生产合作、供销合作、信用合作进行统一部署，共同推进。各级银行也把信用合作社的发展规划、干部训练计划等报告当地党政领导部门，纳入整个合作化运动中。1956 年，生产、供销、信用合作化同时完成，把建立在私有制基础上的个体农民组织起来，引其走上合作化道路，基本实现了对农业的社会主义改造。② 除此之外，信用合作化还结束了高利贷到处横行、剥削中国农民的历史，在农村建立了新型的社会主义信用关系。

生产、供销、信用的合作化，实际上是一种系统性的制度设计，体现了传统农业向现代农业转型的客观要求。

到了 1958 年，随着"大跃进"的展开，国家财政体制下放，各地的信用社并入人民公社，成为公社的信用部，甚至还下放到生产大队，变成信用分部，直接取消了信用社的独立性。到 1960 年冬，中央开始纠正农村工作中的"左"倾错误，收回了下放的财

---

① 《当代中国》丛书编辑部编《当代中国的信用合作事业》，当代中国出版社，1998，第 84～121 页。
② 《当代中国》丛书编辑部编《当代中国的信用合作事业》，当代中国出版社，1998，第 94～105 页。

政体系，并于1961年重新恢复信用社的独立性。即便如此，还是留下了很多后遗症。1966年"文化大革命"开始，信用社干部纷纷起来"造反"，揪"四清"工作队，有的人跑到中国人民银行营业所、县支行揪"走资本主义道路的当权派"，有的还跑到省分行、总行来"造反"，把银行的一切规章制度说成是"管、卡、压"，拒不执行，要"彻底砸烂"。他们认为储蓄利息是不劳而获，贷款是不讲阶级路线，由此信用社存款、贷款业务陷于停顿，工作处于无政府状态。1969年，全国推广河南省嵩县阎庄信用社实行"贫下中农管理"的所谓经验，致使信用社业务停滞，财务混乱，亏损面进一步扩大。"文化大革命"后期，中央再次提出加强银行对信用社业务的管理和领导，对信用社的亏损不得不采取银行"包下来"的办法，信用社也逐渐失去了原有的民办性质。①

在"大跃进"和"文化大革命"两个时期，国家两次把信用社下放给社队管理，又两次收归国有银行管理。每收回一次，银行对信用社就管得紧一些、多一些。县级国有银行的计划、业务、会计、人事等部门，分别对信用社执行相关管理职能。由于银行管理权的不断扩张，信用社日益缺乏自主权。正是在这一过程中，信用社逐步由"民办"转为"官办"。信用社名义上仍然是集体所有制的合作金融组织，实际上已经成为国家银行的基层机构。由于以上原因，信用社的民主管理形同虚设，社员大会、社员代表大会十几年都没有召开，理事会和监事会也名存实亡。甚至原来社员所投入的股金也停止分红，贷款也不再区分社员和非社员。加上几十年来行政区划多次变动，农户家庭构成变化也甚大，社员找不到自己的信用社，信用社也不知道谁才是社员。

---

① 《当代中国》丛书编辑部编《当代中国的信用合作事业》，当代中国出版社，1998，第125~170页。

　　合作化以后，原来的个体农民转变为集体经济组织成员，农户家庭基本成为消费单位，生产由集体统一经营。农户不直接承担投资任务，生产方面的资金需要大大减少，不像新中国成立初期的个体经营阶段那么迫切要求信用社帮助。1958 年，信用社对农户的贷款为 11 亿元，到 1978 年仍然保持在 11 亿元，20 年间几乎没有变化。多数社员不再向信用社借款，少数社员的借款也没有了优惠，与非社员的待遇一样。社员与非社员存款户向信用社存款的服务和利息也基本一样。总体而言，社员与信用社通过信贷往来所建立的业务联系逐渐减少，农民在经济上对信用社的依赖大大减弱。集体经济组织的资金不足，也主要由银行贷款解决。信用社的功能逐渐单一化，由原来帮助集体经济组织解决生产费用，解决社员生产、生活困难，缩小到主要解决社员临时性的生活困难；由全面经营存款、贷款业务，缩小到主要用来吸收存款。在经济发达地区，农民收入较高，储蓄潜力较大，但是由于信用社的贷款业务受到限制，大量资金只能转存银行。受限于转存款利率过低，信用社怕赔钱，组织资金的积极性也很低，尤其是不吸收长期的大额定期存款。而在经济落后地区，农民收入低，信用社存款少，社员生产、生活困难多，信用社资金不足，只能靠银行支持。而且大部分贷款也收不回来，信用社变相成为救济机关。① 因此客观而言，实现信用合作化之后，信用社的群众基础便在较短的时间内基本瓦解。

　　1984 年 8 月，国务院下发《批转中国农业银行关于改革信用合作社管理体制的报告的通知》（国发〔1984〕105 号），全国各地开始组建县联社，由农业银行继续管理，要求对信用合作社管理体制抓紧进行改革，恢复和加强信用合作社组织上的群众性、管理

---

① 《当代中国》丛书编辑部编《当代中国的信用合作事业》，当代中国出版社，1998，第 220 ~ 282 页。

上的民主性、经营上的灵活性。

1994 年 2 月，中国人民银行总行、农业银行总行联合下发《关于加强农村信用社领导和管理的通知》，决定农业银行的基层处（所）与农村信用社陆续实行分门办公。1996 年 8 月，国务院出台《关于农村金融体制改革的决定》（国发〔1996〕33 号），提出把信用社逐步改为由农民入股、社员民主管理、主要为入股社员服务的合作性金融组织。信用社与农业银行脱离行政隶属关系，对信用社的业务管理和金融监管职能分别由信用社县联社和人民银行承担。

2003 年 6 月，国务院发布《深化农村信用社改革试点方案》，明确提出信用社交由省级地方政府依法管理，银监会作为国家银行监管机构承担对信用社的金融监管职能。

二 专业银行的反复设立和撤销

为了加强对信用合作事业的领导，早在 1949 年 4 月，华北人民政府就成立了合作银行，这是中国共产党第一个扶助合作经济发展的专业银行。后来中国共产党学习苏联银行工作经验，认为合作信贷属于短期信贷，而短期信贷又必须集中于中国人民银行，不宜建立独立的合作银行系统，就在 1949 年 12 月把合作银行并入中国人民银行，合作信贷由人民银行各级机构统一办理。①

可是，建立专业的合作银行毕竟是农村经济发展的客观需要，所以 1951 年 7 月政务院批准成立农业合作银行。在领导体制上，农业合作银行是中国人民银行领导下的专业银行，可是中国人民银

① 《当代中国》丛书编辑部编《当代中国的信用合作事业》，当代中国出版社，1998，第 56 页。

行总行内部原来就有专管农村金融工作的职能部门——农村金融管理局。农村金融管理局与农业合作银行总行并存，实际上是两块牌子、一套机构。原定农业合作银行在全国逐步建立分支机构，但这一工作未能落实，所以农业合作银行的合作业务仍由各级中国人民银行兼办。1951 年底，全国开展"三反"运动，为了精简机构，撤销了农业合作银行，合作信贷业务和信用合作工作仍由中国人民银行办理。[①]

中国毕竟是一个农村人口占很大比重的大国，在农村实现合作化和农业现代化又是一个长远的战略任务，客观上仍然需要一个专业的农业合作银行，所以在农业合作化前夕的 1955 年，又建立了中国农业银行（1957 年撤销）；为了加强农业的国民经济基础地位和巩固农村的合作制度，1963 年再次建立中国农业银行（1965 年撤销）；1979 年，为了推进农业现代化，再次恢复中国农业银行。[②]

1979 年 2 月，国务院发出的《关于恢复中国农业银行的通知》中还规定：农业银行领导农村信用合作社，发展农村金融事业。

一些人看到毛泽东在中共七届二中全会做报告时说过"必须组织生产的、消费的和信用的合作社，和中央、省、市、县、区的合作社的领导机关"，就想当然地认为新中国成立后，主宰农村近 30 年的生产合作社、供销合作社、信用合作社都是出于毛泽东的个人意志。但正如前文已经提及的，早在第一次国内革命战争时期，围绕着农民的三种合作需要——生产、供销、信用来组建合作社的观点就已经出现。随着时间的推移，三种合作在实践中也取得了不少经验和教训。经过多年的实践总结，才在 1949 年新中国成

---

① 《当代中国》丛书编辑部编《当代中国的信用合作事业》，当代中国出版社，1998，第 56～57 页。

② 《当代中国》丛书编辑部编《当代中国的信用合作事业》，当代中国出版社，1998，第 57～58 页。

立前夕写进《中国人民政治协商会议共同纲领》，即"鼓励和扶助广大劳动人民根据自愿原则，发展合作事业。在城镇中和乡村中组织供销合作社、消费合作社、信用合作社、生产合作社和运输合作社"。可见，发展互助合作并非毛泽东或中国共产党的一厢情愿。

经过史料梳理，上文展现了生产、供销、信用合作确是农户的真实需要，也是最具迫切性的需要。令人遗憾的是，由于新中国成立以来各种复杂的历史原因，互助合作运动在实践的过程中产生了一些出乎人们意料之外的严重问题，导致其服务中国"三农"的客观效果打了折扣。

那么改革开放以来，中国农民的互助合作呈现出怎样的状况呢？这是下文将要重点陈述和讨论的问题。

第四章 | 为何要重提农民互助合作？

农民互助合作需要"重提"，意味着当前互助合作非但不普遍，甚至已经很少见，所以才有"重提"的必要。既然中国农民有高度组织化的历史，这一过程是如何中断的呢？这一过程的中断又是如何深刻地影响着当今中国的"三农"现状呢？这些都是本章要回答的问题。

第一节 家庭联产承包责任制的实施与统购派购制度的取消

很多人以为，1983 年人民公社制度被正式取消标志着中国农民高度组织化（集体化）历史的结束。事实上，当前中国农民过度分散，是家庭联产承包责任制在实施过程中并未真正做到"统分结合"以及统购派购制度被取消共同造成的。当时，家庭联产承包责任制（即人们俗称的"大包干"）普遍实施的地方，即便人民公社还未被取消，也已经成为有名无实的"花架子"，因为人民公社长期以来是以"队为基础"，实行了"大包干"，便是以"户为基础"。生产队的统一核算、统一分配，被"交够国家的，留足集体的，剩下都是自己的"替代，致使"三级所有，队为基础"的人民公社从基础开始崩塌。与此同时，取消统购派购制度，客观上把商品经济、市场经济引入了中国农村，逐步实现了中国农村从计划经济向市场经济的转轨。

在家庭联产承包责任制实施过程中，由于缺乏其他联结农户利益的有力措施予以配合，单家独户基本成为农村唯一的利益主体，这实际上把"组织化的农民"改造成了"分散化的农民"。随后统购派购制度的取消，使农民获得了更加自由的生产经营环境，使其可以根据市场形势的变化调整生产结构，这就在客观上把农民推向了市场。两大政策在实践中整合后，农民确实自由了、自主了，与此同时也造成了把分散化的农民推向市场的局面。正因为这样，本章的主题——"重提农民互助合作"——才具有必要性。

一 家庭联产承包责任制的实施

1978 年中共十一届三中全会以后，经济改革首先从农村开始。1979～1983 年，家庭联产承包生产责任制（包干到户）逐渐在全国普及。

人民公社化以后，虽然政府多次批判"单干风"，但有些偏远农村多年来一直存在隐蔽的包产到户现象。1978 年，包产到户在一些地方的重新出现。以安徽省为例，因为在 1978 年遭受旱灾，省委决定把集体无法播种的土地借给社员种麦、种菜。有些地方在借地种植的基础上实行包产到组或包干到组，有极少数群众自发实行了包产到户。肥西县山南区在大田种植业中实行"包产到户、全奖全赔"的办法就是一例，它是"文化大革命"后全国最早实行包产到户的地方之一。同年 12 月，凤阳县梨园公社小岗生产队19 户（一说为 18 户）社员偷偷达成了分田到户的协议，自发地搞起了分户经营。另外,山东省菏泽地区的东明县由于集体没有耕畜、肥料、种子,1978 年春把 10 万亩撂荒地分给社员自种自收,接着在大多数生产队实行了"口粮田"的办法,把一部分耕地分给社员耕种,收入归己,作为口粮;另一部分生产队实行"责任田"的办法,把一部分耕地定产、定工包给社员耕种,包产部分统一分配,超产部分归社员个人。①

十一届三中全会通过的《农村人民公社工作条例(试行草案)》明文规定"实行各尽所能,按劳分配,保证多劳多得,反对平均主义",并且要求"建立严格的生产责任制"②。据 1979 年对 479.6 万个农村人民公社的基本核算单位的统计,实行各种形式生产责任制的单位占 84.9%,其中实行定额包工的占 55.7%,实行联产到组的占 24.9%,实行联产到劳的占 3.2%,实行包产到户的占 1%,实行包干到户的占 0.1%。③

当时,安徽、甘肃、贵州、云南、内蒙古、河南等贫穷省区分田到户的情况比较多。在这些省区之中,分田到户又多是集中在最贫困的地区。在这些地区,农业生产和农村经济都面临许多困难,农民群众对高度集中统一的经济体制尤其缺乏信心。当他们目睹或听说了一些与他们条件相似的社队实行分田到户并取得明显增产效果的事例之后,也纷纷仿效,突破了国家文件的有关规定,实行包产到户,甚至直接包干到户,且很快就发展到上级政府已经难以遏制的程度。而事实上,这些地方之所以贫穷,正是因为当地的集体经济原本就经营得很糟糕,长期以来缺乏增产增收的办法。

极端贫穷的集体组织,大多有一些共同特点:①管理过分集

---

① 杜润生主编《当代中国的农业合作制》下册,当代中国出版社,2002,第 23~24 页。
② 中华人民共和国国家农业委员会办公厅编《农业集体化重要文件汇编(下)》,中共中央党校出版社,1981,第 969~986 页。
③ 杜润生主编《当代中国的农业合作制》下册,当代中国出版社,2002,第 25 页。

中，社长、队长一个人说了算，缺乏劳动责任制；②社队负责人只知道"政治挂帅"，不善于经营管理；③无偿调拨下属生产队和农户的人、财、物，"刮共产风"；④平均主义严重，"干多干少一个样"，"干好干坏一个样"；⑤瞎指挥和强迫命令。集体经济具有的优点，完全被以上缺点抵消。而实行分田到户，确实能够很好地克服以上缺点，因为家庭经营的全部优点，对应的恰恰就是某些集体经济组织的缺点。在这些地方，分田到户之后，自然可以取得立竿见影的增产效果，甚至"一年翻身"。

上文提到的安徽省凤阳县小岗生产队，是全县出名的穷队。分田到户后的 1979 年，全年粮食产量达 13.2 万斤，相当于该队1966～1970 年粮食产量的总和；油料总产量 3.52 万斤，比合作化20 多年油料产量的总和还多。这一年，小岗人向国家交售粮食 3万斤、油料 2.6 万斤、肥猪 35 头，偿还贷款 800 元，人均留口粮800 多斤，人均收入分配 200 多元，仅用 1 年时间就变成当地的"冒尖村"①（尽管这一系列统计数据长期为政府和主流媒体所使用，但民间对其真实性一直存在质疑）。类似的情况在其他地方也有出现。② 在这种颇为令人鼓舞的形势下，"小岗式"分田到户受到中央的直接肯定和推广。这样一来，把一切集体资产平分，由各户分散经营的"家庭责任制"，成为全国农村经营体制改革的主要形式，甚至是唯一正确的形式。

鉴于包产、包干到户推行时确实发生了农业增产的事实，国家的政策也渐渐放宽，由"不许分田单干"变为"边远山区和贫困落后的地区……可以包产到户，也可以包干到户"。直至 1982 年 1

---

① 虽然小岗村在很短的时间内就解决了温饱问题，但是此后多年都没在经济方面取得显著进步，迟迟未能达到"小康"水平。

② 《当代中国》丛书编辑部编《当代中国的农业》，当代中国出版社，1992，第 311～312 页。

月1日，中共中央转批《全国农村工作会议纪要》，明确指出："目前实行的各种责任制，包括……联产到劳，包产到户、到组，包干到户、到组，等等，都是社会主义集体经济的生产责任制。不论采取什么形式，只要群众不要求改变，就不要变动。"① 此后，全国农村的各种联产承包制迅速向包干到户过渡。到1982年底，全国604万个基本核算单位中，双包到户的占89.7%，其中包干到户的占80.9%。② 值得一提的是，1981年前后，胡耀邦、杜润生等人先后到一些省区视察、谈话，积极推动"双包"（包产到户、包干到户）。福建、吉林等省甚至通过调整领导班子的方式，保证"双包"的顺利实施。③

通过包干到户，把农民从人民公社体制中分离出来，客观上已经把集体的绝大部分经营职能让渡给了农民，公社保留下来的基本只剩下行政职能。这样的人民公社与创立时期的设想就相差更远了。随后在1983～1984年，各地按照新宪法的要求，撤销人民公社和生产大队，建立了乡、镇人民政府和村民委员会。至此，人民公社这个"农林牧副渔全面发展、工农商学兵互相结合"、政社合一的组织体系，在全国范围内基本瓦解。

在农村实行重大改革的背景下，1984年全国农业总产值达2815.6亿元，比1978年增长61.9%，年均增长8.4%；全国粮食总产量达到创纪录的40731万吨，比1978年增长33.6%，年均增长5%；全国农民家庭平均每人纯收入为355.33元，比1978年增

---

① 《中共中央国务院关于"三农"工作的一号文件汇编》，人民出版社，2010，第3页。
② 杜润生主编《当代中国的农业合作制》下册，当代中国出版社，2002，第50～51页。
③ 杜润生：《杜润生自述：中国农村体制改革重大决策纪实》，人民出版社，2005，第130～131页。

长 166%，年均增长 17.7%。① 这些重大经济成果的取得，固然与经营体制改革激发了农民生产积极性有重要联系，但与此同时，以下因素对这一时期的"三农"状况改善也有重要作用，如国家大幅度提高农产品收购价格，减少统购派购任务，集体经济多年的农田基础建设和农业机械化的效益全面发挥，各项农业科技重大成果大面积推广，现代化生产要素（化肥、农药、塑料薄膜等）投入不断增加。但是在主流的宣传和介绍中，经营体制改革以外的增产因素大多被忽略了。一方面，对这些增产因素有意或无意的忽略，直接导致家庭承包经营体制的实际效果被夸大；另一方面，小岗村式家庭经营的"合理性"和普遍性也进一步固化，使其成为中国农村"长期不变"的经营制度。

在巨大的成绩面前，分田到户过程中一些普遍存在的问题，在当时并未引起足够的注意：①在分的过程中，对农田水利等公共设施缺乏保护。②土地被分割得过于零碎，不利于使用大中型农业器械，不利于灌溉和管理，一些偏远、零散的土地丢荒。③绝大多数社队没有保留应该继续统一经营的因素，导致家庭经营所需要的服务失去了保障。④大量经过艰辛经营才积累起来的集体资产被平分，大多数集体经济成为空壳。

二　统购派购制度的取消

家庭承包经营体制之下，集体不再对农户的收入实行统一核算和二次分配，农民能够真切地感知增产带来的好处，这确实对提高劳动者生产的积极性有好处。但是，如果仅仅为了满足家庭内部的

---

① 杜润生主编《当代中国的农业合作制》下册，当代中国出版社，2002，第 61 ~ 62 页；《当代中国》丛书编辑部编《当代中国的农业》，当代中国出版社，1992，第 375 页。

消费，农民的生产积极性很快就会被消耗殆尽，不可能从根本上改善社会供应短缺的状况。因此，根据十一届三中全会的决定，国务院从 1979 年 3 月开始陆续提高 18 种主要农产品的收购价格，包括粮食、油脂油料、棉花、生猪、菜牛、菜羊、鲜蛋、水产品、甜菜、甘蔗、大麻、苎麻、蓖麻油、桑蚕茧、南方木材、毛竹、黄牛皮、水牛皮，平均提价幅度为 24.8%。其中，粮食的全国平均提价幅度为 20%，油脂油料为 25%，棉花为 15%。同时还规定，超过统购计划出售给国家的粮食、油脂油料再加价 50%，棉花再加价 30% 或每超售 1 公斤皮棉奖售 1 公斤商品粮。收购价格提高后，销售价格在一段时间内维持不变，由国家给经营部门财政补贴。同年 11 月起，相应提高了猪肉、牛肉、羊肉、家禽、鲜蛋、蔬菜、水产品、牛奶 8 种主要副食品的销售价格，同时向职工发放适当的副食品补贴，使其生活水平不致下降。8 种主要副食品提价后，粮食、食油、棉花、食糖等生活必需品的销售价格不变，经营这些商品造成的亏损主要由国家财政补贴。与此同时，国家还逐步恢复了对粮食、油料等农产品的议价收购，允许国营商业公司按照国家规定的价格浮动范围，在市场上议购议销。①

　　十一届三中全会还决定："农业机械、化肥、农药、农用塑料等农用工业品的出厂价格和销售价格，在降低成本的基础上，一九七九年和一九八〇年降低百分之十到十五，把降低成本的好处基本上给农民。"② 遵照这一决定精神，国务院在提高农产品收购价格的同时，还降低了一部分农业生产资料的销售价格。但由于绝大部分农用工业品的生产成本不仅没有下降，反而有不同程度的提高，

---

① 《当代中国》丛书编辑部编《当代中国的农业》，当代中国出版社，1992，第 327 ~ 328 页。

② 中华人民共和国国家农业委员会办公厅编《农业集体化重要文件汇编（下）》，中共中央党校出版社，1981，第 968 页。

农用工业品的整体价格水平未能降低至预定的目标。①

通过以上措施，农产品价格的总水平有了较大提高。1982 年，全国农产品收购价格总水平比 1978 年提高了 41.6%，明显高于同期农村工业品零售价格总水平上升幅度（3.6%），初步改变了长期以来工农业产品差价过大、价格严重背离价值的状况，增强了农业自身发展的能力。②

加价因素与上文提到的减少统购派购任务、农田基础建设、农业机械化、新品种新技术的推广、化肥农药大量使用等因素，共同发挥了巨大作用，加上家庭经营激发了大量穷社、穷队农户的生产积极性，推动了这一时期农业生产和农村经济以超常的速度向前发展。1984 年，全国粮食总产量达到创纪录的 40731 万吨，比 1978 年增长 33.6%；棉花总产量达到 625.8 万吨，比 1978 年增长 1.89 倍；油料总产量达到 1191 万吨，比 1978 年增长 1.28 倍；糖料总产量达到 4780 万吨，比 1978 年增长 1.01 倍。由于农作物产量连年大幅增长，粮食净进口数量从 1983 年开始大幅度减少，1985 年出现出口略大于进口的情况；棉花、食用植物油、食糖的净进口量也大幅度下降，其中食用植物油在 1984 年由净进口变为净出口，1985 年在棉纺织品出口持续增长的同时，棉花也变为净出口。③

随着农业生产发展和市场供应改善，中共中央、国务院逐步地缩小了农产品指令性计划收购范围，相应地扩大了市场调节比重。全国农村统购派购品种，从 1980 年的 183 种减少为 1984 年底的 38 种（其中 24 种是中药材）。④ 由于粮油购销价格倒挂，随着农业生产的发展以及城市人口的增加，国家财政的压力越来越大。1980

---

① 《当代中国》丛书编辑部编《当代中国的农业》，当代中国出版社，1992，第 327 页。

② 《当代中国》丛书编辑部编《当代中国的农业》，当代中国出版社，1992，第 328 页。

③ 《当代中国》丛书编辑部编《当代中国的农业》，当代中国出版社，1992，第 375 ~ 376 页。

④ 杜润生主编《当代中国的农业合作制》下册，当代中国出版社，2002，第 74 页。

年，国家财政单是用于粮油差价、超购粮油加价的补贴就达到108.01亿元；1984年达207.29亿元。[①]

当时，主要农产品供应短缺的状况有了很大改善，1984年前后，部分农业大省甚至出现了"卖粮难""卖棉难"等前所未有的情况。从中央到地方的一些决策部门，对农业的生产形势估计过于乐观，认为彻底改革统购派购制度的条件已经具备。1985年1月1日，中共中央、国务院《关于进一步活跃农村经济的十项政策》明确提出："从今年起，除个别品种外，国家不再向农民下达农产品统购派购任务，按照不同情况，分别实行合同定购和市场收购。""粮食、棉花取消统购，改为合同定购"，定购以外的粮食、棉花都允许农民上市自销。"任何单位都不得再向农民下达指令性生产计划。"[②]

1985年，国务院开始调整食、棉花的收购价格，并取消粮食超购加价和对粮食交售实行奖售化肥、柴油和对棉花交售实行奖售粮食的政策，同时号召调减粮、棉种植面积。这些措施使农民产生国家不再需要那么多粮食、棉花的错觉。与此同时，农民种植粮食、棉花等主要农作物的比较收益下降，严重地挫伤了他们发展生产的积极性。1985年，粮食、棉花等主要农作物的播种面积和产量都大幅度下降，其中粮田面积比1984年减少403万公顷；棉田面积比1984年减少178.3万公顷。加上田间管理有所放松，粮食、棉花单位面积产量也有较大幅度下降，进而导致粮食、棉花的总产量大幅度下降。其中，粮食总产量为37911万吨，比1984年减产6.79%；棉花总产量为414.7万吨，比1984年减产33.7%。[③] 从这

---

① 《当代中国》丛书编辑部编《当代中国财政（下）》，中国社会科学出版社，1988，第76页。
② 《中共中央国务院关于"三农"工作的一号文件汇编》，人民出版社，2010，第56~57页。
③ 《当代中国》丛书编辑部编《当代中国的农业》，当代中国出版社，1992，第376页。

一年开始，粮食、棉花等主要农产品产量连续几年出现徘徊，1988年，按人口平均的粮食、棉花产量分别比 1984 年下降 8% 和37.7%。为了缓和国内供求矛盾，1987 年重新出现了从国外净进口粮食的情况，同时国家还减少了原棉出口数量。粮食的减产和徘徊，还造成市场上粮价持续上升，影响了饲养业的发展。从 1987年下半年开始，北京、上海等大中城市对已经放开的猪肉、鲜蛋、食糖等商品又陆续恢复了凭票证定量供应的制度。①

不管怎样，延续多年并对中国产生重要影响的农产品统购派购制度，在 20 世纪 80 年代正式退出历史舞台。主流媒体对这一历史事件的评价是"放活了农村市场"，"在农村改革上迈出了勇敢的一步"。统购派购制度取消的最重大的历史意义，是使中国"三农"从此进入全面发展商品生产的新阶段，即农村经济市场化阶段。分散的小农户与外部大市场直接对接，由于缺乏合作组织作为必要的缓冲和中介，农产品市场在"价贱伤农"和"价贵伤民"的两个极端之间剧烈摆动，至今仍然没有缓和的迹象。

三　家庭经营、统购派购与市场经济

小岗村式的家庭经营，确实能够使集体经济中的懒人重新恢复劳动积极性。但是，劳动积极了，生产增加了，却不一定能够增加收入。小岗生产队"一年翻身"的经济奇迹，只有在统购派购制度仍然正常运作的前提下才可能发生。因为在统购派购制度下，农民交售多少产品，供销合作社等机构就要收购多少产品（尤其是

---

① 《当代中国》丛书编辑部编《当代中国的农业》，当代中国出版社，1992，第 378 ~ 379 页。

一类和二类物资),基本不存在市场经济下常见的交易成本和市场风险。所以,随着 20 世纪 80 年代统购派购范围不断缩小乃至最后消失,小岗村的经济长期停留在满足温饱的水平,再也没能取得其他令国人振奋的成绩。也就是说,只有在实行大范围的统购派购制度以及相对提高农产品价格的前提下,个体小农户的增产增收效果才能最大化。

而国家实行统购派购政策,是以社会上多种物资的长期短缺为前提。由于供应不足,国家才不得不实行统购派购,以尽可能地从农民手中收购剩余农产品。因此,只要收购价格合适,农户增产就能增收,国家所掌握的农产品也会越来越多。这就是分田到户之后中国农村经济在几年内奇迹般地增长的秘密所在。

这一事实在很大程度上也可以解答为何中国农村经济在 80 年代中期以后一直处于徘徊之中,城乡收入差距持续扩大。答案是:统购派购政策取消了,增产与增收之间简单的因果关系不存在了。但是,农业和农村的经营方式还停留在 20 世纪 70 年代末 80 年代初的水平,没有顺应制度与环境的重大转变做出实质性变革。

20 世纪 80 年代以后,中国的农产品供应由原来的供不应求转变为供求基本平衡,再加上市场经济占据了主导地位,商品价格随着需求的变化而不断波动,增产和增收之间的关系变得异常复杂。大型企业尚且难以完全正确地判断市场前景,何况是分散的小农呢?但是近 30 年来,国家政策仍然在强调小岗村式的家庭经营要稳定、要长久不变,这就难以适应统购派购制度取消后已经发生巨大转变的供需状况和市场环境。

单就农业而言,小岗村式的家庭分散经营在一定程度上赋予了农民自主权,有利于调动农民的积极性,较为顺利地解决了产量不足的问题,却无法解决产品价格问题,因而无法保证生产经营收入。从更大的范围而言，小岗村模式不能解决的问题还有很多，比如不能解决剩余劳动力的就业问题，不能解决农村多业发展的问题，不能为农民提供较为有效的社会保障（在目前条件下，完全依靠政府来承担农村几亿人口的社会保障成本，困难极大）等。

因此，需要对农村中仍占主导地位的小岗村式家庭经营实行适当的变革。简而言之，农户要在目前高度分散的家庭经营中加入必要的联合，逐步建立有分有合、分合并存的二元结构。

第二节 缺乏合作的中国农村

下文笔者选取 3 个真实案例，向读者展示"大包干"之后，缺乏现代互助合作的中国农村遇到何种困难。

一 菜贱伤农

2011 年春季，山东、陕西、上海、浙江、福建等地大白菜、卷心菜、芹菜、菜花、莲花白、莴苣等蔬菜的价格都比 2010 年同期大幅下跌，农民种植的卷心菜交售价格为 0.08 ~ 0.15 元/斤。4月16日，39 岁的山东省济南市唐王镇农民韩进听说每斤卷心菜价格仅为 8 分钱后，中午在家边喝酒边哭，说菜这么便宜看不到一点希望，"愁得不想活了"。吃过午饭，韩进对妻子说，他去偏房睡觉。妻子则在自己卧室休息。等妻子午觉醒来去叫他下菜地时，发现他在偏房的门框上钉了一根铁钉，上吊自杀了。

韩进是韩家唯一的儿子，他有 70 多岁的父母和两个妹妹。韩进和妻子种了 6 亩卷心菜，从 1 月在暖棚育苗开始，还要经过分苗、培植，4 个月之后才能上市，其间需要投入塑料布、竹坯子、草苦子、化肥、浇水等。平均每亩卷心菜单是物资投入就达到 1500 元。按每亩最高产量 8000 斤计算，若按去年每斤 1 元的价格，6 亩卷心菜的收入超过 4 万元，每亩净收益达 6500 元。按照 4 月 16 日的最低价 0.08 元算，韩进家的卷心菜 1 亩能卖 640 元，按最高的 0.15 元算，也只能卖 1200 元，保不住投入的物资成本，更不用说日夜操劳的人工成本。如果雇人收割，每人每天的工钱要 70 元，加上拖车的运费，8 分钱 1 斤的价格连收割成本都赚不回来，还不如让卷心菜烂在地里，至少还能肥田。①

这轮蔬菜价格下跌有多方面原因，最主要的原因是前两年蔬菜价格偏高，政府鼓励增加蔬菜生产，农民种植的积极性也很高，在 2011 年才突然发现供应过多。天气异常造成南北方蔬菜集中上市，加剧了供过于求的局面。另外，日本大地震后蔬菜受核辐射的传言也影响了消费者的购买意愿，对大叶菜和露天菜的影响尤其严重。

作为生产者的农民因菜价太低而受损失，广大消费者是否就可以得好处，买到便宜菜呢？事实并非如此，产品收获到最后一次销售之间还有众多中间环节，消费者的购买价格要远高于农民的销售价格，差价能达 9 倍！2011 年 4 月 20 日，有记者在济南市黄台南路花园小区农贸市场采访，发现每斤卷心菜的销售价格在 0.8 元以上，而济南市区距离唐王镇仅半小时车程……②

只有"分"、没有"统"的个体农户，对农产品的价格形成缺乏影响力，难以获得农产品在其他环节的利润增值，还因为农户间的无序竞争和内耗使本应留在群体内部的利益大量流失。车程仅有半小时的本地市场尚且能产生 9 倍的差价，令农民苦不堪言。缺乏

① 涂重航：《卷心菜贱价伤农之症》，《新京报》2011 年 4 月 25 日，第 18 版。
② 孙姮：《卷心菜是这样贵起来的》，《山东商报》2011 年 4 月 21 日，第 5 版。

联合的小农户，要与已经全球化的外部大市场顺利对接，自然是困难重重。

二 宁愿减产也不合作

2003 年，湖北省实行税费改革，此前在共同生产费名义下收取的灌溉水费，改由以村民小组为单位成立的农户用水协会收取。当年夏天，湖北荆门市某村民小组在收取灌溉水费时发生了一件在外人看来难以理解的事。在 5 月底收取每亩 20 元的抽水费时，有 3 户因为自家农田在水渠边上可以搭便车用水，没有交抽水费。到 7 月底，因持续干旱，需要再收取每亩 10 元的抽水费，这样就可确保当年稻谷丰收。但此前曾经交费的村民都要求占了便宜的农户补交上次的抽水费，否则他们就不交费。而曾经搭车用水的农户只同意交纳本次水费，不愿补交欠费。用水协会费尽九牛二虎之力，仍不能调和分歧，最终无法收取抽水费，致使守在大江边的农户只能眼看着即将到手的稻谷受旱。据农民自己算账，因为这次没能抽成水，平均每亩稻田至少减产 20%，有的田块基本绝收。按当地水稻平均亩产 1500 斤计算，减产意味着每亩稻田减少的收入在 150 元以上。类似的问题在附近数十个需要依靠抽水灌溉的村民小组里普遍存在。用 10 元水费换取至少 150 元的收入，显然十分划算；即使少数农户不愿出钱，只要大多数农户愿意多分摊一点，就能将水抽来，所有人的损失都能避免，对多数农户而言依然划算。但在实际中，最不合理、农民遭受损失最大的情况却在多数人"认可"下出现了。①

由于缺乏集体经济的有力支持，原有的公共事务收费又在 21

---

① 王敬尧：《农民合作能力（笔谈）》，《华中师范大学学报》（人文社会科学版）2004年第 1 期，第 5 页。

世纪初作为国家的惠农政策之一被全面取消，大量的农村社区自治组织缺乏应有的经济基础，基本丧失了提供公共物品的功能，因此与公共利益有关的问题，只能依靠农户之间的协商与合作来解决。但中国农户的数量既多又分散，导致相互之间协调的成本高、难度大，对公共利益有好处的集体行动难以实施。

三　个体农户如何筹集发展资金？

2008 年暑假，笔者到重庆市石柱县冷水乡（已改为冷水镇）八龙村进行为期 1 个月的田野调查，在此期间收集到一个关于农民尝试贷款扩张养鸡场的案例。

石柱县是国家级贫困县，冷水乡又是该县最偏远贫困的乡镇之一。冷水乡的养殖、畜牧业历来不发达，但在 2007 年，八龙村一名曾经外出务工的本地农民（下文称为"沈老板"）回乡创办了一个具有相当规模的养鸡场——"富祥养鸡场"。在笔者调查时，场内饲养的蛋鸡已达 14000 只，所产的鸡蛋不仅供应本县，还供应邻近的湖北省柏洋塘地区，这在当地是一个较有知名度的农民工回乡创业案例。

笔者在调查期间了解到，八龙村的农民要从正规金融机构获得合法贷款极其困难。沈老板告诉笔者，要从信用合作社贷款几千元还是比较容易，也不需要抵押。但对于急需资金的人而言则用处不大，因为从申请到取得贷款至少需要 1 个多月，从亲戚朋友处借钱还更便利些。当然，一般农民为了买化肥、做小生意或治疗疾病等去信用社贷款几千元的情况仍然存在。但是申请上万元的贷款就很困难了。假设要贷款 10 万元，实际上至少有 1 万元是拿不到手的，因为要想获得到款，必须打通各种关系，仅是送礼、请吃饭等就花费不少钱。

沈老板 2006 年计划建设鸡场时，还不知晓政府已经出台了相关的项目补贴政策，也没想过要申请这一类补贴。沈家的想法很简单：不管有没有"上面"的补贴和帮助，也仍然是要发展蛋鸡养殖的。其实在建设养鸡场期间，沈家就希望能获得一些贷款支持。当时冷水乡的主要领导曾到此视察，沈家向他反映了这个愿望，领导当场就同意提供协助。虽然后来沈家又询问了多次，但此事最后还是不了了之。

2007 年 4 月，他们得知国家有专项资金用于支持养殖业发展。鉴于养鸡场开办以来经济效益相当理想，为了扩大经营规模，沈老板希望尽快得到扶持，便正式向政府申请该项目经费。据他了解，肉鸡养殖规模达到 8000 只以上，或者蛋鸡养殖规模达到 5000 只以上，就符合申请资格，申请通过后可以直接获得资金。能得到多少钱他并不清楚，因为当时下发的文件中没有明确规定，而对于养猪的具体资助金额则有明确规定。虽然已经提交了申请，但县里相关部门一直没有过来验收。2007 年底忽然传来消息，说县里第二天会派人来了解相关情况。第二天恰好下起了大雪，县政府工作人员要求冷水乡派车接他们过去，而当天乡里没有按要求派车。此后便没有后续消息了。2008 年，沈家多次向乡政府打听此事的进展，得到的答复是会尽快处理，但一直不见落实。

沈家一致认为，这个项目款比正规贷款重要，因为这是国家为了支持农业发展而无偿提供的，不需要支付利息，更不需要还贷，对创业的农民极具吸引力。虽然即便没有这个扶持，沈家仍然要继续发展自家的生意，但还是认为这样的项目款应该由他们得到。据了解，湖北省邻近地区以及石柱县的养殖户都得到过这些项目的资金支持，以富祥养鸡场的条件，为什么反而得不到呢？

2008 年，沈老板又听说政府为了扶持养殖业、畜牧业发展，对相关企业申请的大额（30 万元以上）贷款，可以由政府补贴利息。但需要乡政府开具证明，上交到县畜牧局，对方再到当地调查、评审。他在 2008 年初曾到县里询问，得知确有这项政策，但因为项目要求的条件很高，整个石柱县还没有人能成功申请，所以他也就放弃了。

为了尽早扩大养鸡场的规模，即便不能获得利息补贴，沈家也决心要争取获得一笔贷款。在冷水乡及周边乡镇，农村信用合作社是农民获得正规贷款的唯一来源。由于经营状况不好和安保条件不佳，冷水乡的信用社在 2006 年 2 月就已经被撤销。至今，冷水乡仍然没有正式营业的合法金融机构。2008 年 2 月，沈老板只能到邻近的黄水镇信用社申请贷款①，得知需要以下文件：营业执照、申请人的身份证、申请人的结婚证、用于抵押的房产证。

与城市较为严格的工商管理体系不同，农村地区尤其是偏远农村地区的工商管理一直比较松弛，所以鸡场开办以来，沈家一直没有申请正规的营业执照。为了获得贷款，沈老板先到石柱县工商局申请执照。工商局的工作人员告诉他，办营业执照需要交 800 元。沈老板觉得价格太高，经过一番讨价还价，最后交了 330 元，办好了相关手续，取得了执照。工作人员还告诉沈老板，如果是申请商店一类的执照，是不可能讨价还价的，因为他是个农民，又办的是养鸡场，所以才给予特别优惠。在这个过程中，沈老板并没有动用关系，也没有请吃饭或送礼。

沈老板与妻子是在湖北省荆州市领取结婚证的，相关证件也留在了妻子在湖北的老家，所以两人的结婚证由荆州的亲戚邮寄过来。

---

① 黄水镇历来都是周边地区的中心集镇。原先还有一个叫"黄水区"的地方行政机构，管辖范围包括冷水乡。

最大的问题在于房产证。黄水镇信用社规定，用于抵押的物业必须是黄水镇街上的房子，冷水乡的房子不能用作抵押。为此，沈家通过关系找到一名在黄水街上拥有物业的人，并且对方也愿意借出房产证。

经过估价，对方的房子价值在 20 万元以上。沈家就打算以对方的房子作为抵押物，从信用社贷款 20 万。沈家计划这样使用贷款：8 万元用于建设新厂房，其余部分用于购置鸡苗和各种设备。沈老板与借出房产证者签订的合同规定：如果最后获得贷款 10 万元，就支付对方 5000 元酬金；如果获得贷款 20 万元，就支付对方 1 万元酬金；5 年后要把房产证归还。这就意味着沈家必须在 5 年内将贷款本金和利息还清，从信用社取回房产证。该合同在黄水镇的司法部门进行了公正。

为了借得用于贷款的房产证，在请各方吃饭、赠送礼品等方面，沈家共花费了约 1000 元。

当沈老板把这些手续都准备妥当，再次到信用社申请贷款时，对方告诉他，冷水乡的信用贷款应该到沙子镇的信用社申请，黄水镇信用社不负责冷水乡范围内的业务。

虽然贷款没有成功，但在整个贷款过程中购买礼品、请客吃饭等方面的花费总共约 2000 元。

沈家对贷款仍抱有一丝希望，还是动用关系去了解沙子镇信用社能否贷款，得到的答复是只要有城镇的房产做抵押就可以批出贷款，但只能贷出 3 万元，因为这是"上面"的规定。沈家认为，如果正式申请贷款，沙子信用社还要派人过来视察养鸡场和黄水的房产，还要请人重新评估房产价值，整个过程下来招待和送礼可能又要花费几千元。而贷款却只有 3 万元，远远不能满足扩充养鸡场的需要。沈家经过一番盘算后，最终放弃了贷款。

由于没能取得贷款，沈老板把借来的房产证归还给对方，并在双方的见证下将原来所订立的合同销毁。

沈家最后还是只能向老家的亲戚朋友借钱，从 15 户人家合共借了 17 万元。借出现金的农户中，最多的借出 2 万元，最少的借出 2000 元。由于觉得沈家信用好，而且养鸡场开办以来一直赢利，后来甚至还有农户主动上门问他们需要借多少钱。

在修建新厂房的同时，还必须保持养鸡场正常运营，沈家的资金非常紧缺。当时有 5 万多元的借款利息为 1 分（即每年需要支付总额 10% 的利息），后来由于资金紧缺得到缓解，其余借款的利息降为 5 厘（即每年需要支付总额 5% 的利息）。还有 2 万元由亲戚借出，不收利息，这些亲戚来养鸡场时，沈家就送他们一些鸡蛋或鸡粪作为答谢。

沈老板告诉笔者，私下向农民借钱虽然相对容易，但也有"恼火"的时候。借款人家里一旦缺钱，立即就会找沈家要债，不管签订的合同如何规定。这会使养鸡场的资金链陷入紧张。沈老板说，今后就算要扩充经营规模，也不会再借钱了，还是自己慢慢积累资金，积累到足够数量再投入，这样才能不受制于人。

近年来，中央政府和各地方政府在农村金融领域投入了不少资源，但根据笔者在冷水乡的调查发现，一方面，当地没有任何正规的金融信用机构。虽然万元以下的小额贷款相对容易获得，但是规模经营所需要的贷款数额却难以获得。另一方面，贷款所需的手续对普通农民而言相当苛刻，申请过程费时费力。而且，审批的过程、允许放贷的数额都没有明确标准，农民经常被搞得一头雾水。如果不用"金钱铺路"，与决策者建立关系，申请贷款这件事似乎就跟赌运气没有本质区别了。

富祥养鸡场为了扩大经营规模而申请各种项目款和贷款的过程，在笔者看来，就是普通农民投入自家的各种人力物力、试图进行一场胜算不大的赌博。

第三节 中国农村的"新问题"

在缺乏合作的中国农村，存在一系列相互联系的现实问题。本章第二节所介绍的个案，反映了其中最具普遍性、最棘手、农民受害最多的 3 个问题：①小农户与大市场难以对接；②小农户与大生产难以对接，以及由此引起的公共物品短缺；③小农户与大金融难以对接。

这些问题在改革开放前并不存在，或者说被当时一些更严重的问题掩盖了，因此本书称之为"新问题"。需要特别注意的是，进入 21 世纪以来，这些问题有日趋严重的趋势。

一 小农户与大市场难以对接

上文已经提及，改革开放前新中国按照中央政府的统一计划对农产品实行严格的统购派购政策。农户缺乏选择作物品种、种植面积、劳动力投放数量等经营自主权，农民只需按照国家下达的计划，接受生产队的劳动安排。由于中国几乎不存在严格意义上的自由市场，亦不存在独立经营的小农户，因此小农户与大市场对接的问题在当时并不突出。

20 世纪 80 年代初到 1992 年，国民经济体系逐步从计划经济转向市场经济，农业商品生产的规模也迅速扩大，计划流通的比重日益缩小。在这种背景下，1983～1993 年，中国发生了两次大规模的农产品卖难现象。第一次在农村经济体制改革刚起步的 1982～1984 年，农业生产从集体统一经营为主转向家庭经营为主，主要农产品逐步退出统购、派购序列，流通渠道也从国营、合营商业的单一渠道向多渠道自由流通转变。一些退出统购、派购的农产品总产量迅速上升，销售出现困难。当时出现销售难的农产品，以茶叶、柑橘等经济作物为主，从而引发了某些地区砍茶树、砍橘树的现象。①

除此之外，因为销售困难，农村还出现了"烧棉花、倒蒜薹、埋死猪的场面，农民叫苦不迭，怨声载道"。以棉花为例，

1984 年，棉花生产登上顶峰。全国棉花产量由 1978 年的 216 万吨激增到 1984 年的 625 万多吨，并带来一系列重要结果：长期限制消费的布票被取消②；我国由最大的棉花进口国变为出口国；棉纺织行业迅速发展；"以粮为纲"的单一种植格局终于被打破；农民收入显著增加，1978 年至 1984 年间，棉花增产就使农民增加收入 300 亿元以上，尤其是在地碱缺水的新棉产区，"发棉花财"成为农民脱贫的重要方式。

大幅度增产也带来另一种结果。由于增产太快太猛，棉花"涨库"一下子成为全国的普遍现象。从 1984 年起，国家不得不在价格等方面发出适当调减棉花生产的信号：价格补贴取消了，奖粮、奖肥的政策也变了，收购价格也一变再变。随着市场变化，棉价发生相应变化的现象农民还可以理解，而棉花收购中一度存在的压级压价、欺农坑农的"棉霸"作风则使不少农民"伤透了心"。1985 年成了我国购棉史上长度最低、衣分最低（皮棉占籽棉的百分率）、品级最低、相应的价格最

---

① 杜吟棠：《"公司＋农户"模式初探——兼论其合理性与局限性》，《中国农村观察》2002 年第 1 期，第 32 页。
② 布票的取消，实际上还与棉布的替代品——化学纤维大量用于制衣业有重要关系。中国最早的合成纤维生产线是 1956 年从德意志民主共和国引进的。到 1980 年，全国化学纤维的产量已达 45 万吨。因此，中国人穿衣问题的解决，很大程度上也是中国工业化初步完成的成果。

低的一年。山东省后来进行了一次清查，发现大多数被查棉站存在问题。

就是在这样的背景下，棉花产量由 1984 年的巅峰跌落下来。1985 年比 1984 年减产 33.7%，1986 年比 1985 年又减产 14.6%。在两年间，棉花产量减了近一半！①

可见，棉花市场的剧烈波动给棉农造成了极大的伤害。

类似的情况也在粮食购销领域出现。1978 年，中国粮食产量约为 3000 亿公斤，1984 年增加到 4000 亿公斤。这是被压制了 20 多年的生产力在短时间内爆发的结果。与此同时，国家提高了粮食收购价格，却没有相应提高粮食（主要供应城市居民）销售价格。这样一来，粮食增产越多，财政补贴越多。达到峰值的粮食产量——尤其是大量的超购加价粮食——使国家财政不堪重负，1985 年国家取消了超购粮食加价 50% 的规定，将所有粮食按平均价收购。粮食的超速增长超出了所有人的预期，继 1983 年发生"仓容危机"以后，1984 年各地还出现了卖粮难和"打白条"（即国营粮食部门欠农民的售粮款）甚至拒绝收购的现象。这等于是给农民一个信息：多种粮，多吃亏。由此农民种粮的积极性随即下降，1985 年夏收时竟然出现了粮食歉收，粮价上涨，大城市、缺粮区到处抢购粮食的现象。全国连续 4 年出现粮食生产徘徊局面，到 1989 年才好转，导致原计划对粮食购销体制和价格形成机制的改革无法实行。②

第二次农产品销售难发生在 1989～1992 年。此前国家取消了

---

① 李锦：《大转折的瞬间——目击中国农村改革》，湖南人民出版社，2000，第 287～288 页。
② 杜润生：《杜润生自述：中国农村体制改革重大决策纪实》，人民出版社，2005，第 137～151 页。

实行超过 30 年的统购统销制度，代之以对粮食、棉花等少数农产品实行国家定购制度，定购任务以外的农产品原则上放开经营。此时正值乡镇企业蓬勃发展的阶段，对纺织原料类农产品的需求迅速上升，出现了大范围的供不应求现象，导致相关品种的生产规模盲目扩大。到 1989 年，这些产品的市场需求呈饱和状态，加工、流通部门库存积压严重，导致了第二次农产品销售难。①

事实上，"农产品卖难"、"菜贱伤农"等事件在国家放开流通管制后几乎年年发生，在不同的农产品之间轮番上演。原因在于农产品的市场价格和独立经营的农户之间形成了一种互动关系：市场价格高，农民一窝蜂扩大种植面积或增加饲养数量，政府也积极鼓励农民生产，以致供过于求，价格曲线掉头向下；市场价格低，农民为了避免损失，又一窝蜂减少种植面积和饲养数量，导致供不应求，价格暴涨，引发新一轮增产风潮。市场价格高，市民苦；市场价格低，农民苦。类似的恶性循环在猪肉、黄连、柑橘、苹果、黄瓜、大白菜等多种农产品中都曾经发生，并将继续发生。

笔者在此完全没有替统购统销政策、派购政策辩护的意思。这些政策也许在极个别情况下确有短暂实行的必要，但无论什么时代，如果把彻底的中央计划经济作为常规办法长时间实行，必然会导致农村丧失活力。对新时代产生的新问题，自然需要新的分析方法和解决思路。

尽管每一次农产品价格波动都有不同的产生背景和直接原因，但问题本质是相通的，这体现在 4 个方面：①实行家庭经营的分散农户，难以把握持续变化的市场形势，无组织的盲目生产和销售导致价格波动加剧。②由于缺乏共同利益，生产同种产品的农户之间

---

① 杜吟棠：《"公司＋农户"模式初探——兼论其合理性与局限性》，《中国农村观察》2002 年第 1 期，第 32 页。

容易相互压价，形成恶性竞争，在供过于求的情况下问题尤其严重。③在中国特殊的人地关系之下，众多小农户的分散经营难以产生规模效益。④无论市场行情如何，农民的销售价格都远低于消费者的购买价格，因为实力薄弱的小农未能建立完整的生产和流通链条，流通领域的巨大利润也就无法获得（可参考第二节的"菜贱伤农"案例）。如此一来，生产者和消费者都受到损失。

小农户与大市场对接的困境并非无解。提高农民组织程度，通过各式合作组织来共同进入市场，是最有效的解决途径。政府和事业单位购买"爱心菜"之类的行为只是权宜之计，效果也极其有限。第五章对此有更详细的阐述。

二 公共物品短缺

本书第三章把生产合作分成 3 类，即农业生产管理合作、农田基本建设和维护合作、农业技术和新品种推广合作，并且分别介绍了"大包干"后三类生产合作的大致情况。此处专门介绍小农户与大生产对接困难所引起的农村公共物品短缺问题。

（一）公共物品的概念及特性

公共物品（Public Goods）指公共使用或消费的物品，是与私人物品相对应的一个概念。严格意义上的公共物品具有非竞争性和非排他性。所谓非竞争性，是指某人对公共物品的消费并不影响别人同时消费该产品及从中获得的效用。所谓非排他性，是指某人在消费公共物品时，不能排除其他人消费这一物品（不论他们是否付费），或者排除的成本很高。它既可指有形的事物，如各种设施、设备，亦可指无形的事物，如服务、管理、协调、产品价格等。

与农村相关的公共物品有很多，本书主要指与经济活动直接相关者，比如道路、电力供应、燃气供应、种养殖技术指导等。其中，水利设施及其管理使用对种植业具有特别重要的意义（可参考第二节的"宁愿减产也不合作"案例）。有水，农村才有生机，农业才有希望；有路，村内村外的物资才能流动，互通有无；有电，农民的生产生活才能和"现代化"对接。因此，水、路、电是农村最具意义的公共物品，是基础中的基础。

公共物品的特殊性质，决定了其最佳提供者和管理者是理论上最能代表公共利益、最强大的组织——政府。但是作为一个拥有广袤农村和巨量人口的发展中国家，中国政府不可能全面、有效地为农村提供公共物品。即便能够为全国农村配备所需的一切硬件设施和技术，那如何持续地使用、管理、保养它们也是棘手的问题。这些问题实际上没有任何国家的政府能完满解决。可惜很多关注者都忽略了这个无法改变的前提条件，认为农民已经为国家付出、贡献得够多了，政府应该包揽一切农村公共事务，否则就是失职。这种观点对于督促政府偿还投资欠债、承担相应责任有积极意义，但也有罔顾实际之嫌，不利于尽早改善"三农"现状。

（二）1949～1982 年农村公共物品供给情况

实行"大包干"前，农村公共物品的供给可大致划分为两个时期。

1. 新中国成立初期：1949～1957 年

国家处于经济恢复和建立基础工业体系的阶段，缺乏大力扶持"三农"的条件。而经历长期战乱的农村不仅公共物品极度缺乏，而且连生产工具和耕畜也严重不足。为帮助农户维持正常的生产、生活，加速农业的恢复和发展，政府积极倡导农户互助合作。以农业合作社的组织形式实现农民对公共物品的自我供给成为主要策略。

2. 人民公社时期：1958～1982 年

以政社合一的人民公社为组织形式，基本生产资料归社、队集体所有，劳动力和产品（包括公共物品）的供给与使用由集体统一计划、安排，普通农民只是集体组织内的劳动者。社、队是公共物品的供给主体，上级政府的财政和物资供给只起扶持和辅助作用。因此，人民公社时期本质上还是农民自我供给公共物品。

需要注意的是，人民公社时期，劳动对资本的替代达到相当高的程度。集体或上级政府以全面动员农民的方式，组织人力承担土壤改良、水利建设、道路修建等劳动密集型基建项目。许多地方甚至因此出现了农业劳动力不足的现象。当时的分配制度为劳动替代资本创造了条件：劳动收益是在扣除各项费用后按照成员的工分数来分配。因此，公共物品的成本分摊方式有两种：①物质成本由管理费、公积金等支付，从集体经济总收益中扣除；②人力成本则以增加总工分数，降低工分值的方式弥补。随着农业基建工程的持续扩张，工分总数的增加几乎不受约束，而且农民没有自由流动和选择职业的权利，他们难以意识到自身负担的轻重。[1] 另一方面，农民也意识到基建工程对于改善当地生产条件有好处，有利于增加收入、改善生活，所以虽然当时很多工程的劳动强度大、劳动时间长，但农民很少采取直接的抵制行动。

长期以来，社会上存在一种观点：人民公社时期，农民因为要参与大量的基建工程而普遍感到权利受损，从而对公社产生强烈的反感。笔者对这一观点在中国农村的普遍有效性抱有怀疑，至少在笔者的调查过程中，并未收集到与此相符的案例。

（三）1982年税费改革后农村公共物品供给状况

1982年后，人民公社制度被取消，代之以乡镇政府和行政村、村民小组，"乡政村治"的模式基本形成，农民的身份也发生了根

---

[1] 吴士健、薛兴利、左臣明：《试论农村公共产品供给体制的改革与完善》，《农村经济问题》2002年第7期，第48页。

本变化：农民不再是只服从集体组织安排的劳动者，他们获得了相对独立的生产经营权、劳动自主权、剩余索取权。组织形式的转变虽然使生产的组织成本有所降低，却使水、路、电等公共物品供给的组织成本和执行成本升高。与此同时，集体经济力量被严重削弱，原来由集体承担的公共物品供应失去了至关重要的经济和组织基础。原有的农机修理厂、种子站、病虫害防治站、农技推广站、水库与干渠管理处等机构大多放弃提供公共物品，或者走上市场化经营之路，或者被直接撤销。以上因素共同造成了农村公共物品供给的萎缩。

　　"大包干"以后，农村在短时间内出现了经济快速增长的局面。由于对农村的形势过于乐观，政府对"三农"的投入不增反减。如此一来，乡镇和行政村在征收农业税时附带收取的"村提留"和"乡统筹"，成为最主要的公共物品资金来源。"村提留"是指村级组织向下属单位和农户收取的公积金、公益金、集体管理费，其中公积金用于农田水利基本建设、植树造林、购置生产性固定资产和兴办集体企业等；公益金用于五保户供养、特困户补助、合作医疗保健以及其他集体福利事业；管理费用于村干部报酬和管理开支。"乡统筹"是指乡镇政府向下属单位和农户收取的乡村两级办学（即农村教育事业费附加）、计划生育、优抚、民兵训练、修建乡村道路等费用。因此，"村提留"和"乡统筹"亦简称为"三提五统"。

　　虽然在公共服务的资金方面仍有一定保障，但原有的集体组织撤销之后，乡村缺乏组织动员能力的弊端却无法根除。在大量农村劳动力转移到城市的情况下，农村仍然有不少剩余劳动力，可惜他们大都没有以共同行动来改善当地的公共物品供给。农民把大量时间用在打麻将、打纸牌、看电视、说家长里短上，却任由自己房屋以外的地方日益破败，似乎村内的其他地方就不是他们的家园。这种状况在税费改革后没有丝毫改善。

（四）税费改革后的状况

税费改革的原意是减轻农民负担，改善干群关系，但也导致大量乡镇政府及农村基层组织基本丧失了提供公共物品的能力。

政府在 2006 年 1 月 1 日废止《农业税条例》的同时，一并取消了"三提五统"等专门向农民征收的行政、公共事业收费和集资（此处指在全国范围内取消，一些试点地区已经先于全国取消了相关税费）。在收费取消的同时，政府并没有全面承担相应支出，而是颁布了《村民一事一议筹资筹劳管理办法》，对"村内农田水利基本建设、道路修建、植树造林、农业综合开发有关的土地治理项目和村民认为需要兴办的集体生产生活等其他公益事业项目"，按规定经民主程序确定后由村民投资投劳兴办。简单而言，"一事一议"就是村民对每一件涉及自身利益的事项进行讨论，并共同决定是否需要出钱出力、支出的数量、支出如何使用等事项。这是税费改革后为便于农村地区筹措公益事业费用、解决公共物品供给问题，国家所推出的一项制度安排。

"一事一议"经过几年的实践，效果并不理想。一个普遍性的问题是：税费改革后，农民都知道从此以后无须缴纳任何税费，大多数村组干部也就不再去费心考虑公共事务，因为做事情就要用钱，现在无论合理还是不合理的费用，想收也收不起来了。2008 ~ 2010 年笔者在重庆市石柱县调查时，曾有村组干部向笔者抱怨现在农村人心散了，要干点什么事极难协调，而且村里只有乡镇下拨的一点办公经费，想做什么都没钱。笔者问道：不是还可以通过"一事一议"来收钱做事吗？对方回答：搞"一事一议"哪有这么容易，农民说现在连国家都不收税了，每年还给农民发钱，你们凭什么还找我们要钱。哪怕不收钱，一个事情只要有少数农民反对（不参与、不合作）就干不成。

不再收取任何费用，"一事一议"就无法开展，村民会议也就无从讨论办公益事业的话题，道理就是这么简单。

当然，并非所有农村都无法实现公共物品的有效供给。贺雪峰在川西平原①调查时发现，一些地方的农民在取消农业税后仍要向村组缴纳平均每亩耕地80元的费用，包括上缴国家的基本水费（每亩农田平均25元），公益统筹（相当于"一事一议"费，每人平均15元）以及生产统筹。生产统筹包括各种由村民组开支的共同生产费用，如灌溉、修路、灭螺、疏浚水沟等。"从农民那里收取费用对于基层组织的运转和乡村治理十分重要。有了钱，基层组织就可以为农民办成有益的事情，农民就不会因为基本生产生活公共品供给的不足而遭受严重损失。川西平原是我最近数年农村调查发现的为数很少的可以看到希望的农村，是乡村治理良好、干群关系密切、农村公共品供给较为充足的农村。以灌溉为例，农民只要将秧插到田地，几乎不再用田间管理，而只等秋天收割。其间，农民可以放心地到城里打工赚钱，灌溉由村民组安排管水员负责管理。"②

不过，贺雪峰把川西平原良好的乡村治理归结为"……特殊的地理历史条件，使川西人尤其表现出不走极端的特点，使川西平原乡土社会的逻辑仍在"。③ 因此，他反复强调"川西农村成为全国为数极少的农村公共品供给相对充足的地区"④ 不具有普遍性。

除此之外，农民自发成立的合作组织对改善公共物品供应的状

---

① 川西平原又名成都平原，四川话称为"川西坝"，位于四川盆地西部，东南侧为龙泉山，西北侧为龙门山。
② 贺雪峰：《乡村社会关键词：进入21世纪的中国乡村素描》，山东人民出版社，2010，第236页。
③ 贺雪峰：《乡村社会关键词：进入21世纪的中国乡村素描》，山东人民出版社，2010，第239页。
④ 贺雪峰：《乡村社会关键词：进入21世纪的中国乡村素描》，山东人民出版社，2010，第237页。

况亦有非常突出的作用。改革开放后最早出现的农民合作就是以提供公共物品为主的专业技术协会。存在类似组织且能良好运作的地区，农民的经营和生活就更有保障，农业产出也更稳定。在村、组难以发挥作用的地方，相关的农民合作组织具有无可比拟的积极作用。第五章的"松散合作型""集体经济型"部分对此有更详细的阐述。

三　现代金融产品基本退出了农村

集体化时期，农村经济建设的主体是社、队，信用合作社提供给个人的贷款规模极小，而且在 20 年内几乎没有变动。农民申请贷款多数是因为生活方面的临时困难，而非为了扩大经营、增加收入。实行"大包干"以后，农户的金融借贷需求被前所未有地激发出来。因为农村的投资主体由集体经济组织转变为个体农户，而个体农户的经济实力有限，为了发展生产、改善生活，他们不得不从外界寻找资本来源。但据笔者调查所知，当前农村的金融借贷状况难以令人乐观。

目前，中国农业银行作为一个"规范的"金融企业和上市公司，提供产品是为了追求利润、为股东带来收益。为了保证业务量和盈利水平，农业银行的业务范围主要集中在城市，其"三农"特色并不突出，乡一级已经很难看到农业银行的业务机构，只有在少数经济发达的集镇才能看到农业银行的分行或营业点。

虽然农村信用合作社在很多乡镇仍然保留了营业点，但经过几十年的体制变动和改革，所谓的"信用合作社"也已经成为独立于农民、以营利为主要目标的金融机构。与其他金融机构一样，想要获得信用社的贷款，需要与贷款数额相应的资产作为抵押。而《中华人民共和国宪法》明确规定，"农村和城市郊区的土地，除由法律规定属于国家所有的以外，属于集体所有；宅基地和自留地、自留山，也属于集体所有"，"任何组织或者个人不得侵占、买卖或者以其他形式非法转让土地"。正因为如此，普通农户最有价值的资产——农地、住宅、宅基地，通常不被正规的金融机构认可为抵押物。信用社最乐意接受的抵押物是城镇里的物业产权，但是有多少需要贷款的农民能在城镇拥有物业呢？所以，一般农户想获得信用社的贷款是非常艰难的。但信用社对于农民的生产生活并非毫无意义。信用社依然是距离农民最近的正规金融机构，农民也相信它，愿意把现金交给它保管，所以当前信用社在农村的主要功能是为农民存款、汇款、取款提供便利。因为农民的存款远远多于贷款，所以信用社也成农村资金的"抽水机"，源源不断地把从农村获得的存款转移到城市和工商业领域。

难以从正规金融机构获得贷款，并不能抑制农民的资金需求。因此，各种民间自发的集资和借贷行为，从 20 世纪 80 年代开始便日趋普遍。现在农村的借贷途径主要有两个：①求助于亲戚朋友。对于一个普通农户，无论是为了增加生产还是为了应对生活方面的资金困难，关系好的亲戚朋友仍然是他们求助的首要对象。在这种情况下，借款人通常不需要支付利息，或者只需要支付少量利息，而且还款条件和期限也比较灵活。需要指出的是，在农村熟人社会、人情社会的背景下，借还款的灵活性也可能给借贷双方带来麻烦，因为这种灵活性本质上就是不确定性。②求助于高利贷。如果第一个途径无法满足其需要，农户就不得不向专门提供贷款的人求助。借款人通常并非贷款人的亲戚朋友，甚至双方互不认识，这种贷款行为的风险较大，利息自然也较高，通常被称为"高利贷"。也就是说，因新中国实现信用合作化而被杜绝近 20 年的高利贷,已经成为农民获得贷款的一个重要手段,在农村普遍存在。

在市场经济环境下,小农户经营必须走向产业化,而产业化离不开金融支持。但在目前的条件下,农村较为规范的金融信用系统难以发挥作用。小农户的信用可靠性成为难以解决的问题,金融系统也缺乏对小农户的政策支持和引导。

总而言之,小农户与大金融的对接难题,成为中国"三农"实现现代化的一个重要障碍。

四 凋敝的农村

对现实"三农"状况有所了解者,常用"凋敝"来形容他们对农村的整体观感。更具体的描述有很多,比如空心化、老龄化、原子化、黑恶化、夫妻长期两地分居、大龄男性娶不到老婆……虽然这些社会问题与本书的主题并不直接相关,但在多次农村调查中确实给笔者留下了极深刻的印象,希望在此能一并呈现给读者。

当今的中国,除了偶然到城郊农村地区吃喝玩乐外,在城市成长、生活的人们对农村的环境和生活状态非常陌生。当然对于中国的数亿农民而言,农村的状况没有什么值得惊讶的,城乡之间的巨大差别似乎也理所当然。

笔者生长在中国市场经济最为活跃的珠江三角洲地区,对发达的现代化城市景观习以为常。从 2005 年开始,笔者在云南、重庆、湖南、青海、河北、广东等地的农村进行 9 次实地调查,每次调查短则 1~2 周,长则 1 个月。对农村生活的体验和观察,给笔者带来了巨大的冲击。

目前,生活在农村的是什么人呢?毫无疑问主要是老弱妇孺,俗称"386199部队"①，男性青壮年大多在外打工赚钱以维持自己和家人的正常生活。2005年在云南省文山州广南县（属"国家扶贫开发工作重点县"）调查时，当地农妇亲口对笔者说，"我们这里是寡妇村"，令笔者大为震撼。其实这些农妇的丈夫都还在世，只是因为长期在外省打工，与家人聚少离多，才引起了妻子们的哀叹。由于农村不易见到青壮年的身影，难免让外人感到当地缺乏活力、暮气沉沉。

在农村从事农业生产的"典型农民"又是什么人呢？据笔者在中国东、中、西部的调查所知，农村的主要劳动者是一批40岁以上的中老年人。调查期间，田间地头时常可见白发苍苍的老人缓慢地弯腰劳作。改革开放后出生的青年男女很少在农村生活、劳动，对农事也不熟悉。如上文所述，农村的年轻人基本在全国各地的城市务工，而他们留在农村的子女不是年龄太小，就是还处于义务教育阶段，基本无法从事农业劳作。这种情况在以劳务收入为主的中西部地区尤为突出。

在交通较便利的农村，有一个现象相当耐人寻味。路旁不时能看到新建的楼房，一部分内外都已装修好，甚至配齐了各式家电；一部分则完全没有装修（因为资金不足）。通常新房不是大门紧闭，就是只有老人和小孩在家。这些房子真正的主人并不住在这里，他们都在遥远的地方打工。由于缺乏让资本增值的渠道，以及受传统文化心理的影响，农村的青壮年人从城市辛苦赚来的血汗钱往往转化成家乡的一栋栋新房子，然后他们继续外出打工，赚到足够的钱后再回来装修新居、购买家电，也有一些人是为了

---

① "386199部队"："386199"是对中国三个节日的简称，"38"指3月8日妇女节，"61"指6月1日儿童节，"99"指农历九月初九重阳节，因此"386199部队"实际上指代妇女、儿童、老人。这一看似有趣的概念背后，是20世纪90年代以来中国农村严重的留守妇女、留守儿童、留守老人问题。

偿还建房时的欠债。因此，农村有些房子往往要好几年时间才能完全建好。

不管怎样，这些房子是他们在外努力工作的重要动力，也是他们年老以后的归宿。虽然农民工把最宝贵的青春年华献给了城市，但随着年龄的增长，城市需要他们的程度也越来越低。对他们而言，最明智的出路是回到家乡，住在年轻时盖的房子里，像父辈那样继续劳动、生活。农民独自承担养老和住房开销，政府和企业就可以节省相应成本。这是中国企业的产品能以低廉价格迅速占领世界市场的重要"秘密"。农民工无法留在城市的原因很多，如房价太高、缺乏养老和医疗保障、日常生活成本太高、家里的老人需要照顾、无法找到合适的工作等

除了有一部分新房子以外，农村的其他东西大多是老旧残破的：公共道路坑坑洼洼、尘土飞扬，属于集体的学校、房屋年久失修，农业生产不可或缺的水利设施破损严重，甚至完全废弃……在民居集中的地带，到处可见成堆的垃圾，散发着阵阵臭味。村民随意搭建，村落布局凌乱。大体而言，乡村地区普遍缺乏基本的公共管理和服务，大量的人整日无事可做，大量的事情却没人去做（如清理垃圾）。

当然，有一些地方在政府资助下实行了电网改造，修建了道路、灌溉渠、饮水设施、学校、村两委办公楼等。不少人认为，政府对于农村和城市应该一视同仁，属于公共物品的基础设施都应该由公共财政承担。政府收税，再向纳税人提供相应的服务和物品，在理论上无懈可击。但对于巨量的农民、广袤的农村、脆弱的农业，中国政府实在没有完全承担的能力。改革开放以来，农村基层组织（村两委、村民小组）的服务功能日益衰弱，作为独立的生产生活单位，农户应该怎么办？

而在人民公社时期，"因为将农民组织起来了，虽然经济条件

尚差，很多农村温饱问题仍未解决，但人们仍然可以对未来有憧憬，对人生有期待，对集体有幻想，对荣誉有要求，对舆论有反应，对文娱有兴致，对生活有情趣"。[①] 其精神面貌自然比当今的农民好得多。

上文提到的 3 个"新问题"，是造成农村凋敝的重要原因。而凋敝的农村既无法扭转本地资源流出的局面，亦无法吸引外部资源进入，这反过来又加剧了当地的经济困难和公共物品供给短缺，最终形成一种互相推动、互相强化的恶性循环。

在农村的精英、物资、资金、青壮年劳动力持续外流的背景下，这一恶性循环可谓无解。而改革开放后出现的各种"新型"农村经济合作组织也承担不了彻底改变农村凋敝局面的重任。不过，第五章所提到的"集体经济型"合作组织，由于与乡、村、组的政府或基层组织高度重合，具有其他合作组织所没有的一系列社会管理和服务功能，在创造良好的农村环境方面亦有上佳表现。其原因在于成功的"集体经济型"合作组织彻底扭转了农村资源向城市单向流动的局面，甚至吸纳了大量外部资源用于自身发展。在建设社会主义新农村的形势下，政府和学界应对被边缘化的"集体经济型"投以更多关注。

第四节 农民自发自主的新型合作出现

1982 年 1 月 1 日，中国共产党历史上第一个关于农村工作的 1 号文件发布，充分肯定了"包产到户、包干到户"在内的各种农业生产责任制形式。"到 1984 年底，全国实行联产承包责任制的生

---

① 贺雪峰：《人民公社的三大功能》，http://hexuefeng.blogchina.com/425461.html。

产队达到 100% 。其中实行大包干的占总数的 99.1% 。至此，全国农村绝大部分生产队都成了统分结合、以家庭经营为基础的‘大包干’模式。"[1]

一 小农产生了互助合作的需要

以"大包干"为主要内容的家庭联产承包责任制，"本质是把农民从人民公社的桎梏中解放了出来，农民获得了有限的生产经营自主权。这一改革极大调动了农民的生产积极性，在很短的时间内解决了中国人吃饭的大难题，并且农民有了剩余农产品，有了市场交换、现金积累"。[2] 其成效有目共睹，不容否定。

随着统购统销及派购政策由松动到最后被取消，中国社会整体上转向市场经济，中国农民面临的社会经济环境已经发生了极大改变，与 20 世纪 80 年代初期不可同日而语。农民的经济活动虽然可以摆脱瞎指挥、"共产风"的危害，也最大限度地减少了"磨洋工"的情况，但农户为求生存和发展，从此亦必须直面市场。在这种情况下，中国小农经济的局限性日渐显露。其中，最被人诟病之处有 3 点。

（1）无法适应农民、农村、农业现代化的要求。虽然"大包干"把农民从经营不善的社队集体中解放了出来，极大地激发了他们的劳动积极性，但中国人均耕地仅有 1.38 亩，仅为世界平均水平的 40%[3]，分散经营的"规模不经济"[4] 自然就成为突出问题。由于生产规模过小，新技术和新品种、新型农业器械的使用和

---

① 朱为群：《中国三农政策研究》，中国财政经济出版社，2008，第 19～20 页。

② 李昌平：《大气候：李昌平直言"三农"》，陕西人民出版社，2009，第 21 页。

③ 邹声文、周婷玉：《十余年减少 1 亿多亩耕地 18 亿亩耕地红线面临严峻挑战》，新华网，http://news.xinhuanet.com/politics/2011-02/24/c_121119918.htm。

④ 此处指经营规模过小，导致投入产出比过高。

推广受到了极大限制，农田水利等基础设施的使用和维护也异常困难（如上文提及的"宁愿减产也不合作"）。

（2）无法与外部大市场顺利对接。数量众多的农户独立完成从生产到销售的所有环节。因为生产规模太小，为了寻找理想的客户，小农要付出极高的成本（相对于收益而言）。这就是经济学里常说的"交易成本"巨大，这样一来就严重削弱了他们抵御经营风险的能力（如上文提及的"菜贱伤农"），也降低了其经营收益。

（3）无法抵御侵害农民权益的行为。这些行为可能来自个别政府官员，但更多的是来自黑恶势力、外来商贩、企业。

"大包干"解放了一些农村积压已久的生产积极性，农民也获得了一定程度的生产自主权。但是，随着农业生产进一步发展，各种单家独户难以解决的产前、产中、产后问题日渐浮现。为了改善收益状况，多种经营渐趋流行，普通农户在生产、加工技术方面的欠缺尤其突出，而基层政府及自治组织难以满足农民所需。此时，以自愿互利、平等协商为基础的新型农民合作应运而生。一方面，它不同于历史上以血缘、亲情、私谊为基础的临时性、季节性的互帮互助；另一方面，它亦不同于过去由上级政府以政治压力和强制手段推行的集体组织。虽然早期的合作组织并不十分规范，随意性和个人的作用较大，但这种新型的合作对其成员而言确实具有制度创新的作用。

事实上，早在"大包干"还未得到官方承认的20世纪70年代末，安徽省天长县便成立了中国第一个农民科学种田技术协会。随后在1980年，四川省郫县①、温江县分别成立了养蜂协会，通江县

---

① 杜吟棠：《我国农民合作组织的历史和现状》，《经济研究参考》2002年第25期，第15页。

亦成立银木耳研究会①。这些协会成立的初衷，是以技术辅导和交流的形式研究、学习、推广新技术和新品种，提高现有产品的质量和产量。其特点是："土生土长、民办公助，专家和技术能手结合，以专业户为骨干。"②

当时中国物资短缺的局面仍未改变，只要有产品，基本不愁销售。再加上农民的组织程度依然很高，原有的公共物品供应体系仍在运作，所以解决某些生产难题的技术协会成为新时期农民合作的最早形式。而安徽正是中国农民率先实践"大包干"的地区之一，最早的自发合作产生于此并非偶然。由此可见，合作的形式、方向、内容根本上取决于当地的经济社会条件以及人们的客观需要。

至 1992 年，农民（农村）专业技术协会在全国已发展到 10 万个，省级研究会共 1 万多个，参与农户达 350 万，涉及农村的种植、养殖、加工、服务 4 大类、140 多个专业。因此，专业技术协会在当时被称为继家庭联产承包制和乡镇企业之后农民的第三个伟大创造。③

但是，这种合作形式在利益联结机制上不够紧密，功能单一。"绝大部分协会仍停留在单纯从事信息交流、技术推广和辅导活动的层次，很少进一步向商业经营领域延伸。少数协会将业务延伸到商业经营领域，也还是处于一种小规模、低水平、分散经营、各自为政的状态。"④ 随着 20 世纪 90 年代以来"公司＋农户"、专业合

① 苑郑民：《回顾与展望——写在中国农技协发展三十周年》，《科协论坛》2010 年第 8 期，第 28 页。
② 本刊特约评论员：《农协——科技兴农的重要载体和组织形式——三论农村专业技术协会》，《农村实用工程技术》1992 年第 4 期，第 2 页。
③ 金宏：《全国政协委员座谈 盛赞农村专业技术协会 十万"协会"展风采 百万农户逞英豪——中国科协九月召开表彰及经验交流会》，《农村实用工程技术》1992 年第 5 期，第 3 页。
④ 杜吟棠：《我国农民合作组织的历史和现状》，《经济研究参考》2002 年第 25 期，第 16 页。

作社等组织形式的兴起，专业技术协会风光不再。"一部分协会向着专业合作社的方向发展，一部分向行业性协会或协会联合会方向发展，还有向着股份制企业或集团公司发展。为数不少的比较成熟的农技协，正在由非经济组织向经济组织发展，与各种经济实体结合，成为产、供、销一体化的综合性经济实体。"①

二 "新问题"的延伸

农村双层经营体制经过 30 多年的发展，"分"的能量已经用到极致，但"统""合"的潜力尚未全面体现。在以分为主的格局下，中国人吃饭的大难题得以解决，中国基本摆脱了短缺经济（Shortage Economy），但亦面临过于分散，缺乏组织、缺乏合作的问题。在发展过程中，中国"三农"对统、合的需求也日益迫切。"宜统则统，宜分则分，统分结合"局面的真正形成会给中国带来怎样的变化呢？这是笔者无法预料的。在此之前，还有一系列问题需要解决，摆在人们面前的其中一个问题是：应该由谁来完成统分结合中"统"的任务？30 多年的实践表明，绝大多数现有的村、组自治组织已无力担此重任。那么，有可能扛起大旗的是日益强盛的农业龙头企业，还是综合实力远逊于龙头企业的各种农民合作组织？为了回答这一问题，本书的第五章将对现有的农民合作经济组织类型分别进行论述。

---

① 苑郑民：《回顾与展望——写在中国农技协发展三十周年》，《科协论坛》2010 年第 8 期，第 29 页。

第五章 | 新时期中国农民合作经济组织类型浅析

国内、国外的实践都表明：提高农民组织化程度，促进农民合作组织生长发育，是保持农业和农村发展活力的重要途径。虽然学者们在具体的研究中形成的观点往往不尽一致，但据笔者所掌握的材料，当今旗帜鲜明地反对农民合作的观点基本不存在，只是在农民以什么方式进行合作上确存争议。

笔者使用"农民合作经济组织"，指的是存在于农村地区，以发挥经济功能、谋求成员的经济利益为主要目的，成员以农民为主的各种合作组织。此处的"组织"，既指成员组成的集合体，亦指成员之间的合作关系（既作名词，亦可作动词）。这些集合体除了有合作社这一称谓以外，还有诸如协会、共同体、公司等，笔者在此统称为合作经济组织。

现有对农民合作经济组织类型的划分数之难尽，但是标准统一、逻辑一致的划分不多，本章坚持以合作组织的产权和主导力量作为划分类型的标准。读者在下文将可看到，各类合作经济组织的产权状况区别甚大，从而导致组织在主导力量、公平、效率、社会管理功能等方面的表现亦大有不同。因此合作组织的产权归属，可谓合作领域的核心议题之一。

需要特别说明的是，20 世纪 80 年代以来，原有的供销合作社、农村信用合作社等机构纷纷改制并形成独立的利益结构，与当地农户之间的共同利益甚少，大多是有合作之名而无合作之实，因此这些机构和组织不在本章的探讨范围之内。

2007 年 7 月 1 日《中华人民共和国农民专业合作社法》正式施行，从统计数据来看，各地农村合作经济组织有了更为蓬勃的发展。截至 2011 年，"全国工商登记的合作社达到 44.6 万家，比去年同期增长 43.1%；合作社成员达到 857.1 万户，同比增长 58.3%；出资总额达到 5733 亿元，同比增长 69.2%。根据农业部门的统计，合作社实有入社成员 3570 万户，占全国农户总数的14.3%"。[1]

数量庞大的农村合作经济组织尽管有着"某某合作社"等共同称谓，本质上却大有区别，可以根据不同的研究旨趣而划分为不同的类型。本书按照产权归属和主导力量的不同，将现存农村合作经济组织划分为"契约供销型""企业主导 – 农民入股型""松散合作型""集体经济型""农民主导 – 股份合作型"。

这 5 种类型又可以大致分为两类：非农民主导和农民主导。下文将分别进行论述。

第一节　非农民主导的合作经济组织产权类型

本节介绍的两种合作经济类型都是以涉农企业为主导，农民处于依附地位，其中包括较长时间以来一直受到政府倡导和热捧的"公司 + 农户"模式。

---

[1] 《农业部经管司司长孙中华在农民专业合作社建设与发展政策座谈会上的讲话》，中国农民专业合作社网，2011 年 9 月 20 日，http：//www.cfc.agri.gov.cn/cfc/html/78/2011/20110920130130968989502/20110920130130968989502_.html。

一 契约供销型

"契约供销型"指以产权完全独立于当地农户的涉农企业为主导，与农户签订供销契约，企业有偿向农户提供生产资料、资金、技术，农户按企业的生产计划和技术规范进行生产，产品由企业以规定的价格收购并进行加工、销售。严格说来，"契约供销型"并不属于真正的合作经济组织。然而，它是中国农业领域中实力最强、影响最大、带动农户最多的经济组织形式。事实上，在产权关系和主导力量方面，"契约供销型"有其鲜明特点，与真正的合作组织存在显著差别。与此同时，社会上确实存在把企业和农户的契约性供销关系笼统地称为"合作机制""利益联结机制"的现象。因此，对它进行分析研究，有助于加深我们对合作经济的认识。

长期以来，"契约供销型"得到了各级政府的大力扶持，是主流舆论力推的发展模式。山东省潍坊地区长期主管农业工作的郑金兰在《三农手记》中的相关内容，很能代表政府的观点："……'公司＋农户'的运作模式，增加了农户的抗风险能力，扩大了公司的规模，提升了公司的竞争力，是现阶段适合我国家庭承包制的一种好形式……农业龙头企业在解决'三农'问题中所担负的重任，这是任何其他的东西所无可替代的。所以，不少县市区有超前意识的领导同志已经深刻地认识到，抓农业'三化'，不抓龙头企业，就是没有抓到点子上，没有抓到根子上。……缺乏大龙头也就很难带动起大产业。"① 郑金兰所说的"公司＋农户"，指的正是"契约供销型"，但两者本质上存在一些差别，后文对此有详细阐述。

在解决小农户与大市场对接困难的各种方式中，"契约供销

---

① 郑金兰：《三农手记》，文汇出版社，2006，第96页。

型"数量最多、范围最广、影响最大，产生的问题也最多，导致农民、企业利益损失的情况最为普遍，因此需要探讨、分析的内容最多，所占篇幅也最长。

"契约供销型"的典型代表有发源于泰国的正大集团、发源于广东的温氏食品集团有限公司（以下简称"温氏公司"）、发源于我国台湾的大成食品（亚洲）有限公司，以及曾盛极一时的蓝田集团等。其共同特点是：①占主导地位的企业，其产权完全独立于签约农户；②农户只负责农业生产环节，产前、产后环节由企业负责；③企业与农户本质上把各自的利益最大化作为"合作"目的。

（一）典型案例

以温氏公司为例，其经营模式大致如下：温氏提供禽畜种苗、饲料、药物和技术指导，由签约农户提供场地并负责饲养，禽畜长成后由公司收购、加工并对外销售，所得收入扣除公司先前提供的种苗、饲料、药物等成本后再返还农户。温氏公司向合作农户承诺实行保护价收购，保证每头猪的毛利在50元以上，每只鸡的毛利在1.5元以上。温氏公司近年还获得了"中国农学会农业产业化分会2009~2010年度先进单位""全国饲料行业参与社会主义新农村建设先进企业""全国饲料行业履行社会责任先进企业"等国家级荣誉称号。

作为一家经营极其成功的企业，温氏公司如何降低与农民的交易风险和市场风险？首先，凡与温氏公司合作的农户，都要在先期投入一定的资金。以500平方米的鸡舍为例，农户要投入的资金在3万元以上，这笔钱加上农户合作之初存在公司的押金（每只鸡需缴纳5元），起到了约束农户的作用。因此，农户私自对外出售活鸡活猪、欠账不还等情况极少。其次，温氏公司长期实行从养殖户到客户的销售模式，公司基本没有产品库存。因此公司在降低自身经营风险的同时，把很大一部分市场风险转嫁给了养殖户。①

（二）类型分析

客观而言，"契约供销型"对农民的好处显而易见：主导企业通常具备一定经济实力和技术、渠道优势，由企业负责产前、产后环节，指导农户生产甚至预支生产开支，使农户的养殖和销售风险大为降低。对急于发家致富又缺乏创业渠道、资金、技术的农民来说，大型涉农企业的进驻无异于雪中送炭。在别人的带动和企业的宣传之下，大量农户改变原有生产结构，不惜借钱兴修鸡舍、猪场、温室大棚等设施，聘请农业工人。不过，产品销路稳定、企业有一定利润空间，是这一系列好处发生的前提。正如李昌平所言："公司的目的是什么？公司的目的就是利益最大化……企业家的行为是什么？当一个企业能获得超额利润时，可能让利于民；当只能获得社会平均利润时，可能会分一点利给农民；当得不到社会平均利润时，可能不给农民任何利益；当企业面临危险时，可能会把风险转嫁给农民。"②

当然，这个问题还有另一面，就是部分农民不遵守契约，不按要求生产或销售，损害了公司利益。这样的事情也时有发生。问题的根源在于农民与公司只存在相同利益、缺乏共同利益：各自都在追求经营收入的最大化，在总收入不变的情况下，一方收入的增加意味着另一方收入的减少。主导企业与农户之间的力量对比和依赖程度，往往决定了问题以何种形式呈现。

1. 如果企业的经济实力雄厚，在技术、产业链、市场信息等方面占据压倒性优势，农民对企业依赖性极高的情况下，企业具有多种控制农民收益的手段，可以最大限度地满足自己的获利冲动。

---

① 《20 多年从未与农户签过合同》，《南方农村报》2007 年 7 月 10 日，第 2 版。
② 李昌平：《我向百姓说实话》，远方出版社，2004，第 46 期。

据《南方农村报》记者调查，以温氏公司为例，企业保证自己盈利的主要策略有 3 个。

（1）详细约定产生利润的空间，减少成本浪费。公司在与农户合作之初，就约定了超料费、超重费、资金占用费等。以超料费为例，尽管公司方声称为了防止农户将本公司饲料转手卖掉谋利，但不少农户反映，温氏公司提供的饲料价格本来就高于市场价，没有市场，何谈农民私自转手。这项费用存在的直接后果是，农户如果遇到死鸡、死猪，不仅要赔掉种苗费、饲料费，还要支付一笔不菲的超料费。

（2）严格控制流通环节。首先，公司控制出栏期，销售情况不好时个别地方以客户少或鸡、猪尚未长成为由延迟收购，变相让农户承受产品积压的负担；其次，农户与公司的利润分配通常止于产品定购价。记者在河源市见到一位温氏公司的合作农户，该农户养的一批鸡亏本后，自己到温氏公司河源服务部批发成鸡到市场上卖，她饲养的同品种成鸡按定价 4.8 元/斤卖给公司，但公司转手的批发价格就变成了 6.7 元/斤。

（3）任何生产都需要原料，因此控制原料供应成为企业利润的稳定来源。温氏公司作为广东省最大的肉鸡、肉猪供应商，自然就成为最大的鸡猪苗、鸡猪饲料供应商，加上药物等各种生产资料，广大合作农户实际上是温氏公司最稳定的生产资料销售对象，这些原料结算给农户的价格都包含了利润（以高于市场价结算），这是温氏公司最稳定的收入来源。因此，对大多数主导企业而言，农产品的销售一方面是他们把赊销给农民的生产资料变现的手段，另一方面是公司利润的增长点，而非和农户真正分享利润的环节。①

---

① 陈海燕：《揭开"公司加农户"的面纱》，《南方农村报》2007 年 7 月 10 日，第 4 版。

多数情况下，企业利用自身优势控制了利润的产生和分配方式，农户所能得到的平均利润仅为企业给出的最低值——维持农户继续合作的最低利润。一些着眼于长远利益的企业，在产品行情欠佳或发生灾害时，愿意短期地与农户分担部分亏损和风险；但获得丰厚利润时，能拿出相应比例与农户分享的企业要少得多。

在企业占据压倒性优势的情况下，一旦双方发生矛盾，处于劣势的农户出于理性考量，通常只能向企业屈服。这不仅由于契约已严格限定了农户的利益，更因为农户前期在场地、基础设施等方面的巨额投入不可能在 1~2 年内收回，一旦与公司决裂，则血本无归，甚至可能债务缠身。

所以，那些认为市场经济下签订契约的双方具有平等地位、可以自由抉择的观点持有者，不是迷信某些与社会脱节的理论和意识形态，就是为了维护自身利益结构故意装糊涂。

2. 在经营环节中只具有部分优势、农户对企业依赖程度不高的情况下，企业在满足农户要求方面会有较好的表现。即便如此，农民不遵守供销合同、损害企业利益的情况也很常见。

2010 年，笔者在重庆市石柱县 S 镇进行关于农村经济的实地调查，发现了一个具有典型意义的案例。2002 年，重庆市南川区某竹笋加工企业的老板陈某得知 S 镇有大量野生冷竹资源后，带助手来到石柱县，与该县的林业局、S 镇林业站和经济发展办公室等单位商谈开发冷竹笋事宜。从当年开始，陈老板正式向农民收购冷竹笋。为了保证在当地设置的加工站点有足够原料，2005 年陈老板牵头成立了 S 镇冷竹笋专业合作社，承包山地上生长着冷竹的农户绝大多数加入了合作社。合作社的主要职能是通过合同的形式，让农民把采集到的冷竹笋全部销售给陈老板所设立的加工点。合同里还规定最低的收购价格为 0.5 元/斤，而历年的实际收购价格都高于最低收购价格。为了让地方政府支持他继续在 S 镇收购竹笋、发展竹笋产业，从 2002 年开始，陈老板每年要给石柱县林业局缴纳 8 万元。如果加上其他"打点费用"，陈老板每年的相关支出总计在 11 万元以上。

S 镇冷竹笋专业合作社有规范的组织和条例，但实际运作并不理想。冷竹笋的经济价值被逐步开发出来后，其他老板也觉得有利可图，便陆续加入新鲜竹笋的收购行列。因为他们不像陈老板那样进行了各种前期投入，所以每斤竹笋的收购价格比陈老板的开价高出 1～2 角。虽然当地农户多为冷竹笋专业合作社成员，按合同规定应该将鲜笋售予陈老板。但为了获得更多的销售收入，多数农民把竹笋卖给了其他出价更高的收购者。从合作社成立到 2008 年，陈老板的鲜笋收购量都少于竞争对手，因此 S 镇的竹笋产业给他带来的收益远低于预期。2009 年，陈老板才比对方多收了 20 吨鲜笋（当地每年的冷竹笋产量约为 200 吨），原因是石柱县一名副县长对此进行了干预。

在市场经济下，个体农户对利润的渴望绝不弱于垄断企业。在农户对企业的资金、技术、销售渠道等依赖程度较低的情况下，农户也努力地使利润的产生和分配方式向有利于自身的方向倾斜，侵占合作企业利益的行为也就难以避免。

农户违约造成的损失，企业不易追讨；企业违约造成的损失，农户尤其难以辨别。一旦企业倒闭，其对农户造成的冲击更是巨大，甚至会引发激烈的社会冲突。如果将损失诉诸法律解决，难免要付出大量的时间、人力、财力，即便受损方得到法院的支持，最终也常常是得不偿失。

（三）类型评价

"契约供销型"合作经济组织的出现，毕竟为"小农户"与"大市场"对接提供了一条路径，对农村、农业发展的意义不容抹杀。但随着社会生产力持续进步，经济全球化下市场竞争日益激烈，某些风光一时但不能适应形势变化的龙头企业已经陷入困境。人们对有所进展的农民、农村、农业现代化事业也提出了更高要求，"契约供销型"合作经济组织的局限就显得日益突出。

1. 不利于培育农户参与市场活动的能力

在产业链条中，农民只负责生产环节，产前和产后环节完全由企业负责。而且，由于企业的产权彻底独立于农户，农民无法参与企业的经营管理，与企业合作的农民变相成为企业的农业工人，农户投资建设的鸡舍、猪场、温室大棚等则成了企业遍布各地的生产车间。"契约供销型"合作经济组织中依附于企业的农户也就不易培养出市场意识和生意头脑。

2. 不利于培育农民的自主精神和组织能力

习惯与企业直接签订契约然后埋头劳动的农民，没有与其他农民在经济上合作的迫切需要，农民组织程度低的现状得不到根本改变。一些在与企业交易过程中利益受损的农户想要联合起来，组建维护农户权益的协会。但企业出于维护自身利益的目的，往往拒绝与"作对"的维权协会合作。在企业占有绝对优势的案例中，与企业存在契约关系的农户为避免得罪企业、影响生计，往往不敢加入向企业争取权益的农民组织。

总之，"契约供销型"合作经济组织并没有改变农户缺乏组织的状况，其作用仅仅是将农户与收购商的临时交易转变为农户与公司之间的长期供销关系而已。

3. 扶持企业不等于扶持农民

各级政府对"契约供销型"中的主导企业提供了不少优惠政策，如资金奖励、减免税费、无息或低息贷款等，而且规模越大、实力越强的企业越容易获得政府扶持。但这些扶持的直接受益者只能是企业，数量多而分散的弱势农民反而难以分享到实惠。政府扶持涉农企业，大概也有发展农村经济、反哺农业的意思。但是获得扶持的企业虽然在市场竞争中取得了优势，却没有动力把这些优势转化为农民的实际利益。完全独立于农民的企业产权设置也切断了农民分享这部分政府资源的渠道。

总而言之，企业和农户之间缺乏共同利益，是"契约供销型"的最大缺陷。在与企业的契约关系中，分散的农户缺乏主导权，因此"契约供销型"看似解决了"小农户"与"大市场"对接矛盾，实则又创造出一对新矛盾："小农户"与"大公司"的矛盾。

（四）相关问题

最后需要阐述的是"契约供销型"与大家熟知的"公司＋农户"、"公司＋合作社＋农户"有何联系和区别？

1. "契约供销型"与现行的"公司＋农户"模式存在很多重叠

"公司＋农户"并不是一个严格规范的概念。由于并未直接揭示公司与农户之间的产权与权利关系，这一概念原则上包含了数种具有本质区别的农户与公司结合形式。这一概念最早出现于20世纪90年代初，当时在中国尚属新鲜事物，时任中共河南省信阳地委书记的董雷在《经济日报》上发表了《发展农村市场经济的有效途径——"公司＋农户"》。该文明确描述了当时主要的"公司＋农户"模式："以实体公司为龙头，根据产业布局规划，联系一定的农户，双方签订合作经营合同，公司主要向农户有偿提供生产资料、资金、技术、产品销售等系列服务，农户按照公司制订的生产计划、规定的技术规程进行生产，产品以合同价格交售给公司，风险共担。"[①] 董雷所阐述的内容完全符合"契约供销型"的产权与主导力量特点，到目前其仍然是"公司＋农户"的主流形式，甚至是被很多人唯一认可的形式。

---

① 董雷：《发展农村市场经济的有效途径——"公司＋农户"》，《经济日报》1993年7月8日，第2版。

近年受到追捧的"农超对接"模式在内涵和外延上都没有超出"公司＋农户"的范围，并无本质上的创新。"农超对接"所节约的流通成本，只是给超市提供潜在的让利空间，在目前"超市主导"的情形下，超市给农户和消费者实际让利的动力不足。因此，社会各界对"农超结合"的期待不应过高。

2. "公司＋合作社＋农户"模式，通常被视为对"公司＋农户"模式的改善与提升

人们认为，随着合作社的加入，企业与单个农户之间力量不均衡的状态将有所改变，还能提高农户的履约率，对双方都有好处。但其本质上亦属于"契约供销型"，只是在农户与企业之间增加了形式上以农民为主的合作社作为双方中介。

实际中，大量由企业主导成立的合作社只是企业顺应政府支持农民合作事业发展的潮流，避免失去订单、保证业务量的一种手段，甚至仅仅是以此获得政府更多补贴而已。笔者在田野调查中了解到一些例子：某企业请几个农民吃一顿饭，然后把他们的身份证借走。很快，一个由企业控制、没有农民实际参与的"农民专业合作社"就在当地工商局登记成立。所谓的"合作社"，只是这些公司给自己披上的一件外衣而已。

"大包干"以来，农民的组织程度和组织能力已经被严重削弱，相关法律的出台不可能在短时间内改变这一状况。《中华人民共和国农民专业合作社法》规定，"具有民事行为能力的公民，以及从事与农民专业合作社业务直接有关的生产经营活动的企业、事业单位或者社会团体"都"可以成为农民专业合作社的成员"。缺乏组织意愿与能力的个体农户，骤然与占据绝对优势的企业共同组成合作社或进行以合作社为中介的合作，效果可想而知。

一旦企业操纵了合作社，弱势农户的利益就难以得到保护，这与"公司＋农户"模式没有本质区别。唯一不同的是企业披上了

合作社的外衣，既巩固了对当地农业资源的垄断，对农民利益的侵害也更加隐蔽。

问题的核心依然是企业与农户在产权分割、利益对立的状态下，无法形成真正的利益共同体。在上文冷竹笋专业合作社的个案中，由于缺乏共同利益，公司和农户无法通过合作社的中介作用形成牢固的合作关系。而温氏公司更是直接拒绝与养鸡户发起的合作社合作，声称自己搞的是"公司＋农户"，获得注册的合作社是经济实体，不是农户。公司只与单个农户签订委托养殖合同，拒绝与由温氏公司的养殖农户组成的"河源市百家姓养鸡农民专业合作社"谈判，并且与该合作社的理事长张锦明解除了合作关系。[①] 温氏公司此举直接地体现了"契约供销型"中公司一方的本质特征：总是以追求利益最大化为目的。

当然，如果公司和农户之间除契约关系以外还有产权（股份）的合作，则组织的类型就发生了变化，这正是下文要阐述的内容。

二　企业主导－农民入股型

经济学家厉以宁的一个观点常被引用，即我国农业要分 3 个阶段发展"公司＋农户"的产业模式：第一阶段是订单农业，公司与农户签订购销合同；第二阶段是公司租地开发，租用农户的土地使用权，由公司投资并连片开发；第三阶段是农民以土地入股，按股分红。[②]

---

① 张锦明：《让农民分享产业化成果》，《南方农村报》2008 年 2 月 14 日，第 2 版。
② 《致富天地》编辑部：《经济学家厉以宁谈"公司加农户"模式的发展"三部曲"》，《致富天地》2002 年第 6 期，第 14 页。

厉以宁的观点不无道理。就劳动积极性、规模效益、利润分享的公平性等方面而言，一些涉农企业接受农户入股，共同组建企业或合作社，双方真正形成"利益共享、风险共担"的合作关系，才是对现行"公司＋农户"模式的提升和改善。

"企业主导－农民入股型"仍然以涉农企业为主导，将小农组织起来进入市场，这与"契约供销型"类似。两者的本质区别在于，在"契约供销型"中，企业与农户只有契约供销关系，没有股份合作关系；而在"企业主导－农民入股型"中，企业与农户既有契约供销关系，又有股份合作关系，并且企业占据优势地位。按照《中华人民共和国农民专业合作社法》的规定，出资额或者与本社交易量（额）较大的成员可以享有附加表决权，但不得超过本社成员基本表决权总票数的20％。因此，现实中双方多以成立新企业、行业协会等多种方式结合，以避免与现有法规冲突。也有个别农业企业顺应潮流，尽量平等地与农民结成股份合作关系，只占20％的股份。即便如此，企业与入社的个体农民相比，依然占据了明显的优势地位。

纯粹就理论而言，农户可以资金、土地、技术、劳动等不同类型的资本入股。只是由于客观条件所限，中国小农拥有的资金少、现代科学技术掌握不多、单位劳动的价格较低，因此承包经营的土地就成为其最重要的资本和生产资料。就实际而言，以土地承包权入股正是农户主要的入股方式，其次是以资金入股。

"企业主导－农民入股型"的兴起较"契约供销型"晚，具体实现形式也在探索和完善的过程中，因此缺乏广为人知的成功典型。不过由于它在主导企业和农户之间的利益联结方面要优于"契约供销型"，双方履行契约的积极性更高，因此表现出引人注意的活力。

（一）典型案例

重庆市桂楼食品股份有限公司（以下简称"桂楼公司"）与涪陵区江东街道云盘村农户共同成立的东江生猪养殖有限公司（以下简称"东江公司"）堪称典型。该公司成立于 2006 年，注册资本 100 万元，其中桂楼公司以现金出资 70 万元，占新公司 70% 的股份；26 户农民以 23.235 亩第二轮土地剩余承包期的经营权折价入股，占 28.5% 的股份；22 户农民以现金入股 1.5 万元，占 1.5% 的股份。

桂楼公司保证每年每亩入股土地获得相当于 800 斤稻谷的收入，现金入股年回报率不低于 10%，在此基础上根据养殖公司的经营业绩对利润进行二次分配。2007 年 7 月 11 日，东江公司第一次结算、分红，以土地入股的农户每亩收益共有 2735 元，比当地土地租赁价格高 3 倍以上；现金入股共分红 3345 元，年回报收益率为 22.3%。此外，在东江公司务工的农民每月还可获得 700～1000 元的工资。

尤其需要注意的是，控股股东桂楼公司与入股农民签订了《土地经营权入股协议》，承诺不使用农户的土地经营权为东江公司的经营和财务活动作担保；若东江公司按法定程序结算解散，土地经营权无条件归还农户，保证了农户不因企业经营风险而丧失最重要的土地经营权。

东江公司在当地被称为"龙头企业＋公司"模式的典范，被涪陵区委、区政府誉为"东江模式"且加以推广。东江公司由此获得了很多好处：公司成立时，就获得了国家开发银行重庆分行的 480 万元贷款，利率不到 5%；中国农业发展银行涪陵分行为桂楼公司发放贷款 1350 万元；三峡库区产业基金给予 70%～80% 的贷款贴息；保险公司按每头猪 8 元标准收取保费（其中政府补助 7 元，东江公司实际承担 1 元），为每头肉猪提供最高 600 元的保险；

重庆市农综办还给桂楼公司争取到1000多万元无偿使用的农业综合开发项目资金。[①]

（二）类型分析

"契约供销型"中的农民需要对自身的生产经营负责，他们与公司结算所得的收入，通常未扣除工资、农资、设施折旧费等成本，因此纯收入相当有限。而在东江公司的案例中，农民从公司获得的是纯收入，已经扣除各种生产成本，因此不至于像某些温氏公司的合作农民那样，出现"明赚实亏"的状况。[②]

"企业主导－农民入股型"的好处显而易见：

（1）农户在企业中占有一定比例的股份，增加了他们对企业的归属感和劳动积极性。

（2）在保证最低收入的前提下按股份对利润进行二次分配，农户得以对合作收益形成稳定的预期，方便农户进行投资决策。

（3）农户占有股份，保证了他们在企业盈利的前提下，收入能"水涨船高"。而且分红成为农民的权利，不再是主导企业的"施舍"，双方的依存关系发生质的变化。

（4）增强了外来涉农企业在当地投资的长期性和稳定性。

（5）在股份制下，农民参与企业经营具有制度合法性，有利于逐渐提高农民参与市场经济活动的能力。

（6）共同的股民身份使长期处于分散状态的农民更易于组织起来，增强了农民的集体行动能力和谈判能力，进一步降低了政府、企业、农户之间的谈判、组织、交易成本。其中特别值得注意

---

① 李建桥：《股田试验被叫停后重读"东江模式"——农地资本化的重庆探索》，《时代信报》2008年9月11日，第1版；《涪陵银行业积极助推"东江模式"发展现代农业》，涪陵银监分局，2007年7月19日，http://www.fl.gov.cn/Cn/Common/news_view.asp? lmdm=002001&id=6016578。

② 陈海燕、闫业伟：《"养也亏，停养更亏"》，《南方农村报》2007年7月10日，第1版。

的是，企业和农户之间的交易成本为合资企业所内部化。

（7）持股的农户之间、农户和主导企业之间"一荣俱荣，一损俱损"，存在共同利益，所以想方设法占对方便宜的做法大大少于"契约供销型"。

然而，"企业主导－农民入股型"能否实施、实施效果如何，主要取决于主导企业分享利润的意愿和它对农户的开放程度。在当地缺乏龙头企业的情况下，外来资本和企业的进驻就成为实行此模式的前提条件。与"契约供销型"类似，合资企业或组织的经营状况高度依赖于龙头企业的科技水平、资金实力、市场占有率等条件，因此它的可推广性和示范作用存在一定局限。此外，农地在中国农村不仅是赚钱的工具，还具有失业救济、养老等社会保障功能，因此对农地使用权入股流转要特别谨慎。在具体实施的过程中，不仅要想方设法增加农民收入，更要保护农民根本利益不受企业、政府、村两委、黑恶势力的侵害。

第二节 农民主导的合作经济组织产权类型

本节介绍的 3 种合作经济组织都以农民为主导，包括了当前注册人数最多的"农民专业合作社"。

一 松散合作型

"松散合作型"是农户在生产、生活过程中遇到单家独户无法解决的困难，而自愿合作、以群体的力量来解决具体问题的合作经济组织。其特点是成员之间没有股份合作关系，组织的作用具体而狭窄，比如共同订购农资、聘请技术人员、协调灌溉或大型农业机

器的共同使用等。"松散"指的是因缺乏产权和股份合作而在利益
联结机制上不够紧密，但这并不意味着成员间没有共同利益。在一
些案例中，共同利益还会表现得非常显著。

利益联结上的松散，不代表效果不好。一些组织长期保持稳
定，并且发挥着令人满意的效果。只是这些组织原本就是为了解决
农户在生产过程中的某个具体问题而产生的，发展到后来，其功能
也往往没有扩展。根本原因在于产权结构和利益联结方面的特点，
导致此类组织不具备积累和扩张的能力。虽然这类组织的出现远远
早于其他 4 种合作类型，但当前社会各界对其关注甚少，全国知名
的典型案例亦不多。

（一）典型案例

江西省万载县鲤陂水利协会是"松散合作型"的代表。鲤陂
水利协会在清朝同治辛未年（1871）成立，距今已有 140 多年的
历史。鲤陂是指当地一种用于灌溉的水利设施，最初在当地寺院
的主持下，由周围的农民群众共同出资修筑。修成后，在如何用
水方面引发了很多矛盾，于是当地大户召集各族长共同商议，决
定成立一个不以营利为目的、统一管理、按成本收取水费的水利
协会。

水利协会的运作依靠每年定期召开的 3 次工作会议来保障，会
议召开日期、与会人员、议题数十年如一日。会议主要处理每年工
作安排、公布账目、确定水费征收标准、选举新一届领导成员等。
每次会议只是达成口头协议，协会的规则也都由口头约定并长期延
续，一直没有成文。新中国成立以来，会长只更换过一次（因老
会长去世），其他成员亦很少变动。协会共有会长 1 人，副会长 1
人，理事（委员）5 人，均是当地普通农民，经会员大会选举产
生。会员由各村的村民小组长组成，不需选举。从以上特点可以看
出农户对协会毫无保留的信任以及协会纯民间的性质。

鲤陂的灌溉面积由建立时的 800 余亩扩展至 1460 余亩，共有 5 个行政村的 20 个村民小组受益。协会成立以来，当地没发生 1 起用水纠纷，没使 1 分稻田受旱。协会参照当地小型水库的水费标准征收水费，正常情况下每亩耕地每年收取 8 元水费。在支付管理人员工资和维修工程费后，如有结余则留待下年使用。如遇到较重大的维修项目而导致经费出现缺口，每亩水费再增加 1～2 元，如仍有欠款，下年继续保持增加后的收费标准，直到还清欠款为止。此外，协会对缺劳动力或家有重病人的困难户免收水费。

鲤陂的维修清淤由协会组织，由受益农户承担，并按每人每天 8 元支付误工补贴。为了不增加用水农民的负担，协会管理层每年只收取微薄的误工费，会员误工费为每人每天 10 元；两个放水员每人每年收取 50 元；组长收取水费的误工费按实收水费的 5% 结付。协会会员平均年误工费为 240 元，会长朱瑞金 2004 年的误工费为 430 元。误工费最高的会员可以收到 500 元，最少的会员只收到 60 元。①

（二）类型分析

"松散合作型"合作经济组织基本不涉及产品的销售和加工环节，这与其利益联结不紧密有关。成员只提供特定活动所需要的最低支持（如上文鲤陂水利协会，负责人的工作甚至还带有义务劳动的性质），因此组织基本没有积累和盈余，也就缺乏扩展规模和功能的人力、物力。同时，由于不涉及产品的销售和加工等环节，组织本身不能直接产生利润，成员缺乏对组织进行改造的动力，导

---

① 孙晓山：《百年民间水利协会缘何经久不衰——万载县鲤陂水利协会调查》，《水利发展研究》2006 年第 1 期，第 44～51 页；魏玉栋、姜玉贵：《一个相沿百年的农民专业组织——对江西省万载县鲤陂民间水利协会的调查》，《农村工作通讯》2004 年第 9 期，第 20～23 页。

致其利益联结机制长期松散。因此，"松散合作型"的产权状况和组织功能之间形成了一个互为因果的循环，如图 1 所示。

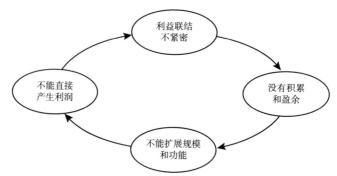

图 1 "松散合作型"组织产权状况和组织功能关系

这一类型的组织在利益联系上不紧密、功能单一，通常被认为是农民合作的初级形式。但它们毕竟是农民主导、自愿成立的组织，在长期的运行实践中，农民的合作能力得到锻炼和提高，适宜于合作的观念和规则亦逐渐产生，为更大规模、利益联系更为紧密的合作积累了经验、打下了基础。只是更高级的组织能否最终出现，还取决于一系列内外部条件，并非有较多合作经验的地方就必然会产生更多运行良好的合作组织。

二 集体经济型

在新时期农村合作经济组织的相关研究中，由人民公社时期的基层组织蜕变而来的"集体经济型"常被忽略。很多人想当然地以为，改革开放后随着"大包干"的普遍推行，国内以社队为核心为的集体经济已经彻底消失。实际上，全国没有实行家庭承包责任制的乡村约有 7000（一说为 2000）个[①]。比如江

[①] 李昌平：《大气候：李昌平直言"三农"》，陕西人民出版社，2009，第 126～127 页。

苏省江阴市华西村、河南省漯河市南街村、广东省中山市崖口村、河北省晋州市周家庄乡等。这些乡村的集体所有制企业或合作社仍保持着一定的活力和盈利能力，成员生活普遍高于全国农村地区的一般水平。

与其他类型的合作经济组织相比，唯一不以"农村家庭承包经营为基础"的正是"集体经济型"，它的出现早于除"松散合作型"以外的组织。其特点是：农地等主要生产资料仍然由集体经营，没有分包到户；乡或村或组级基层组织是经营和管理的核心，党、政、企通常实行"三块牌子、一套班子"，领导成员高度重合、交叉任职。因此，"集体经济型"的土地等主要生产资料的所有权与经营权（使用权）合一，而其他农村地区则是所有权与经营权分离。其他类型的合作经济组织多以农业及相关行业为业务核心，"集体经济型"则相反，其农业收入占集体总收入的比例不高，随着经济实力的增强，还广泛涉猎工业、商业、建筑业、金融业、医药业等。因此，集体组织有能力拨专款来补贴农业，很早就依靠自身的力量实现了"以工补农"，以此来平衡各产业和家庭之间的收入差距。

与当下占主流的家庭承包经营体制相比，"集体经济型"更接近于人民公社时期的经营体制。比如，集体对成员的生产生活细节有较多具体规范和要求；成员可以直接支配的工资性收入差距不大，但普遍享受多方面的优厚福利；成员直接由原来的"社员"转化而来，无法通过"入股"的方式加入等。最显著的特点是："集体经济型"没有分田到户，对内实行严格的计划管理。事实上，这些组织几乎都由原来的公社、生产大队或生产队演变而来，带头人也往往是基层党支部书记。社、队领导集体对社会主义理想的执着，是集体经济得以保留且进一步发展的重要原因。

（一）典型案例

笔者在 2011 年 7 月到被称为"最后一个人民公社"的河北省晋州市周家庄乡农工商合作社（下文简称周家庄）调研。该社前身是 1952 年成立的曹同义合作社（初级社）。1956 年，6 村合并成立了周家庄高级农业生产联村大社（属高级社），并一直维持发展至今。20 世纪 90 年代中期，河北省实行撤区并乡扩（建）镇。周家庄乡规模虽小，在改革中却得以"生存"，重要原因在于其合作社体制与周边农村的家庭承包经营体制差别大，无法对接。而且，经营良好的集体企业、丰厚的公积金和公益金难以分割。

周家庄乡接待人员提供的资料显示，周家庄乡有 6 个自然村，人口 13068 人，土地面积 21035 亩。2010 年，全乡工农业总收入为 6.5 亿元，纯收入为 1.5 亿元，交税 0.3 亿元，集体公共积累余额 3.3 亿元，社员（包含退休及无劳动能力者）人均分配现金 7836 元。需要注意的是，农工商业经营中的成本和新增投资完全由合作社负担，社员分得的现金是纯收入，可全部用于生活消费。在其他地方，农民的纯收入通常未减去来年的再生产投资。

和其他"集体经济型"类似，单靠农业生产，周家庄的合作社体制很难维持至今。当地的集体企业发端于 20 世纪 50 年代，80 年代以后进入快速发展阶段，已成为集体收入的主要来源，占总收入的 90% 以上。企业实行职工全员承包、厂长（经理）负责制，所有权属于合作社，企业的固定资产处理、产品方向、分配方案等事项由合作社决定。周家庄不实行个人承包制，目的在于防止集体资产流失，避免干部垄断承包、压价承包、转手承包等乱象。

周家庄下辖 10 个生产队，主要负责农业生产。另有 18 家集体企业从事工业、商业、建筑业、运输业等。合作社所有成员的收入都以工分计算，为了便于操作，合作社将不同工种划分为 372 项，并附带具体规定。年终，合作社总会计室统一核算全社纯收入，在进行必要的扣除后，余额按工分以家庭为单位进行分配。各生产队和企业原则上独立经营、自负盈亏，但合作社有权按照以工补农、共同富裕的原则，对利润进行调配。一般而言，务农者收入低于务工者，出工少者收入低于出工多者。周家庄为避免各家庭收入过分悬殊，在出工数以及每个家庭从事农工商业的人数等方面尽量平衡调配，避免出现纯农户或纯工户。

从 20 世纪 50 年代开始，周家庄就制定了"干多少活，记多少分"的细致规定，此后逐渐形成了"坚持时间最长，执行最严格认真、最为有效"的"定包奖"责任制，即定额管理、"三包一奖"制度。定额管理指对生产活动中的人力、财力、物力的配备、消耗等指标实行量化，配以相应的检查、监督制度；"三包一奖"指对生产队和企业实行包工、包产、包成本和超（产）奖减（产）罚制度。从实践效果看，奖励多于扣罚。为了减少盲目投入，合作社以一套严格控制的方案，统一购买生产资料供给各生产队。此举还保证了生产资料供给的标准合乎安全和质量要求，降低了各生产队分散购买的成本。"定包奖"制度调动了劳动者、管理者的积极性，是周家庄的集体经济长期保持活力的重要原因。

改革开放后集体经济实力的增强，是合作社改善社员生活的基础。截至 2011 年，周家庄社员可享受以下 11 项福利：

（1）65 岁以上老人每月发放 60 元养老津贴。

（2）65 岁以上、连续工作 20 年的农民干部实行退休制，每年享受在职干部的平均生活水平；对老党员，在养老津贴的基础上，每月再加发 17～30 元补贴。

（3）65 岁以上的五保户老人，集体负担其生活费，生病时集体派人照顾，医药费由集体负担，并每月另发 80 元补贴。

（4）只有独生子女的老人，每人每月的养老津贴为 80 元。

（5）对每个义务兵每年发放 5000 元的优抚款；烈属的直系亲

属除领取国家补助外，每人每年集体再补助 1556 元。

（6）为全乡所有家庭无偿供应自来水。

（7）民建公助、统一建设居民住宅，免费清理生活垃圾。

（8）对于完全丧失劳动能力的智力障碍者，集体负担其生活费。

（9）社员的新型农村合作医疗筹资款由集体负担。

（10）对社员实行电费补助，每人每年补助 25 元。

（11）对因重病在县级以上医院住院治疗而经济困难的家庭，集体根据情况给予经济补贴。

此外，周家庄早在 1983 年就实行了小学至初中的全程免费教育，还先后兴建了 7 座中小学教学楼和农民文化宫。

（二）类型分析

"集体经济型"合作组织在提供社会保障、促进家庭和谐和营造良好的生产、生活、学习环境等方面的作用非常显著，与其他农村地区家庭成员长期分离（因青壮年外出打工）、就医就学困难、农田抛荒、公共事务无人过问等状况形成了鲜明对比。集体所具备的一系列社会管理功能是其他合作类型所不能企及的。"集体经济型"的管理者普遍对成员的生产生活状况给予关注并愿意承担责任，这在实行了家庭承包制的农村地区非常罕见。在集体经济运行良好的地区，基本实现了"老有所终，壮有所用，幼有所长，鳏寡孤独废疾者皆有所养"。

"共同富裕"是"集体经济型"合作组织最具普遍性的核心价值，也是成员对共同利益的确认和直接表述，这与其产权和主导力量状况有直接关系：原本分属各户的土地所有权、经营权，以及各人付出的劳动是集体资本积累的初始来源；领导层几乎全部由集体内部的成员组成，其最高权力机构与基层党政组织重合。精细化的管理保证了劳动者和管理者的积极性；集体统一规划、调配、使用资源，保证了经营的规模效益。集体经济实力日益增长的同时，成员的生产生活条件亦不断改善，强化了他们对"共同富裕"的感知和认同。

"集体经济型"在多年的发展中，对产权制度也逐渐做出调整，很多乡村已经在内部实行了形式各异的股份制，对集体资产各项权益的划分日益明晰，甚至还实行了按股分红（部分乡村没有实行）。虽然如此，这些股份制集体组织和常见的开放性的股份制企业仍有显著区别："集体经济型"的股权通常不能向外人转让、无法变现；股权与成员身份、福利、工作机会紧密联系在一起。因此，外人加入集体极其困难；成员退出集体成本巨大，意味着个人过往对集体的一切贡献都被抹消。

"集体经济型"对外界开放程度低，与其发展历史有关。此类组织大多在社队企业时期就积累了一定的资本、技术、经验，改革开放后较好地适应了市场经济的发展趋势，凭借自身各种优势积累了较为雄厚的财富，因此有能力为成员提供较好的福利和保障。外人的加入被看成是"占了便宜"，因为他们在组织的初始创业阶段没有贡献。

带头人的作用在"集体经济型"中非常突出，创立基业的第一代带头人长期积累起崇高的威信，带头人的道德和能力从根本上决定了"集体经济型"的实践效果。随着第一代带头人老迈或离世，一些集体的活力开始下降，甚至难以为继。

2011 年 7 月笔者在石家庄市调研期间，还走访了与周家庄乡同属晋州市的吕家庄村。吕家庄村同样维持了集体统一经营的体制，集体企业也曾经非常红火，还是全市第一个"电话村"。第一代带头人高能权从 1960 年开始任村党支部书记，一直到 2010 年以 92 岁高龄去世。到笔者调研时，该村的集体企业只剩下 1 家旅游帽工厂还在勉强维持（2008 年世界金融危机后经营也日益困难），集体所有的物业大多对外出租。社员从事 1 年农业劳动只能获得

1000 多元收入。村内处处可见成堆的垃圾和杂物，在村中行走不时能闻到垃圾散发的阵阵臭味。3 层高的村两委办公楼破败不堪、布满灰尘，仅一楼部分房间仍有人员活动。总体而言，吕家庄村在方方面面都与仍具活力的周家庄乡形成鲜明对比。

最后需要说明的是，改革开放后兴起的"新型农民专业合作社"往往把"集体经济型"排除在外，因此在上文所引的统计资料中并无反映。然而，"集体经济型"合作组织继承了社会主义集体经济时期的遗产，改革开放后直面市场经济的新形势，实行农、工、商综合发展，同时还继续承担着除经济以外的其他社会职能，不仅是地地道道的本土经验，而且也是中国"三农"实现现代化的一条独特路径。但目前学界对其关注不足，社会舆论对其缺乏应有的宽容。

三　农民主导 – 股份合作型

"农民主导 – 股份合作型"是指农民为了实现共同经济利益，以土地、资金等入股形成的合作组织。组织资产主要来自农民的投入，成员根据入股份额享受和承担相应的权利和义务。组织的领导层一般由入股农民组成。

在产权状况和利益联结方面，"农民主导 – 股份合作型"与实现了股份制的"集体经济型"最为相似。两者的主要区别在于两点：是否以"农村家庭承包经营为基础"，组织对外界的开放程度。"农民主导 – 股份合作型"是由以实行了家庭承包经营的农民为主要成员（允许企业、事业单位、社会团体参与），为增强市场竞争力和解决个体经营的困难自愿入股组建，主要生产资料（包括集体土地的使用权）本质上仍属各家庭所有；农民在满足一定条件后可以自由地加入或退出，成员人数具备规模扩张的可能。

"集体经济型"与此相反，人民公社时期的经营体制基本得以保留，成员对组织的主要生产资料不具有直接的产权或使用权；组织基本上不接受外人加入（个别情况下，外人在满足较为严格的条件后，也能享有普通成员的部分权利）。

在组织结构和经营方式上，"农民主导－股份合作型"与"企业主导－农民入股型"基本一致。两者在形式上都设置了较为规范的成员大会、理事会、监事会等；经营内容以农业及相关产业为主，通常没有形成多业发展的格局。两者主要区别在于，前者无论在成员数量上还是在股权构成上都以农民为主体，领导权掌握在农民手中；后者的成员虽然以农民占多数，但企业占有控股权或掌握着实际领导权。

在入股方式上，主要有资金入股与土地经营权入股两种形式。"企业主导－农民入股型"中的企业方通常是运营资金的主要提供者，农民是否以资金入股对组织的经营活动影响不大。但"农民主导－股份合作型"的出资和经营都以农民为主，因此成员必须投入相应的资金，以保证组织正常运作。不同的入股方式在利润分配上各有特点：①在以资金入股为主的情况下，农民通常既是持股者，也是相对独立的生产者，组织通常会根据农民交售产品的数量和质量分配利润，按股分红不是成员最主要的获利形式。②有些农民主要以土地经营权入股，其收入则以组织支付的土地固定收益加分红为主，在组织中打工的农民还可获得工资。总而言之，"农民主导－股份合作型"总体上具有规模效益，成员亦能保持劳动积极性，是谋求、实现农民共同利益的理想形式之一。

现存的"农民主导－股份合作型"是改革开放后的产物，多数案例在21世纪才逐渐出现，具体实现形式也在探索和完善的过程中，因此缺乏广为人知的成功典型。

（一）典型案例

绿菜园蔬菜专业合作社位于北京市延庆县康庄镇小丰营村，前身是成立于 2000 年的小丰营蔬菜产销协会。因为利益联结松散导致竞争力不足，2007 年按照"自筹资金、自主经营"的原则实行了"会改社"，要求成员以交纳入社资金的形式参加合作社。合作社拥有成员 298 户，拥有无公害蔬菜基地 1000 亩、有机蔬菜基地 500 亩、占地近 4 万平方米的八达岭蔬菜市场、一个库容 6000 吨的冷库，资产总额 1181 万元。此外，还有农资门市部、内部资金互助会等机构。

合作社除种植黄瓜、茄子、西红柿、青萝卜、菠菜等常见品种外，还引进了彩椒、紫薯、雪莲果等附加值更高的品种。其销售模式较为多样：就近在八达岭蔬菜市场交易；与京客隆等超市签订购销合同；在北京市区设立固定销售点；与绿富隆蔬菜公司签订产销合同；根据时令和节日推出不同的有机礼品蔬菜；通过农产品直销网络销售。设有专用智能配送柜的小区用户可在网上订货，合作社根据订单配送蔬菜，货款网上结算；没有安装智能配送柜的北京小区，五环以内、五公斤以上的订单免费送货上门。合作社承诺蔬菜从采收至送达不超过 5 小时。出产的有机蔬菜包装上贴有"追溯码"，以便顾客监管。

合作社全年可分配盈余的 60% 按社员与合作社的交易额返还，剩余部分根据社员的入股和公积金份额按比例分配。2009 年，合作社社员人均劳动所得为 14194 元，比周边非社员农户人均劳动所得高出 10%。①

2011 年，由绿菜园发起的农民专业合作社联社——"北京北

---

① 《北京市农民专业合作社典型案例》，海滨农经网，2010 年 1 月 15 日，http://www.hdnj. gov.cn/strcms/cms/hdnj/MENU8/ITEM1/modules/news/news_ 0003.html?uri =/hdnj/MENU8/ITEM1/index.html。

菜园农产品产销专业合作社"，在工商局注册成立。联社由包括绿菜园在内的 17 家农民专业合作社组成，产品涵盖了蔬菜、水果、杂粮、花卉、禽类、蛋奶等 10 余类上百个品种。联社规定，各会员社以成本价把产品卖给联社，由联社下属的营销公司统一销售。销售所得扣除销售成本后，提取 25% 作为合作社的公益金。剩下的利润，60% 返还给各分社；40% 作为联合社的收入，到年底再根据合作社的盈利情况给社员分红。作为会员之一的沈家营镇七彩甘薯合作社的理事长王军认为，以前一个合作社就一个品种，量又小，大订单谈不下来。现在联合社产品多，要什么有什么，再大的订单也敢接，大家的东西都好卖了。过去，甘薯合作社的销售全靠自己张罗，精力和能力都有限。现在，联合社专门成立了一家营销公司，销售能力大增，各分社的广告和营销成本都省下来了。

因为看中了北菜园的有机种植技术、管理水平，以及新颖的智能配送销售模式，全国各地有不少著名的示范合作社陆续联系北菜园联合社商谈合作事宜。黑龙江的有机土豆、五常市的新庄有机米、广西桂林的荔浦芋头、甘肃的金丝枣、湖北的长山药等地方名产已经陆续登上北菜园的销售网站。① 联合社的规模在持续扩大，经销品种、盈利能力也在稳步增加、增长。

（二）类型分析

"农民主导－股份合作型"是合作经济组织中的高级形式，虽然在理论上具备各种优势，但实践的效果仍然有待观察，因为它对成员的组织协调能力、经营能力、科技水平、资金数量等有较高要求，长期实行个体小规模经营的农户很难满足这些条件。

笔者认为，农民的经营能力不可能在短时间内大幅提高，优秀

---

① 于丽爽：《北菜园：从一叶扁舟到联合舰队——京郊农民专业合作社组建联合社调查》，《北京日报》2011 年 12 月 19 日，第 10 版。

的带头人也不可能到处都有。在中国农村的人员和资源持续流向城市的情况下，农民主导的合作组织面临严重的发展制约。政府及社会各界对此要有足够的重视。

"农民主导－股份合作型"保证了组织的经营利润主要留在农村和农民手中，是兼顾效率与公平的理想模式。但由于实力和经营水平所限，当前一些组织只是与外来企业签订了购销合同，按照企业的要求进行生产，农产品的加工、销售利润大部分为企业所得。这使合作组织变相成为企业的生产车间，与"契约供销型"没有本质区别，只是与企业相对的"农户"变成了规模更大的"农户集合体"。这些合作组织须注意到自身局限，在发展过程中逐渐扭转依赖龙头企业的局面。

总体而言，农民合作比单干有优势，但不同类型的合作组织产生的效果亦不同：①以企业为主导的组织，对农民的协调能力、经营能力、投入资金等要求较低，农户收益相对稳定，但经营收益的大部分为企业所得，农民获利不多；②以农民为主导的组织，对成员的要求较高，潜在经营风险亦高，但农民能够分享到更多收益。不管怎样，与单干户相比，合作组织的抗风险能力和市场竞争力还是要大得多。

读者对农民合作的案例进行评判时，需要对以下3点给予足够重视。

（1）中国农业、农村仍然是个广阔天地，投身其中大有可为，否则外来资本不会以异乎寻常的热情投入农村、农业。但单家独户的经营形式无法适应农业和农村发展的新趋势。

（2）"契约供销型"合作组织的弊端为模式本身所固有。而农民主导的合作组织所遇到的问题，则是市场、法律不完善，以及组织发展不成熟、农民经验不足等，并非其模式本身的固有缺陷。农民进行自我组织的权利不应受到歧视，反而应该得到更多的扶持和更广阔的实践空间。

（3）由于管理水平和面对的实际条件不同，任何经济组织都可能遇到经营风险、领导层决策失误等问题。不能因为某个案例的失败或效果不尽理想，就简单地否定某一类组织形式。

一方面，中国有着悠久的小农经济历史，而现代的合作事业起步很晚，还处于水平很低的阶段，缺陷和失误在所难免；另一方面，我国仍然缺乏足够宽松、公平的社会和舆论环境，不少人对新时期的农民合作化、组织化仍然抱有偏见，一些就事论事的探讨和研究甚至无法平和地进行（尤其对于"集体经济型"合作组织）。这一状况也阻碍了合作事业的健康发展。

政府和社会各界常把各种农户和农户、农户和其他组织的结合一概称为"加强利益联结机制"，好像一纸契约就能把分散化、互不联系、存在冲突的各方联系起来。这种笼统的说法既不负责任，也不符合现实，其根本缺陷是把一些组织类型中"此消彼长"的相同利益，一概视作"同甘共苦"的共同利益。

鉴于此，本章坚持以产权和主导力量作为划分类型的标准。根据这一标准，读者可以重新认识一些存在本质差别却在实践中被冠以相同名称的合作组织，合作实践的复杂性也在一定程度上得到反映。

第六章 | 为何有效的合作难形成?

　　山东省农民韩进因菜价太低自杀后（第四章已提及），社会各界再次掀起关注农民合作的热潮。在一片喊"合"声中，一个问题愈显突出：既然合作优点多多，为何多数农民没有趋利避害、尽快组织起来呢？

　　抽象地谈论合作问题，只能是人云亦云，不能触及问题的本质。为便于具体问题具体分析，展现合作实践的复杂性及众多相互影响的因素，笔者在此先介绍一个中部山区农村的合作尝试。

第一节　八龙村的农民合作

　　2008 年 7 ~ 8 月，笔者到重庆市石柱县（属"国家扶贫开发工作重点县"，即俗称的"国家级贫困县"）冷水乡①八龙村调研，获得了大量与"三农"有关的一手材料。与周边的乡村类似，八龙村是一个实行家庭联产承包责任制后有"分"无"统"的内陆山区农村。本章围绕农民合作的相关事项，对八龙村进行全景式的展

---

①　2009 年 12 月 30 日，重庆市政府同意撤销冷水乡，设立冷水镇。笔者在 2008 年调查时冷水尚未撤乡设镇。

现和分析，读者可以从中了解"大包干"后的"三农"现状，以及农民合作所面临的社会、经济局面。

一　背景介绍

（一）与经济相关的基本状况

根据石柱县林业局 2008 年的森林资源调查显示，八龙村有森林 13370 亩，其中公益林 6849 亩，商品林 6521 亩。①《石柱土家族自治县二〇〇七年农村经济统计年报（冷水乡）》显示，截至 2007 年末，八龙村实有耕地面积 1972 亩，其中田 1058 亩，冬水田 10 亩，土 914 亩。②

据《冷水乡八龙村村级规划（2006～2010）说明书》统计，八龙村有基层党支部 1 个，党小组 5 个，党员 52 名；有村民委员会 1 个，村民小组 5 个；共有 383 户、1335 人，其中外出务工者共 55 人。

而《石柱土家族自治县二〇〇七年农村经济统计年报（冷水乡）》上的统计结果则是八龙村共有 383 户、1232 人。经营农业的总户数为 380 户、1190 人。劳动年龄内人数为 541 人，其中包括不作为劳动力的中学生 26 人，丧失劳动能力者 34 人。超过劳龄而参加劳动者有 155 人。这样算来，总计有农业劳动力 636 人。外出务工总人数为 52 人，其中在石柱县内务工者 6 人，在石柱县以外且在重庆市范围内务工者 31 人，在重庆市以外地区的务工者 15 人。整体而言，外出务工者数量不多，并且重庆市范围内的务工人数占总外出务工人数的 71%③，这意味着务工者大

---

① 《冷水乡全乡森林分类汇总》，2008 年 3 月 15 日。
② "田"即水田，"土"即旱田。
③ 6 人（石柱县内务工者）+31 人（石柱县以外且在重庆市范围内务工者）=37 人。外出务工总人数 52 人。37÷52≈0.71。

多离家不远，家庭事务也比较容易兼顾。

据笔者了解，该村的外出务工者主要是年龄在 30 岁以下的年轻人，中老年人是本地从事农业劳动的主力军，这一农业劳动力的年龄结构与中国其他农村地区类似。其区别在于中年人留在八龙村务农的比例明显高于其他农村地区。因此，总体而言，八龙村劳动力外出务工的比例低于其他农村地区。

根据笔者调查，八龙村以农业生产为主业。该村 3 个小规模的个体杂货店和 3 个莼菜初级加工厂，可能是当地仅有的专业性商业和工业。此外，农户普遍有饲养猪、鸡的习惯，村内还建有全乡唯一的蛋鸡养殖场（私人经营）。但总体而言，农户的牲畜养殖主要是为了满足家庭内的食用需要。

（二）黄连与莼菜

黄连是八龙村最重要的经济作物，莼菜位居其次。当地农民的农业收入主要依靠以上两种作物。根据笔者在 2008 年的调查，八龙村黄连种植面积要远大于乡政府统计的 1060 亩，实际约有 4000 亩①。实际亩产也要大于统计显示的 167 公斤，实际平均亩产在 200～250 公斤。另一方面，莼菜实际种植面积约为 1850 亩，少于政府统计的 2500 亩。②

与中国其他经济上并不富裕的农村地区相比，八龙村具有一些鲜明特点，尤其引人注意的是，当地远距离外出务工者较少。这种情况在经济欠发达的农村地区，堪称罕见。这与当地的农业生产结构有直接关系——八龙村最主要的经济作物为黄连，正是黄连的普遍种植将大量农村劳动力束缚在本地。当地农民很少外出务工的另外一个原因是，冷水乡及周边地区近年

---

① 读者需要注意的是，黄连种植在山上，因此不占耕地。

② 冷水乡人民政府：《石柱土家族自治县二〇〇七年农村经济统计年报》，2007 年 12 月 20 日。

不断有较大型的基础设施建设，这些工程为当地农民提供了大量工作岗位。①

这些工程缓解了当地富余劳动力的转移压力，但在提高农民务工收入的同时还带来了其他方面的影响，比如导致当地可雇佣劳动力相对稀缺，雇工成本较高，农民经常抱怨"请不到工人"。一部分冷水乡农民长期在工地上劳动，一部分农民在家里的农活忙完后就会抽时间到工地上打零工。本地人做的是技术含量低、以体力劳动为主的工作。由于男女同工同酬，每天的工钱最低也有 50 元，吸引了大量农民务工。农民们说，打工"比种黄连、种莼菜都划算"。

石柱县一带历史上就是盛产黄连的地区。黄连为多年生草本植物，根茎有分枝，形如鸡爪。黄连富含黄连素，又含甲基黄连碱、药根碱等多种生物碱，以根茎入药，性味苦、寒，无毒。有泻火、解毒、清热、消炎、去燥湿之功效。现代医学证明，黄连具有抗菌、抗病毒、抗肾上腺素、抗癌、抗辐射、抗心律失常和降压、利胆、镇静等功效，对痢疾杆菌、霍乱菌、伤寒杆菌、结核杆菌、金黄葡萄球菌、溶血性球菌、肺炎双球菌及一些真菌均有明显的抑制作用；对钩端螺旋体及滴虫有杀灭作用；对多种流感病毒有明显的抑制作用，也可用提取的黄连素与其他药物配伍使用，预防和治疗多种疾病。

莼菜在 1995 年被引入当地。可供食用的莼菜为睡莲科莼菜属中的栽培种，是多年宿根水生草本植物。冷水乡种植的多为利川红叶莼菜，嫩梢由透明胶状物包裹，为食用部分。其色泽碧绿，滑而不腻，清淡爽脆，可炒、可作汤、作凉菜。莼菜具有清热、利水、消肿、解毒的功效，可治热痢、黄疸、痈肿、疔疮，还能防治贫

---

① 工程包括高速公路、旅游路、河堤、人行便道、天然气运输管道等。

血、肝炎，增强机体免疫功能，具有益智健体等食疗作用。种植莼菜要用不受污染的清净活水，因此当地人将其视为"纯天然健康食品"。

随着莼菜的经济价值日益显现，培植知识亦日益普及，越来越多农民把莼菜种植在泥土肥沃且灌排水方便的水田里。2002年，整个八龙村已普遍种植莼菜。到笔者调查时，已经有90%以上的水田被农民用来种植莼菜，水稻被全面取代，莼菜成为除黄连以外当地最重要的农业作物。莼菜对自然环境和水质要求甚高，植被良好且无工业污染的八龙村是难得的产地，该村的莼菜产量占全乡的80%以上。

莼菜的培植对劳动者技能要求不高，按照农民的说法，"只要把水管好就行"。除了生长、采摘期，基本不需要管理。除了土地的投入以外，几乎不需要其他固定投入。与黄连相比（从育苗到收获一般需要7年），莼菜确实是投资少、回报快的经济作物，因此成为政府农业发展计划的重点。冷水乡乡政府撰写的《石柱县冷水乡莼菜基地建设项目可行性报告》写道："在我乡，莼菜生产是农业生产的重要组成部分，也是全乡农业产业化发展的主要项目，同时，该项目也是我乡广大农民群众脱贫致富的首选项目。"普通农民对此也有所期待。

每年阳历4月下旬至10月下旬，是莼菜正常生长的时节。通常生长、采摘旺季在5月上旬至7月下旬。进入8月，采摘的农民就不多了。一般而言，八龙村的莼菜生长高峰在50天左右。在此期间，每隔2至3天就可以对同株莼菜采摘1次，1个普通劳动力1天能摘100斤以上的莼菜。只要有3~4亩处于高产期的莼菜，就可以保证2个劳动力在50天内每天都有活干。

农民采摘回来的莼菜，当天就必须运到收购点销售，在莼菜生长旺盛的时节，还会有一些外地客商到田间地头向农民收购。农民交售莼菜的价格长期保持在0.8~1.2元/斤，一般不超过1.4元/斤。

因此，农民只要投入一定量的劳动，种植莼菜能带来多少收入是可预期的。假设莼菜价格在 1 元/斤，1 个劳动力在莼菜生长的高峰期每天都可摘到 100 斤莼菜，50 天下来就有 5000 元的收入。如果有两个劳动力摘 50 天，就有 10000 元收入，显然比种植水稻划算得多。

当地农户在山里种植 10 亩以上黄连的情况很常见。黄连的生长期长，还需要精细管理，导致八龙村整体上存在劳动力不足的问题。在夏天，为了给黄连除草、施肥，不少家庭只能趁空余时间摘莼菜，影响了莼菜经济价值的充分发挥。总体而言，虽然莼菜种植已经全面取代水稻，但它对农户的经济收入只起到一种补充作用。据笔者调查，八龙村仍有个别家庭未种莼菜，但每个家庭多多少少都要种些黄连。农民普遍认为，虽然近几年价格低迷，但黄连仍然是经济收入的根本来源。他们愿意种上莼菜，首先是为了不让水田荒着。只要从莼菜田里获得的收入能保障家庭全年买口粮的花销，多数农民就已经感到满意。用农民的话说："莼菜只需要忙两三个月，等于是赚点油盐钱。"

虽然如此，种植莼菜确实改善了农民的经济状况。在普遍种植莼菜之前，当地农民只能靠销售黄连和外出务工来赚取现金。因为要购买化肥、家人患病或支付小孩的学费等，每年都有农户提早挖出并销售黄连。种植莼菜之后，虽然因为缺乏劳动力，其经济效益没有完全发挥出来，但莼菜销售价格稳定，投入少效益高，已经明显缓解了农民的经济压力，使当地必须提早挖黄连的情况有所减少。单是 1 亩莼菜所带来的收入就足够保障 3 ~ 4 口人家一年买米的支出并有富余，除此之外的收入，就可算是额外的"零花钱"了。种上莼菜以后，农民明显感觉到与种水稻的时候相比，经济上要宽裕许多。甚至还有农民向笔者和其他调查队员反映，莼菜对"家庭、邻里和谐有很大帮助"。

由于种植历史悠久，对当地农民而言，种黄连是一种习惯和风俗，甚至已经形成一种依赖。一般农民并不能明确黄连种植始于什么年代，前村委会主任肖龙堂这样向笔者介绍："从盘古开天以来就开始种黄连，无论哪个朝代，国内国外，总是要用（黄连）的。"黄连在任何时候都能销出去换来其他东西，"无论价格贵贱，总是能养活人"。

只是黄连的价格远不如莼菜稳定，其价格波动对当地劳动力流动和农民的经济生活有决定性影响。20 世纪 80 年代初期，随着土地制度改革，田、土、山场分到各户，有条件的农户开始小面积种植黄连。到了 20 世纪 80 年代末，1 斤黄连的价格在 20 元左右，此后开始下滑；90 年代中期长期保持在 10 元以内，最低时 1 斤黄连仅卖 4 元。

1998 年，黄连价格开始上扬，1 斤可卖 10 ~ 20 元。1999 年，1斤黄连可卖 20 元以上。2000 年，每斤价格在 80 元至 100 元之间。2003 年，由于"非典"在全世界蔓延，市场对消炎类药品的需求激增，黄连卖出 150 元一斤甚至更高的价格。

2004 年，黄连价格从 60 元/斤不断下滑，2005 年在 30 ~ 40元/斤，2006 ~ 2008 年在 20 元/斤上下波动，最低时 1 斤只能卖 17元。截至 2011 年 8 月，黄连价格再次上涨到 50 元/斤。

受黄连价格低迷的影响，20 世纪 90 年代初期和中期，八龙村外出务工者较多。随着 90 年代末期黄连价格开始上涨，大量打工者回乡种植黄连。一直到笔者进行调查的 2008 年，当地外出务工者仍然维持在一个较低的比例。

（三）基础设施状况

八龙村所在的石柱县属于"国家扶贫开发工作重点县"，可以获得上级政府项目、资金、物资、技术推广等方面的重点扶持，这对缓解公共物品短缺的局面有重要作用。进入 21 世纪以来，由于特殊的区位和生态环境优势，八龙村得到上级政府的格外垂青，先后被评为市级民族团结进步示范创建村、万元增收示范创建村、整村脱贫村、新农村建设示范村等，在扶贫资金和发展项目上得到政策性倾斜。在交通条件发生根本改变的前提下，2009 年八龙村还被纳入"万盛——八龙生态湿地园"规划范围，与黄水片区旅游项目同步开发。

道路交通在农村的重要性不言而喻。冷水乡政府把 2008 年定为"道路建设年"，全镇新建、整治农村公路 36 公里。途经八龙村的冷水至黄水旅游连接路、八龙村扶贫公路，分别于 2009 年、2008 年验收通车。2009 年，沪蓉高速公路（冷水段）已经贯通，超出了计划进度。渝利高速铁路石柱段（经八龙村碓窝坝组）前期工作完成，于 2009 年 1 月 16 日正式破土动工。为了充分利用改善后的交通环境，2008 年 6 月 11 日冷水乡政府从天河村冷水溪搬迁至河源村菜籽坝，即沪蓉高速公路出口附近。

2008 年，在对口支援的石柱县公安局资助下，八龙村的双坝组和凤凰组新建了蓄水池和用水管道，缓解了两个村民小组的一部分人畜用水困难。

由于八龙村的莼菜田被列入石柱县"莼菜原产地域保护工程"，县农办于 2005 年投入 350 万元实施综合开发。2006 年，县农办、国土资源和房屋管理局注入项目资金 500 万元，结合新农村建设，对八龙村莼菜田进行综合整治，于 2007 年完成。另外，县农业局投入 70 万元，对莼菜基地实施围栏保护，并购买鱼苗进放进莼菜田，开展莼菜田养鱼项目实验。据笔者所见，在大片连起来的莼菜田中有平整的水泥人行便道，在最大的一片莼菜田边上，还有类似于高速公路护栏的金属防护围栏。

除了对硬件和设施进行投入以外，由政府资助的莼菜品种和种植技术研究也相继开展。石柱县作为全国三大优质莼菜基地之一，由于种植莼菜有年，一些地方的莼菜出现退化，产量逐年减少。
2003 年 10 月，西南大学和石柱县签订了县校合作协议。2005 年 5
月，县农业局与西南大学联合启动了"石柱莼菜提纯复壮暨丰产
栽培关键技术研究和莼菜良种扩繁示范项目"，由西南大学园林园
艺学院刘朝贵教授具体负责，种源培育基地位于八龙村双坝组。

虽然政府对八龙村投入的资源确实不少，对改善当地的"三
农"现状有显著作用，但政府对农民合作缺乏扶持和指导，大量
的资源投入对促进合作亦没有直接帮助。根本原因在于，这些投入
没有从根本上解决农民合作的成本收益比过高（即合作不划算）
问题。读者在下文将可看到，八龙村的农民合作成本与收益状况如
何导致农民不合作。虽然合作的重要意义在本书的绪论、第四章等
部分已经被反复论述，但为免读者误会，笔者再次强调，当前合作
不划算并不意味着农民没有合作的必要性和紧迫性。

二 唯一的民间组织：莼菜专业合作社

八龙村是内陆地区实行家庭承包经营体制的典型。长期以来，
村两委、村民小组是仅有的合法、公开活动的组织。而所谓的集体
经济只剩下两间用于出租的门面房，每个月大概能收到 600 元租
金。另外，镇政府每年还给村两委划拨少量的办公经费。除此之
外，再没有任何可以用于集体事务的常设经费。显然，村组集体缺
乏为群众提供服务的经济基础。

但是新品种经济作物——莼菜的引入，给农民重新组织起来提
供了契机。

根据八龙村的气候环境，每年的 4 月下旬至 10 月，莼菜都能
正常生长，并可持续采摘。8 月以后，莼菜生长速度减慢，采摘时
间仅 5～8 天，随着采摘量下降，收购莼菜的活动也就陆续停止。

即便仍有农民继续采摘，也没有办法把莼菜销售出去。

莼菜的收购价格与收购商的数量密切相关。在 5~6 月莼菜生长的高峰期，有不少外地人到八龙村加入收购行列。为了保证达到一定的收购量，收购者会适当提高价格以吸引农民向其交售莼菜，每斤的价格能达到 1.2 元或以上。但随着生长高峰期过去，外地客商就会离开，只剩下八龙村内一些固定收购点还在继续运作，莼菜价格则相应回落。一般农民由于没有外运和加工的手段，莼菜采摘后必须在当天就近出售，只要放一个晚上，莼菜就会变质，无法售卖。所以，农民几乎没有向收购者讨价还价的余地，收购价格降至 0.8 元/斤也必须卖出，这种情况每年都会出现。八龙村的普通农民一直对此感到不满。

冷水乡的农民大都知道，这里的莼菜远则出口到日本、韩国，近则销售到国内主要大型城市。虽然莼菜产业利润丰厚，但大部分利润都被"大老板"赚去了，农民是付出最多、最辛苦的生产者，却"赚不到钱"。他们对此的认识是，只要做农民，就不可能发财；无论种黄连还是莼菜都不能发财，"做生意"者最发财。

据笔者了解，经过加工、包装的莼菜，零售价格达到每市斤（含包装内用于保鲜的冰醋酸，莼菜的实际重量不到一半）10 元以上。相比于新鲜莼菜每斤 1 元左右的价格，确实不可同日而语。

有见及此，少数头脑灵活、眼界开阔的八龙村人试图通过"农民专业合作组织 + 农户""营销大户 + 农户""外地企业 + 营销大户 + 农户"等模式，把种植者和莼菜资源整合起来。最低目标是提高莼菜收购价格，延长收购时间；更高的目标是把加工和销售环节的利润更多地留在八龙村人手中。

经石柱县工商局批准，2007 年 12 月八龙村莼菜专业合作社正式成立，至笔者调查时共有 14 名成员。这是八龙村在人民公社解体之后成立的第一个新型合作社，也是第一个民间自发成立的组织。

刘世明是八龙村前任党支部书记，对当地的莼菜发展历程有深入了解，并主导了八龙村莼菜专业合作社的成立。他说，按照现在的市场行情和经营模式，虽然在水田里种植莼菜比种水稻强，但莼菜没有办法令农民致富。因为采摘莼菜只能依靠人力，无法用机械代替，所以表面看来收入很高，实际上十分辛苦。每年持续 3 个月的莼菜采摘对劳动者身体有很大损害，容易引起风湿等疾病。① 种植黄连虽然很辛苦，但对身体的损害毕竟少些。莼菜 1 块钱 1 斤，实际只能赚点苦力钱。加工之后的附加值、中间环节的利润，农民是赚不到的，都被做生意的人赚走了。莼菜加工并不复杂，不过是收集、分级、灭活和保鲜。生意人拿到外面去，最高卖到十几、二十块钱一斤，中间差价很大。最好是能砍掉中间环节，直接和外面联系。只是县里、乡里都没有给我们介绍销路，任凭老板自己来收。行情好，老板就来；行情坏，老板就不来了。由于目前莼菜的利润不大，莼菜行业很可能会逐渐式微，除非农民销售的新鲜莼菜每斤能卖到 2 元以上，这样才能保证莼菜行业继续发展。

八龙村现任党支部书记刘伟（刘世明之子）说："我通过上网发现，现在日本每吨莼菜的销售价格高达 5000～6000 元人民币，而我们现在的价格一般是每吨 2300 元左右，中间可以做的环节很多。我们的莼菜是先运到杭州，再销往日本和东南亚。我们希望能够减少中间环节，提高收购价格。"②

三 没有运作的合作社

虽然酝酿多时的莼菜合作社已经正式成立，但因为销售渠道、

---

① 莼菜是睡莲科植物，生长在有清水流入的田里，水深达成年人的大腿。农民采摘时需要穿上隔水的防护服装，弯下腰来采摘莼菜长在水面下的嫩芽。

② 刘伟这段话来自该次田野调查的团队成员莫晓波的调查报告《乡村政治变迁中"文化—社会"的断裂与同构》。

资金实力等方面的限制，至今仍未正式运作。

　　刘伟告诉笔者，如果按照 1 元/斤的价格收购新鲜莼菜，直接转运出售，每斤能赚取 3 分钱纯利。要想有更大的利润，必须经过加工。新鲜莼菜只能保存 24 小时，加工后可以保存 1 ~ 2 年，才有可能待价而沽。这就需要引进投资或者集资，建起像样的工厂，进行莼菜加工。建设一个半成品加工厂，需要 8 万元的资金投入，如果经营得当，1 年时间就可以收回成本。

　　刘伟认为，必须由 1 ~ 3 个有实力的农户牵头并管理协会事务，农民可以采取自愿入股的方式，在分享红利的同时分担风险。不过现在让普通农民出钱几乎是不可能的，所以要让农民无须入股即可加入合作社，由合作社统一收购成员的莼菜。在笔者看来，这实际上是把合作社作为成员们唯一的交售对象，将当地的莼菜资源集中在合作社手中。

　　有一个情况相当耐人寻味。笔者和团队成员在调研期间发现，莼菜专业合作社不仅没有实际影响力，而且除了部分党员和党员的亲属以外，普通村民并不知道村里已经成立一个合作社，对新型农民合作也没有什么想法。这意味着合作社从酝酿至今，牵头举办者没有对合作社进行宣传，亦未广泛征求群众意见。普通农民不仅没有设想过要创办什么莼菜合作社，甚至连"合作"的设想都未曾有过。

　　根据笔者在 2012 年 1 月向八龙村村民了解到的情况，2010 年莼菜价格突然上涨，最高可达 2.5 元/斤，最低也有 1.5 元/斤。到 2011 年最高价格涨至 3.5 元/斤，最低价格为 2 元/斤。

　　为何 2011 年莼菜价格创下新高？冷水乡一带数一数二的莼菜收购商、万江食品有限公司董事长兼总经理万小江告诉当地农民，日本地震损毁了当地莼菜基地，导致日本国内的莼菜供不应求，需要从中国进口，因而 2011 年石柱县的莼菜收购价格大幅上涨。

　　虽然莼菜价格突然上涨出乎所有人意料，但说到底也不过是市场经济下价格波动的常见现象。农民只是价格的被动接受者，"菜贱伤农，菜贵伤民"的循环并未打破。2008 年调查期间，对莼菜产业较为了解的村民就一再告诉笔者，莼菜处于供不应求的状态，市场前景很好。受价格上涨刺激，2010 年八龙村的莼菜种植面积大幅扩张，原来大片排水不良的湿地被开垦成莼菜田。由于原本已面临劳动力不足的问题，当地农户为了开垦湿地种植、采摘莼菜，大量聘请外地农民到此打工。至 2012 年 1 月，八龙村的莼菜田面积增加至 3000 亩左右。由于这一轮莼菜种植面积扩张源于价格上涨的刺激，其他地区的农民也会受到同样的刺激而增加种植面积，这种情况给莼菜产业带来的深远影响仍然有待观察。但如果农民继续盲目地、无组织地谋求短期利润最大化，不顾一切地增加产量，最可能的结果依然是"菜贱伤农"。

类似八龙村莼菜专业合作社的情况，在缺乏政府或外来资本强力推动农业产业化的地方很常见。过去，政府存在"乱作为"的情况，但现在却陷入了另一个极端——无所作为。少数有合作意愿的农民，由于缺乏相应的社会资本和物质资本，再好的设想也没能转化为实践，因此大量已经注册成立的合作社或形同虚设，或运行效果与理想状态差距甚远。农户过度分散、缺乏组织的情况也没有明显改善。

下文主要围绕八龙村的社会经济状况和农民合作实践，探讨以下问题：①农民遵循何种逻辑来选择合作组织的产业基础？②阻碍农民合作的普遍性因素是什么？

第二节 合作的选择：为何是莼菜而不是黄连？

正如笔者前文所介绍的，长期以来八龙村一带最重要的经济作物为黄连，莼菜是 1995 年新引进的作物。2007 年末，莼菜专业合

作社——八龙村第一个新型合作社率先成立。令笔者好奇的问题
是，为何最早成立的不是黄连合作社而是莼菜合作社？

这个基于具体案例的疑问背后蕴含着一系列普遍性问题：在有
多个选择的情况下，农民会选择什么产业进行合作或者说产业选择
会受到哪些因素的影响？对农民生计有决定性影响的项目是否必然
具有合作的优先性？为探讨这些较抽象的问题，笔者需要结合调查
所得之材料，先回答前面提出的具体问题：为何是莼菜而不是黄
连？

一 自然环境和作物特性

根据笔者的调查和分析，莼菜和黄连的生长特性和对环境的要
求不同，导致二者的可种植范围大不一样，因此一村范围内二者的
产量具有截然不同的经济意义。正是生物特性所导致的经济意义差
别，决定了哪种作物才能激发农民的合作欲望。

从 2007 年开始，石柱县的莼菜种植面积已经居于全国前列，
甚至有资料显示，石柱县"经过了 20 年的努力，现有在地莼菜
1.2 万亩，成为世界目前最大的莼菜基地"。[①] 而冷水乡的莼菜产量
在 2008 年约占全县产量的 1/4 以上，随着黄水镇[②]太阳湖[③]景区开
工建设，这一比例正在上升。因此，八龙村的莼菜专业合作社如果
运作良好，对全县的莼菜产量和价格都将有很大影响。

而黄连的情况不同，虽然石柱县的黄连产量占全国总产量的
60%以上，足以对黄连价格的形成发挥主导作用，但石柱县境内至

---

① 《重庆石柱建成世界最大莼菜基地》，成都特办，2007 年 6 月 13 日，http://
cdtb.mofcom.gov.cn/aarticle/zonghsw/200706/20070604776513.html。
② 黄水镇属于石柱县并紧邻八龙村，生态环境非常相似。
③ 黄水镇的太阳湖原本是全县最大的莼菜产区。

少有 13 个乡镇大面积种植黄连，县黄连公司还另种有 1400 亩黄连。冷水乡的黄连产量仅占全县产量的 1/10。[①] 因此，即便冷水乡全乡能成立一个黄连生产合作社，也难以对黄连市场产生显著影响。要达到这个目的，最起码需要成立一个包括全县范围内的合作社。但以行政村为单位的专业合作社尚且难以组织，建立一个县级的合作社简直是天方夜谭。就算这样的招牌能挂起来，怎么保证这个机构有效运转呢？

其次，农产品加工、贮藏的特性和要求不同。正如前文所说，采摘上来的莼菜必须在当天冰冻并以飞机外运，或者进行初加工，以延长保质期。新鲜莼菜若不加以处理，第二天就会变质。莼菜的初加工包括清洗、高温杀青、冷却、分级，加入醋酸保鲜，再装进容积为 60 升或 50 升的塑料桶。尽管技术并不复杂，但八龙村仅有个别收购点具备相应的设施，普通农户没有对莼菜进行加工的条件。

因此，莼菜一旦采集上来，农民只能把它按照当天的"市场价格"全部出售，否则连采集所付出的劳动也付之东流，农民完全不具备讨价还价的余地。弱势的普通农民组成合作社，可以共同对莼菜进行加工，延长保质期，增加讨价还价的空间。要引进大规模的莼菜加工企业，或者与外地消费者进行购销对接以减少中间环节，同样需要一定数量的农户协同行动，才能保证原料的足量供应。

黄连的情况与莼菜大不相同，其生长和加工特性使它易于保存，连农（专指种植黄连的农民，下同）很少因为产品变质而受损失。移栽后的黄连一般在第 5 年被挖出，实际上在第 4 年和第 7

---

① 石柱土家族自治县人民政府办公室发布《石柱土家族自治县人民政府关于 2009 年中药材产业发展的意见》（石柱府发〔2009〕29 号），2009 年 2 月 16 日。

年都可以将其挖出，进行加工并销售。举例来说，如果价格过低，有些农民觉得销售黄连不划算，而且家庭对这一部分可兑现的资金并无迫切需要，可以不将黄连挖出，并继续施肥和除草。长到第6年或第7年的黄连会更加粗壮，相对而言亩产更高。如果农民因为突发事件需要较多资金，可以把第4年的黄连也挖出，一并加工销售。当然，不足5年的黄连，其药效和产量都不如5年及以上的黄连。种了4年的黄连亩产通常只有400余斤。假设1个农户每年种植2亩黄连，以7年算（不算育秧所需的2年），该农户就拥有14亩在地黄连。再假设平均亩产为500斤，每斤黄连卖40元，如果把第5、6、7年的黄连一并挖出，就有3000斤以上的收成，最少可以换来12万元的收入。如果把第4年的黄连也挖出，就有4000斤的收成，加起来约有16万元的收入。

由于黄连的生长特性，对连农而言它就是长在山（不妨把青山比喻为"银行"）上的"绿色存款"，这种作用是蔬菜、粮食、水果等其他作物所不具备的。烤干后的黄连可以长期储藏，只要存放妥当，就不易变质。如果认为价格过低，或者预计价格仍有上涨空间，农民可以留待价格合适或需要资金时再出售。由于不存在严格意义上的"保质期"，黄连简直就是放在家中的"活期存款"。

改革开放以来，连农的家庭经济条件得到了很大改善，不少农户也积累了一些财富。黄连可以延迟收获、耐储藏的特点得以体现，也给农民讨价还价提供了较大空间。虽然连农对黄连价格和早已形成的利益链条难以形成影响，但农户可以对不满意的价格说"不"，暂时拒绝交易。只要这期间黄连价格没有下降，农户的经济利益就基本不会遭受损失。

黄连加工技术和设备的改进，也使农户间合作的必要性有所降低。刚挖出来的黄连需要以专门的剪刀将须根及地上部分剪掉，得到黄连砣子。鲜货堆积容易发热变质，影响产品质量，必须及时加工。步骤分为毛炕、细炕、槽笼冲撞。连农熟知全套加工程序，并且几乎每家每户都有相应的全套工具和设施（也有两家合用的情况存在）。传统的加工步骤需要 4 个劳动力，单家独户通常难以完成。近年石柱县出现了一种专用于炕黄连的"铁兜兜"（一种可以边加热边转动的铁笼）。这种工具把原来的 3 个步骤合并进行，而且使所需人力减少了一半，普通家庭也可以独立完成整套加工程序。因此，在种植、加工、销售方面，连农都没有合作的迫切需要。

二 与既得利益集团的摩擦成本和交易成本

作为一种制度创新的新型农民经济合作，其创新和运行的成本极大地影响了自发合作的出现。在黄连贸易中，由于早已形成了具有垄断地位的既得利益集团，任何民间自发的黄连供销合作都将与它们形成直接竞争，产生制度变迁的摩擦成本。

紧邻冷水乡的黄水镇拥有全国最大的黄连交易市场，是最重要的黄连集散地，历来被称为黄连行情的"晴雨表"。除了当地的商人以外，来自亳州、广州、上海、浙江、成都等十多个省市的几十名黄连商人长期住在黄水镇。他们收购集中到当地的黄连，再外销到全国各地的药材市场，甚至出口到国外。

在石柱县，连农把黄连炕干后就直接出售给开着车到处收购黄连的小商贩，这些商贩的收购价格比黄水镇的价格每斤要低 3 ~ 5 元。八龙村距离黄水镇大约只有半小时的车程，但连农无法把自家的黄连直接运到黄水镇出售。原因在于把黄连外运销售需要车费和人工，而 1 户人家每年能产出的黄连一般不超过 2000 斤，从规模效益来说存在一定局限。最重要的是黄连运到市场以后根本不可能卖出好价钱，因为黄连市场已经形成固定的利益链条，不接纳外地人直接在市场上"公平交易"。曾有连农想多赚些钱，尝试把黄连运到黄水镇出售，但一直无人问津。如果把黄连直接运回家里就等于白花了一来一回的运费，最后只能以非常低的价格卖给当地商贩。

因为现成的销售渠道已被黄水镇的商人把持，即便连农能够组成合作社，以集体的力量销售黄连，自发的农民合作社也难以找到销售的突破口。因此，连农把稳定黄连价格的希望寄托于政府也就不难理解了（详见下文）。

与既得利益集团的摩擦成本在莼菜产业中也同样存在，不过因为莼菜引进的历史还不到 20 年，类似黄连产业般强大和复杂的利益链条还未形成。农民自发的合作社就存在自营销售的空间。此外，每年的采集高峰期都有外地客商到八龙村收购莼菜，也给莼菜合作社提供了直接对外销售的契机。这样的条件黄连产业并不具备。

因此，在黄连产业中，与既得利益集团的摩擦成本和交易成本远高于莼菜产业。民间自发的合作社在莼菜产业中率先出现也就不足为奇了。

三 "安全第一"原则

由于位处偏僻、路况恶劣，八龙村的工商业历来不发达。海拔偏高、山地多、平地少的自然条件，导致粮食作物和烟草等经济作物产量低，当地的温饱问题长期未能解决。改革开放以来，农民获得了一定程度的生产自主权，黄连产业也逐渐市场化的，其经济价值得以彻底实现。广阔茂密的山林为黄连提供了优良的生长环境，农民也在黄连的生产和销售中获得了收益，改善了生产生活条件。

总而言之，近 30 年来，黄连是当地农民主要的农业收入来源。

然而，时任八龙村村委会主任的张德会告诉笔者，大多数农户的经济状况仍然是"老鼠滚米汤，只够糊嘴"，这种农户在他所属的凤凰组占了80%。这样的经济条件对他们行动的逻辑有重要影响。

詹姆斯·C. 斯科特（James C. Scott）在研究东南亚农民的政治活动和反叛基础时指出："由于生活在接近生存线的边缘，受制于气候的变幻莫测和别人的盘剥，农民家庭对于传统的新古典主义经济学的收益最大化，几乎没有进行计算的机会。典型情况是，农民耕种者力图避免的是可能毁灭自己的歉收，并不想通过冒险而获得大成功、发横财。用决策语言来说，他的行为是不冒风险的；他要尽量缩小最大损失的主观概率。如果说把农民看做面向未来的熊彼特式的企业家，忽略了他的主要的生存困境，那么，通常的权力最大化假设则没有公平地对待他的政治行为。"①

斯科特所强调的"安全第一"原则，在八龙村农民的行为中也得到了体现。虽然农民对黄连市场完全由商贩操纵、生产者处于价值链底层的局面感到不满，但因为黄连的销售收入是家庭全年收入的支柱，而且变革购销体系所带来的风险也不是普通农民所能承受的，因此农民通过集体行动变革现有黄连购销体系的积极性很低。

八龙村农民追求的是风险最小化，而非利益最大化。这是理解当地各项制度创新（包括农民合作在内）的一个基本逻辑。以黄连为例，无论市场价格如何波动，流动商贩每年都会开着汽车到各个产区收购黄连。通过这些小商贩，黄连集中到黄水镇，然后再由外地来的药材商人发向全国乃至世界各地。在这种长期形成的购销模式下，农民几乎不用承担滞销的风险，双方以"市场价格"为依据，"你情我愿"地交易。调整来年的黄连种植面积，成为农民应对

---

① 〔美〕詹姆斯·C. 斯科特：《农民的道义经济学：东南亚的反叛与生存》，程立显等译，译林出版社，2001，第5~6页。

市场波动的重要手段。正如前文所言，在对现金需求并不迫切的情况下，农民还可以把黄连储存起来，等到价格合适的时候再出售。

总而言之，变革现有黄连购销体系的风险过大、成本过高。如果现有的购销链条彻底断裂，连农就失去了低成本销售黄连的现成渠道，由此导致的后果或许不是一般家庭能够承受的。再加上黄连的生长和储藏特点，连农有特殊手段应对黄连价格低迷的状况，缓和了价格波动所造成的冲击。因此，连农对设立黄连合作社缺乏积极性。

组建具有制度创新性质的现代合作组织必然具有成本和风险。贫困农民在面临自身无法解决的难题时，更可能采取传统的互助形式，而非创设或加入新型合作组织。

发生在石柱县桥头镇马鹿村龙井组的案例很好地阐释了这一特点。2005 年，桥头镇农民向世界（人名）从山上弄下来一些木料，想要做成棺材来卖，他通过亲戚联系上黄水镇人白木匠。白木匠被请到龙井，住在向世界家里做棺材。附近的其他人家也经常找白木匠帮忙做事，所以他与邻里的关系融洽。其中向大义与他关系尤其好，白木匠也经常到向大义家里做客。一次家里杀猪，向大义请白木匠来吃刨猪汤，白木匠和他女儿开玩笑，让她也称自己为爹，向大义的女儿答应了，从此建立起干亲关系。2008 年，向大义的女儿要出嫁，但置办嫁妆时缺钱，向大义决定把家里存放的黄连卖出。他找到白木匠，想把黄连拿到黄水镇卖个好价钱，白木匠欣然答应。向大义花费 140 元把家里的 200 余斤黄连租车运到黄水镇白木匠的家里存放。随后白木匠找到镇上的黄连老板把向大义的黄连全部卖掉，共获得 3000 余元，这比卖给流动商贩多赚了 500 余元。①

————

① 此案例由西南大学历史文化学院 2011 级硕士研究生王明月在 2011 年的实地调查中采集。

这是笔者所知道的唯一一个能在黄水镇黄连市场上卖出好价钱的案例，之所以出现这个结果，是因为卖家（向大义）与中间人（白木匠）结了干亲，实际上仍然属于历史上常见的私谊性、临时性的人情往来，而非现代意义上契约性、长期性的平等联合，是中国传统的血缘、亲情关系的扩展。农民对类似的"解决办法"非常熟悉，这也是他们的个人能力和关系网络所能掌控的。在这个案例中，弱势农民为了降低经营风险，采取了依靠"关系"的传统办法，而非开拓新渠道、创设新型的社会交往方式和互助合作关系。

依照"安全第一"原则，莼菜合作社的出现同样可以得到合理解释。正如前文所言，八龙村的农民认为："莼菜只需要忙两三个月，等于是赚点油盐钱。"对普通农民而言，来自莼菜的收入并非家庭经济的支柱。哪怕在制度创新的过程中莼菜销售出现问题，农民的损失也不会很大，不至于经济上陷入困窘，无法翻身。

笔者调查期间，八龙村有 3 户人家专门从事莼菜的收购和初级加工，他们与外地的莼菜企业存在固定的供销关系。一方面，改变现有莼菜产业发展模式，对他们的影响将是巨大的，与普通农民不可相提并论。农民合作社的有效运作，可能导致他们的既得利益受损。另一方面，他们也可能凭借有的技术、设备、经验、客户关系，在未来的合作社中占据主导地位，从而为集体创造出更多的经济和社会效益。

四　外来利益集团的偏好和政府工作重点的影响

对农民而言，只要能给他们带来丰厚稳定的收入，这种作物、产业就是好的。然而，其他群体关注的重点往往与农民不一致。与黄连（当地农民的经济支柱）相比，莼菜（在农民的收入结构中只占次要地位）是一种受到各方欢迎的经济作物，政府、旅游业界表现得尤其积极。

旅游业界在乎的是作物与环境在视觉上的协调、与现有旅游资源的有效对接，以及作物本身独特的观赏价值等。总体而言，大面积且连片种植的莼菜，看上去确实协调而美观，别有一番景致。笔者于 2008 年 7 月初抵达冷水乡进行调查时，只要天气晴朗，走在八龙村的干道上，最常见的情景是：蓝天白云和青山为远景，中景是错落有致的民居和树木，近处则是颜色由深绿到浅绿、形状极似睡莲叶片的莼菜缀满了一片片洁净的水面，不时可见农民弯腰在水中采摘。由于独特的景观价值，八龙村在 2009 年被纳入"万盛—八龙生态湿地园"规划范围，与黄水片区旅游项目同步开发。成为旅游景点后，宅基地位于莼菜田附近的农户，可以经营包含住宿和餐饮的农家乐，开展各种农村体验活动，开辟新的增收途径。

地方政府在推动莼菜种植和发展莼菜特色旅游方面非常积极。从 2010 年开始，由重庆市农委和石柱县人民政府、县农委、县旅游局、冷水镇人民政府共同举办的"中国·石柱莼菜文化节"已连续举办两届。文化节从 7 月中旬开始，为期 1 个月。在 2011 年 7 月 15 日举行的第二届开幕式上，举行了莼菜采摘比赛、莼菜烹饪比赛和拉歌大赛。文化节期间，莼菜观光园还举行了摄影家采风、作家莼菜基地采风、土家民歌比赛、土家斗锣比赛等系列活动。[1]

石柱县首个建成的莼菜基地位于黄水镇万胜坝村，随着万胜坝水库建成蓄水，莼菜基地迁移至冷水镇八龙村。当地的万亩莼菜观光园是黄水旅游区域的重要组成部分。观光园以八龙村、河源村、

---

[1]　谭华祥：《石柱万亩莼菜观光园邀你来》，《三峡都市报》2011 年 7 月 20 日，第 16 版。

天河村已建成的优质莼菜种植基地为基础，整合黑天池湿地和龙河、油草河源头水系，修复回龙寺，依托周边优美的森林植被，共有 5 个各具特色的功能区。[①]

笔者在 2009 年 3～4 月到石柱县三河乡调研，其间对冷水镇进行了回访。新上任的镇党委书记王林斌向笔者一行介绍了镇党委和镇政府"风貌打造线"（"线"大概指某些方面的工作任务和安排）计划的内容。与黄连和莼菜相关的内容有：①生态保护，全镇范围内禁止森林砍伐；②禁止在视野范围内搭建黄连棚；③环境规划，配合万亩莼菜园建设独特景观。

在政府看来，种植黄连既要砍伐森林，又要搭建碍眼难看的黄连棚，影响了风景的协调和美观。[②] 为了发展旅游产业，就需要限制黄连种植，支持莼菜种植。

在这样的外部环境之下，八龙村顺应政府、旅游企业、传媒的意愿，采取建立莼菜合作社在内的措施予以配合，确实也合乎情理。

五　支柱产业与合作组织的产业基础

笔者认为，探讨八龙村为何率先成立莼菜合作社而非黄连合作社，有助于回答以下普遍性问题：一是农民会选择什么产业进行合作？二是对农民生计有决定性影响的项目是否必然具有合作的优先性？上文已经分 4 个方面对问题一进行了初步的回答，下文将尝试回答问题二。

[①] 谭华祥：《石柱万亩莼菜观光园邀你来》，《三峡都市报》2011 年 7 月 20 日，第 16 版。

[②] 事实上，为了种植黄连，连农在砍伐森林的同时也大量种植杉树。目前的种植方式并未导致明显的水土流失，黄连种植区的山地植被仍然良好。

一般认为，农民在经济领域的合作会在支柱产业中首先出现，因为支柱产业对农民的生产生活影响最大，合作若能有效进行，给农民带来的收益也最大。这个观点在逻辑上无懈可击，但不一定符合实际情况。从八龙村的案例可以看出，如果能带来稳定收入的产业不止一个，则哪个产业具有合作优先性将取决于一系列复杂的因素。

首先，就农业领域而言，某种生物本身的特性、当地的自然和社会经济条件具有基础性的影响。生物的生长、加工特性和某地的自然环境、劳动力、资本、基础设施、权力结构等条件的组合形式，将决定农民合作组织的潜在收益和潜在市场影响力。这个组合受到多种因素的制约，而某个产业本身是否为当地经济收入的支柱并非决定性因素。

其次，合作所带来的成本收益比，以及是否能满足农民的"安全第一"原则。新制度经济学的"成本—收益"分析虽然对制度变迁具有较强的解释力，但其前提假设——把分析对象都看成是追求利益最大化的"经济人"——对经济条件较差的农民并不完全适用。贫困农民的普遍性特点是追求风险最小化，而非利益最大化，即"安全第一"原则。因此，既能实现成本收益比的最小化，又能满足"安全第一"原则的产业，就是最有希望形成有效合作的产业。

最后，产业是否得到外来力量或政府的支持。一些产业发展项目，虽然在原有的产业结构中没有受到农民的特殊重视，但政府或外来资本、组织从中可以获取特殊的利益，或者对实现某些特定的目标有所助益。这样的产业往往可以得到额外的支持，农民合作的成本收益比、收入的稳定性等因素也就发生了变化，合作在这些产业中就更容易出现。

从一个观察者的角度来看，笔者也认为新型农民合作的尝试由莼菜产业开始是合适的。相对于设想中的黄连合作社，莼菜合作社的社会影响更大，作用更为多样，潜在的风险也不致危及经济收入的支柱，与既得利益集团的摩擦成本也更小。总体而言，既符合制度变迁和创新的"成本—收益"框架，也符合贫困农民的"安全第一"原则，在理论和实践上都具有更强的合理性。

新型农民合作对八龙村的农民而言是个新事物，以莼菜专业合作社为契机，能够逐渐普及现代合作的理念和知识、积累经营新型组织的经验、锻炼协商合作的能力，对新型合作事业的发展有益无害。

总而言之，合作实践受到诸多现实因素的影响，必须结合大量实证材料才能进行有效的判断和评价。

第三节 为何未能有效合作？

新品种经济作物莼菜的引入，给农民重新组织起来带来了契机，提供了一些在现有制度框架下无法获取的潜在外部收益，由此制度创新的动力增加，新的组织形式开始出现。然而，"八龙村莼菜专业合作社"虽然在 2007 年末就已成立，但实际上并未给农民带来额外收益。导致这一局面的原因是什么呢？

一 农户数量多且分散

诚然，中国农村的地理范围广袤，但这并不必然导致农民合作困难。真正的难处在于独立的经营单位（农户）多且分散，这种情况在南方农村尤其明显。在中国讨论"三农"问题，首先要考虑的前提条件是：①中国拥有巨量的农民，分田到户导致了"人均一亩三分、户均不过十亩"的小农经济局面。②由于自然环境和历史等原因，中国农户居住分散。而且分田到户时为了实现"公平"，往往以好坏搭配为原则，导致属于同一个家庭的农地也高度分散。家中男子成婚后经济上要独立于父母、建新房组成新家庭的分家传统，加剧了农地碎片化、居住分散化。以上种种，使农地既小又细碎成为常态。笼统而言，可用"多""散"两字概括。

因此，不管要在农村达成什么目标，如果采取公开、民主、自愿的方式，所需要的协调工作会多到难以想象。长期在基层工作的前冷水乡党委书记杨海华对此深有体会："西方发达国家的农业专业合作社、协会为什么组织起来比较容易？他们毕竟都是农业资本家啊。比如（某个地区）有几千亩土地，可能就我们几个、十几个人坐在一起商量就把问题解决了。然而在中国，几千亩土地你说要多少人开会来统一思想？要多少人把认识提高到一定程度这个事情才能干成？"①

在这样的结构性条件制约下，很多村组干部和普通农民一样，缺乏合作的积极性。正如当地农民所说："现在都是各顾各，谁还顾别人家！"分田到户之后，干部家里也不过几亩耕地，不比普通农户多。即便合作社能搞好，给村里带来了很大收益，分摊到各户，增加的收入也很有限。对个体农民而言，付出数不清的时间和精力搞合作社，还不如去打零工，每天还能赚几十元钱。在"多一事不如少一事"的心态下，不管搞什么合作社，都无异于自找麻烦。

简单而言，由于合作的潜在收益不能抵消合作的实际成本，精于理性计算的农民也就对合作望而却步。

二 普通农民缺乏合作的积极性

调查期间，八龙村的普通农民没有表达出相互合作的意愿，

---

① 此谈话内容来自笔者的田野调查。

却又普遍对黄连价格多年来的剧烈波动感到不满。他们寄希望于政府或某些善良的大老板来解决这个问题，以使种植黄连能有稳定、合理的收益，如由政府用不低于 40 元/斤的固定价格来统一收购。

农民的这种愿望隐含了一些值得关注的信息：①改革开放前，政府统管社会事务、实行计划经济的历史深刻地印在了农民的记忆中，他们解决当下问题的思路仍受其影响，出现了类似"路径依赖"① （Path Dependency） 的情况。②在小农户与大市场对接存在困难的情况下，计划经济的一些正面作用引起了农民的怀念。农民已经意识到全球化之下的市场经济超出了个体小农所能承受的范围。③农民对于外来资本和本地能人缺乏信任。虽然没有专门学习过经济学，但农民都知道老板的经营活动是为了使自己的资本增值，而非增加农民的收益。农民对牵头成立合作社的村内能人也存在类似的不信任。④普通农民对现代合作理论和成功案例的知识接近于零。因此，现代合作社作为一种可供选择的产业经营组织形式，对八龙村的农民而言近乎不存在。对于超出家庭和私谊的公共事项，农民最先想到的是村组干部和政府应该做些什么，而不是他们自身能团结起来做些什么。

普通农民根本没有对合作组织进行实质性投入的打算。如果现实中存在一个合作社，它又能给农民带来实实在在的利益，农民会乐意加入。一旦合作社运作出现困难，很难指望社员同舟共济、共渡难关。农民不愿向超出家庭和私谊的对象投入金钱和劳力，这个倾向在 21 世纪初的税费改革后更加明显。村组干部亦向笔者抱怨，

---

① 又译为路径依赖性，指人类社会中的技术演进或制度变迁均有类似于物理学的惯性，即一旦进入某一路径（无论"好"或"坏"），就可能对其产生依赖。人们做了某种重要的制度性选择后，就好比走上了一条不归路，惯性的力量会使这一选择不断自我强化，让人不能轻易摆脱。第一个使"路径依赖"理论声名远播的是道格拉斯·诺思（Douglass C. North），他于 1993 年获得诺贝尔经济学奖。

现在农村的人心散了，基本不可能从农民那里收到钱。农民的理由是，既然国家都不向农民收钱了，还给农民种粮补贴，凭什么村里还要收钱？

如此一来，由于缺乏来自基层的财力和物力，地域性合作组织的启动就需要外部力量的支持，无论是来自政府还是外地商人。又或者像现任八龙村支部书记刘伟设想的那样，把合作社办成村内几个能人共同经营的某种"合伙制企业"。但是这样一来，即便合作社得到了运营所需要的资本，在农民缺乏入股积极性的情况下，如何能够保证追逐个人利益的农民能遵守约定，向合作社保质保量地提供莼菜呢？

三　农民越来越轻视农村和农业

笔者认为，农民对自身利益的关注以及理性思考的能力，都与其他阶层和身份的人无异，并且确信：如果处于相同的环境，很少有人能做得比大多数农民更好。但从实地调查获取的资料以及日常所见所闻来看，农民又似乎常有追求眼前利益、不顾自身和群体长远利益的做法。比如本书第四章中写到的"宁愿减产也不合作"案例，以及第五章中的"S镇冷竹笋专业合作社"案例。

如今，越来越多农民有以下预期：农村生活、农业收入等事项的重要性将随着时间推移而不断下降。因此，农民着眼于长远的计划和决策不断减少，各种"短平快"的做法和投资项目最受欢迎。"短视"的农民自然难以相互合作，也难以与其他群体合作，当下的即时利益成为众多农民的首要选择。这样一来，农民对于具有稳定性、长期性的现代合作制也就缺乏兴趣。这个现象的出现和第四章提及的"中国农村新问题"一样，与改革开放以来的一系列经济、社会、文化变迁有密切联系。

（一）谋生的压力迫使农民进城

20 世纪 80 年代实行"大包干"以来，温饱问题在全国大多数地区已基本解决，但人多地少、农村劳动力相对过剩的问题一直没有解决，人均耕地面积还在持续减少。仅靠农业，农民的收入无法保持增长，生活难以进一步改善。20 世纪 70 年代以来，东部农村以及内陆一些交通便利的农村地区重新出现了兴办社队企业、乡镇企业的高潮。当地农村剩余劳动力大量转移到工商业，"离土不离乡"的同时，农民的实际收入大为提高。到 80 年代末 90 年代初，劳动密集型产业迅猛发展，大城市经济圈持续扩张，一批以工业为主的小城镇也兴旺起来，当地原有的劳动力已不敷应用，中西部农村的大量剩余劳动力开始向这些地区转移。这一大批"离土又离乡"的农民，通常来自人多地少、经济贫困的地区。为了获得远高于农业的收入，他们对外出务工、经商有浓厚兴趣，这一趋势持续至今。据人力资源和社会保障部统计，2011 年我国农民工总数达 25278 万人，比 2010 年增长了 4.4%。[①]

在全国多数农村地区，务工收入已经成为家庭现金收入的支柱。由于农村人口持续增长，很多农户仅靠务农收入或务工收入，往往连维持生存都有困难，更别说过上体面的生活。因此，务农成为中国农户普遍性的兼业行为；反过来，也可以说务工是中国农户普遍性的兼业行为。但总体而言，非农业收入的重要性在稳步上升。

虽然大量青壮年劳动力流出农村，但第一代农民工多年的务工收入大多流回各自的家乡，在维持家庭劳动力再生产的同时，还拉动了农村消费、繁荣了农村市场。20 多年过去了，除极少数人外，

---

① 贾立梁：《全国农民工工作暨家庭服务业工作办公室主任会议在成都召开》，中国广播网，2012 年 3 月 1 日，http：//www.cnr.cn/native/city/201203/t20120301_ 509226 763.shtml。

第一代农民工中的绝大多数不得不返乡养老,由后辈接替他们成为第二代甚至第三代农民工。新一代农民工和他们的父辈有显著的区别:"未结婚的年轻人,尤其是初中刚毕业不久的年轻人,他们成长在一个务工已经成为常态、农村年轻人几乎不可能留在农村而不外出务工的时代。"[①]

在八龙村,以上现象也同样存在,与其他地区的差别只在程度上,而不在本质上。当地在 20 世纪 90 年代也发生了大多数青壮年劳动力外出务工的现象。只是后来随着黄连价格连年走高,大批农民工回乡种植黄连。这些农民回乡后大多在家务农至今。但是,30岁以下的年轻人(少年、儿童除外)在八龙村比较少见,他们大多在外求学,或是在外务工。仍然种植黄连的父辈也不主张子女走他们的老路:在外工作几年之后就回乡务农。连农与笔者聊天时多次讲道,种黄连太苦了,希望子女能够在城镇工作、安家,不用再吃这种苦。另一方面,年轻人从小就在学校读书,很少接触农活,在体力、思想、技能等方面都难以满足在家务农尤其是种植黄连的要求。

(二)教育体系把农民推向城镇

从第一代农民工开始,对城市的向往就在代际间以倍数累积,离村入城、离农入工(商)成为越来越多农村青年的期盼。在中国,虽然已经基本消灭了文盲,但"农盲"[②]的数字却在急剧上升。很多 20 世纪 80 年代以后出生的农村青年,对农业知识的缺乏与城市人无异。从他们接受正规学校教育开始,接受的就是与城市人一模一样的知识体系,完全不能适应农村生产、生活的特点。年级越高的中小学生,课业压力越大,只要家庭经济还过得去,一般

---

① 贺雪峰:《乡村社会关键词:进入 21 世纪的中国乡村素描》,山东人民出版社,2010,第 11 页。

② "农盲"专指虽然出身农村却对农业知识、技术缺乏了解的人。

农户都不会让子女抽空兼顾农活和家务。由此农村青少年学到了更多"应试教育"的知识，却严重缺乏与农业和农村有关的理论知识和实践。新中国的农村教育从未像现在这样远离农业和农村，这一状况很可能会导致未来中国新农村建设缺乏主体，并引发严重的社会和生态危机。

另外，从20世纪80年代中期开始，为了优化农村教育资源配置，提高中小学教育投资效益和教育质量，政府对全国范围内的农村教育资源重新整合，逐渐摒弃原来"村村有小学，乡乡有初中"的模式，对邻近的学校资源重新布局，撤并了许多小学和中学，简称"撤点并校"。各乡镇的教育资源集中到政府驻地附近的中心学校，高中教育更是基本集中到县城，对远离城镇的农户产生重大影响。

在笔者进行过多次调查的重庆市石柱县，很多偏远山区的少年儿童为了上学，每天不得不步行3~4个小时。因为心疼年幼的孩子，有条件的家庭就每天用车接送。在家庭无力用车接送的情况下，一些地方的学校承担了一部分接送学生的工作，近年日益受到社会各界重视的"校车安全问题"也随之产生。"不安全的校车"固然可以取缔，但学生上学距离远的问题仍然无法解决。条件更好的家庭，就在中心学校周边租房或买房，并由家人专门照顾就近上学的儿童。

越来越多经济条件较好的新一代农民工在为结婚准备新房时，首选是购买家乡县城里的楼房（他们无力购买大城市里的住房），实在不行，也要选择乡镇政府驻地周边的住宅。除了生活、娱乐、就医等更为便利以外，让子女受到更好的教育，也是农民选择在城镇居住的一个突出因素，由此年轻农民在农村建新房的比例逐渐下降。

总体来看，现行的教育制度和体系也是农民渐渐远离农村的重要原因。

（三） 城市生活方式的影响

由于务工、经商使农户现金收入增加，以及农村供电、道路等基础设施的普遍改善，电视机等家用电器从 20 世纪 90 年代开始迅速普及。在当今农村，其中一项主要的休闲娱乐活动就是看电视节目，青少年尤其爱看各种和城市生活有关的节目。虽然他们并非在城市出生，但城市的生活方式和文化还是通过电视节目等渠道，早早地以艺术化和夸张的形式进入了他们的头脑。另外，每年春节前后，大量外出务工的农民回到农村，除了带回工资、各种礼品以外，还带回了他们在城市工作、生活的各种信息。为了自家的面子，返乡农民工更倾向于"报喜不报忧"，他们与亲戚朋友交流时往往会美化城市的实际环境。由于受到了各种明显的引导，对农村的青少年而言，城市就是能获得财富、好看的衣服鞋子、各式新颖玩具的地方，就是生活体面、浪漫而惬意的地方。

在各种因素的共同作用下，大量高中和初中毕业生迫不及待地进入城市。大多数人流向东部经济发达的城镇，小部分人流向所在地区的中心城镇。过上城市生活的青年农民工，多数在劳动密集型工业或服务性企业工作。由于文化层次不高，多数人也不具备专门的技术，相对于城市的物价水平而言，他们只能获得较低的工资。与省吃俭用、一心赚够了钱就回乡的父辈不同，相当部分的青年农民工直接就在城市把工资消费了，一年到头也存不下几个钱。笔者曾问过这些青年：既然城市消费高，一直打工也存不了钱，而且现在家乡的工作机会也比以前多，为什么不回来重新找事情做？他们回答：城里好耍！农村没有朋友，也没有耍的地方，回来太无聊了！这些年轻人自己就没有多少钱，以后结婚住新房还需要父母鼎力相助，他们常年在外工作，却没有像父辈那样给家乡经济注入活力。

一部分计划比较长远、渐渐有些小积蓄的农民工，也没有赚够了就回乡务农的打算。虽然无力留在打工的地方，但因为对农村的生产、生活已经不习惯，他们更愿意把积蓄用来在县城或乡镇的中心区购买新房，等到年纪大了就回来开个小商铺、小餐馆，或买辆汽车、摩托车跑运输等。在越来越多的农民心目中，回乡务农逐渐与"没有本事"等同起来。

对农村和土地缺乏感情、对农业缺少经验和知识的新一代农民工，怎么会愿意回到家乡，和他们的父辈一样老老实实地当农民？

而考上了大学进入各地大小城市学习的农村青年，更是把上学当成脱离"农门"的绝佳机会，毕业之后他们通常直接转化为城市的工薪阶层，努力在城市买房、结婚、安家。

笔者无法统计这些把希望寄托在城镇的农民在全国占多大的比例，但可以肯定这绝不会是一个小数字。通常，农民工出身地区的经济条件越差、交通越不便，他们就越不愿意回到农村。由于未来的希望不在农村，他们并不重视家乡的人际交往和社会关系，这些农民对农村的合作事业自然缺乏兴趣。连带这些年轻农民的父母，他们对互助合作的积极性也会减弱。

四 生产生活方式导致农户间缺少接触

八龙村农民每年的生产计划基本上是围绕着黄连安排的，日常作息也大多按照黄连种植的需要调整。不了解连农对家庭劳动力的使用和调配情况，就不可能弄清他们的交往方式和精神世界，也不可能深入了解当地农民的合作前景。

黄连多数种植在植被良好的山坡上，生产过程中难以使用机械，而且所有流程（简单而言，分为采集种子、搭秧子棚、育苗、搭黄连棚、移栽、持续 5 年的除草施肥、剪黄连、运黄连、炕黄连、装袋）都要依赖人力，所以连农需要投入极大量的劳动。用他们的话说："一年也没有好多个休息的时间。"不像北方地区的农民在冬季有较长时间的农闲。天气晴好时，八龙村中见不到几个人，他们都在山上或田地里劳动。真正的农闲只出现在下大雪或下大雨等不利于室外劳动的恶劣天气发生时。农民告诉笔者，一些人甚至除夕都在山上搭黄连棚。这也是笔者认为黄连把劳动力束缚在当地的重要原因。

值得注意的是，分田到户之后，黄连的整个生产过程，通常完全由单个农户独立进行。在这种情况下，农户缺乏与家庭以外的人进行互动、交流的时间和精力。如果家中缺乏足够的劳动力，农户还可以换工和雇工，以弥补劳动力的不足。换工是指两个或两个以上的家庭交换劳动力，每个家庭必须相互提供同等天数的劳动时间，但劳动内容可以不同。劳动时主人要提供饮食，无须支付工钱。换工在新中国成立前就已存在，通常发生在同一自然村的亲戚或朋友之间。雇工的情况则不同，雇主需要提供饮食，还要支付工钱。冷水乡的雇工基本来自湖北省（冷水乡与湖北省恩施地区相邻），绝少雇用本地人。因为雇用认识的人，双方都会感觉尴尬。换工和雇工的数量与黄连和劳动力的价格紧密相关。2005 年以前，黄连价格较高，工资较低，因而雇工多而换工少。2008 年，黄连价格低迷，每斤在 20 元左右，但雇用 1 个普通工人每天需要支付40 元以上的工资，因此雇工基本绝迹。无论是换工还是雇工，都属于临时性质。而且换工只发生在关系特别好的亲戚朋友之间，仍属于传统互助的范围，没有转化成现代意义上契约型、长久型的平等合作。因此，无论是雇工还是换工，都没有改变当地"有分无统"的生产经营模式。

连农每日疲于奔命，往返于住所和深山密林。黄连地不规则地分布于茫茫山林间，农民在山上往往连相遇的机会都没有。早上吃过早饭，连农便带着当天所需的工具以及米、菜、调料、炊具上山，偶尔路遇熟人打一下招呼，最多闲聊几句便继续上山。通常每天中午他们就在黄连地旁找个山泉或小溪取水、拾些木柴，用家里带来的材料做个简单的午饭填饱肚子，然后继续干活。晚上回到山下已经精疲力竭，吃过晚饭，忙完家务，大概 10 点左右便睡觉了，几乎没有和其他农户交往的时间。

通过聊天、串门、打牌、喝酒等日常交往，农民之间得以相互熟悉，了解各人的品行、想法、计划。由于休闲时间很少，连农与其他人缺乏深入和长时间的交往，对别人的想法了解得更少，相互之间的熟悉程度也有所下降。传统的"熟人社会"逐渐向"半熟人社会"转变。由于对别人难以形成稳定、长久的预期，稳定的合作也就不易形成。

另外，由于连农大部分时间都被生产经营活动占据，剩下的时间还要处理家庭事务，可用于外部和公共事务的时间少得可怜。农户和干部都缺乏"管别人家闲事"的积极性。这样一来，与合作相关的协调成本更显高昂，合作可能带来的潜在收益就更微不足道，因此当地农户自发合作的积极性很低，农民成为更加封闭的"原子"。

五　农民形成有效合作的三大障碍

虽然政府发布的相关统计数据显示，中国农民合作事业呈蓬勃发展的势头，但农民缺乏合作或者合作组织有名无实的现象却很常见，并且逐渐被严谨的研究者注意到。对未能有效合作的个案进行深入研究，是判断中国合作事业前景的重要步骤。

本章，笔者以 2008 年对重庆市石柱县冷水乡八龙村的调查为基础，结合 2009 年的回访和 2012 年当地朋友给笔者反馈的最新信息，全面展示了当地农民的合作实践，探讨了可能触发合作的产业因素，以及合作未能有效开展的原因。在此，笔者进行一个简单的回顾和总结。

总体而言，现实中存在一系列从宏观到微观、从外部到内部的不利因素，阻碍农民形成稳定的合作关系，也导致大量合作组织运行效率不佳。

未能形成有效合作的第一个原因为合作的成本与收益比过大，即合作不划算。对于中国的农民合作而言，这是具有普遍性的客观障碍。具体而言，特别需要注意的因素有：①农户数量多且分散。正如奥尔森在《集体行动的逻辑》中所指出："集体成员的数量越大，组织成本就越高，这样在获得任何集体物品前需要跨越的障碍就越大。"① 在中国特殊的人地关系和经济、社会关系之下，农民的组织成本高到了难以想象的地步，以至于绝大多数经济合作可能带来的潜在收益都被抵消，有效的合作自然变得罕见。②与既得利益集团的摩擦成本和交易成本过高。③缺乏外界的特殊激励，比如政府或企业的强力推动。事实上，把合作的成本与收益比尽可能地缩小，对促进农民合作能发挥明显效果。虽然如此，笔者再次强调：互助合作在当前不划算，并不意味着农民没有合作的必要性和紧迫性。

未能形成有效合作的第二个原因为农民缺乏合作的积极性。这是中国农民合作中具有普遍性的主观障碍。导致这一现象的原因非常复杂，既有历史原因，也有现实制约。其中，特别需要注意的因素有：①普通农民对现代合作理论和成功案例的知识接近于零；②社会上对新时期的"农民合作""组织起来"等概念和实践依然存在负面看法；③农民倾向于追求风险最小化而非利润最大化；④农

---

① 〔美〕曼瑟尔·奥尔森：《集体行动的逻辑》，陈郁、郭宇峰、李崇新译，上海人民出版社，1995，第40页。

民越来越轻视农村和农业。

事实上，"中国农民合作的主观障碍"，同样受到现有社会、经济环境的重要影响。农民合作中的"客观障碍"和"主观障碍"并非截然两分。

未能形成有效合作的第三个原因为农民生产生活方式、交往方式的制约。这一因素在以黄连为支柱产业的地区尤其明显。虽然八龙村的个案具有特殊性，但把对生产生活方式和交往方式的考量纳入研究视野，对判断某个地区的农民合作前景具有显著的实际意义。

第七章 | 新时期增进农民互助合作的可能途径

　　笔者在第六章以一个村庄为例，全面地展示了社会、经济局面如何影响农民的合作行为。长期以来有一种观点认为，农民愚昧、落后、缺乏理性，因此他们很少做出符合自身利益的事情。但笔者认为，农民对自身利益的关注以及理性思考的能力，都与其他阶层和身份的人无异。外人的偏见很大程度上来自对农民具体生产生活状况的无知。如果双方处于相同的环境，很少人能做得比大多数农民更好。

　　本书的一个核心观点是：农民的合作实践主要受制于一系列从宏观到微观、从外部到内部的不利因素（贺雪峰称之为"结构性因素"），而非农民天性就不喜欢合作，更非他们愚昧无能，比较不出合作可能带来的好处。这个观点也是笔者研究农民合作的逻辑前提。需要注意的是，这一前提并非来自空想，而是有着确凿可信的事实根据。上文通过各种案例和分析，已经对此进行了反复说明，下文不再赘述。

　　本章是正文的最后一章，主要内容是介绍、分析、对比现有的关于互助合作的理论框架，以及国内学者提出的一些合作模式，在借鉴这些资源的基础上，结合前文的研究成果，提出促进中国农民互助合作的一些可能途径。

第一节 分析互助合作的既有理论框架及其缺陷

笔者无意亦无力提出一套完整的互助合作理论，因此本书的结论很大程度上是建立在已有的理论框架之上。但现有的理论或者本身就存在一些缺陷，或者不完全适应中国的"三农"现状，所以本书并未完全依赖某一种具体的理论。笔者尽量抱着一种开放性的心态，吸收现有理论的合理之处，并以此提出自己的一些看法。

在正式介绍现有理论框架之前，笔者还要补充说明两点：第一，虽然国内研究互助合作的学者为数不少，但很少能够提出相对独立而且具有影响力的理论框架，所以本节所介绍的大多数理论框架都属于国外学者的研究成果。第二，国外学者很少提及"互助合作"，他们更多使用的是"集体行动"这一概念。然而，无论在概念内涵上还是在它们直接对应的社会事实上，"互助合作"与"集体行动"基本上都是相通的，因此本书不对这两个概念进行严格的区分。

一　成本—收益分析框架

（一）合作的成本和收益

现代意义上的合作与联合，对于中国农民而言具有制度创新的性质，因此新制度经济学对制度变迁和创新的研究（以经济史学家道格拉斯·诺思的研究为主要代表）具有借鉴意义。由于生态环境、科学技术、人口数量等条件的变化，新的获利机会产生，同时社会中某些制度安排的效率下降，因此人们产生了变革旧制度、创造新制度的动机。任何制度变迁都是在成本—收益分析框架下进行。当制度变迁可能取得的潜在利润大于为此支付的成本时，制度变迁将出现；当制度提供的边际收益相当于其运行所需付出的边际成本时，新制度所带来的收益实现了最大化并趋向于"帕累托最优"①（Pareto Optimality），制度变迁就会暂时停止，制度结构形成某种均衡。

新制度经济学的分析对于社会的宏观形势或具体的个案具有较强的解释力。大多数地区形成互助合作组织的制度变革成本以及制度运行成本都颇为高昂，很大程度上抵消了合作可能带来的收益。因此，作为制度变迁成果的现代合作组织难以出现，或者运行效果远不如原来的设想。这一成本—收益分析框架可以作为分析中国农民合作的有效工具之一，解释大多数合作或不合作现象。林毅夫、温铁军、贺雪峰等人实际上也使用了类似的框架，对农民合作进行分析。

不过，新制度经济学的分析并非没有缺点。

（1）一般而言，经济学分析依赖于精确的数学计算，但对农民合作与否进行精确的计算几乎不可能。虽然本书主要对农民的经济合作进行探讨，因此合作收益以经济收入为主，变革前后的收入变化比较容易量化，但是设计成本、协商成本、组织成本、与既得利益者的摩擦成本、决策成本、监督成本等与合作必然相关的成本虽然可以描述，却基本无法量化。因此在实际操作中，研究者往往要根据所掌握的材料进行估算，很多时候只能靠"感觉"和"换位思考"。而且，相关信息的收集需要大量的实证调查，不是舒舒服服地坐在图书馆和办公室就能掌握。这样一来，不具备实地调查技能和条件的学者，只能使用二手材料进行研究。这是"成本－

---

① "帕累托最优"也称帕累托效率（Pareto Efficiency）、帕雷托最佳配置，指没有进行"帕累托改进"余地的状态。"帕累托改进"指在没有使任何人境况变坏的情况下，使至少1个人的境况变得更好。

收益"分析和一切量化研究所无法克服的缺陷。

（2）新制度经济学与很多其他经济学门派一样，把分析对象都看成是追求利益最大化的"经济人"，这也是"成本—收益"分析具有解释力的前提假设。但是，这一假设对具体的、活生生的人却不一定时时处处都适用，如第四章介绍的案例"宁愿减产也不合作"。在实际研究中，单一地以经济人假设为前提的"成本—收益"分析，确实不能完全解释农民合作中众多"特殊"的现象。由于不明就里，对农民的偏见就容易产生，认为他们愚昧、懒惰、缺乏理性、眼光狭窄……更根本的理论缺陷在于"经济人"假设，在很多使用者的眼中是人类与生俱来的本性，因此是不可动摇、无须怀疑的理论前提。换句话说，就是没有把抽象的"经济人"还原到社会历史变迁和人类演进的历程之中。因此，在笔者看来，这种假设是过于僵化和武断的。

（二）合作与群体规模

新制度经济学中亦有以"集体行动"为主题的研究，最著名的成果来自曼瑟尔·奥尔森（Mancur Olson）的《集体行动的逻辑》。奥尔森提出："集体成员的数量越大，组织成本就越高，这样在获得任何集体物品前需要跨越的障碍就越大。由于这些原因，集体越大，它就越不可能提供最优水平的集体物品，而且很大的集团在没有强制或独立的外界刺激的条件下，一般不会为自己提供哪怕是最小数量的集体物品。"[1] "在任何一种情况下，规模是决定对个体利益自发、理性的追求是否会导致有利于集体的行为的决定性因素。比起大集团来，小集团能够更好地增进其共同利益。"[2]

---

[1] 〔美〕曼瑟尔·奥尔森：《集体行动的逻辑》，陈郁、郭宇峰、李崇新译，上海人民出版社，1995，第40页。

[2] 〔美〕曼瑟尔·奥尔森：《集体行动的逻辑》，陈郁、郭宇峰、李崇新译，上海人民出版社，1995，第42页。

　　奥尔森亦以集体成员都追求个人利益最大化的前提假设为基础，因此上文对"经济人"的批评在此依然适用。《集体行动的逻辑》主要阐述的是群体规模对集体行动的巨大影响，提出规模越大的群体，越难在提供集体物品（本书与此对应的概念是"公共物品"）方面相互合作，对现实具有极强的解释力。与发达国家规模大、数量少、实力强的农场主相比，中国的农户规模小、数量多、实力弱。假设要提供同等数量、同样种类的公共物品，中国农户的自发合作自然要困难很多。而小集团更容易增进共同利益的观点，虽然从理论上很好理解，但在中国农民的合作实践中未能得到足够的验证，除非把家庭也当作"小集团"。正如上文所言，单纯用经济上的"成本—收益"分析，还不能完备地解释农民的行为。

　　另外，众多社会事实难以量化的特点，在合作与群体规模关系的研究中亦表现得非常明显。比如，对群体规模的"大""小""最优水平的集体物品"等都难以用数据衡量，在具体研究中的效用就难免要受制约。

二　农民特殊的行为模式和逻辑

（一）农民的"安全第一"原则

　　经济学领域未能彻底解决的问题，引起了一些从事实证研究学者的注意。其中，詹姆斯·C. 斯科特（James C. Scott）对农民道义经济的研究很能给人以启发。他指出："由于生活在接近生存线的边缘，受制于气候的变幻莫测和别人的盘剥，农民家庭对于传统的新古典主义经济学的收益最大化，几乎没有进行计算的机会。典型情况是，农民耕种者力图避免的是可能毁灭自己的歉收，并不想通过冒险获得大成功、发横财。用决策语言来说，他的行为是不冒风险的；他要尽量缩小最大损失的主观概率。如果说把农民看作面向未来的熊彼特式的企业家，忽略了他的主要的生存困境，那么，通常的权力最大化假设则没有公平地对待他的政治行为。"①

斯科特研究的是东南亚农民的政治活动和反叛基础，但他用农民的"安全第一"原则解释了"农民社会的许多奇特的、技术的、社会的和道德的安排"。② 由于他的研究对象是东南亚农民，这些人与欧美发达国家的农场主差别巨大，因此其研究结论也许无助于我们理解发达国家的农民，但是在"农民真苦、农村真穷、农业真危险"的中国，则有较强的解释力。对于农民的"安全第一"原则，笔者在对中国中西部贫困农村调查的过程中亦有深切体会：贫困农民追求的是风险最小化，而非利益最大化。这一特点对于我们认识和理解中国农民合作有重要的借鉴意义。虽然农民为了寻求新的经济收入来源而合作的愿望较弱，却更有可能为了减少损失、降低经营风险而合作。不过，要组建具有制度创新性质的现代合作组织必然有成本和风险。在缺乏特殊支持的情况下，一旦面临自身无法解决的难题，贫困农民更可能采取传统的互助形式或求助于"灰色"、"黑色"群体（比如放高利贷者、农村混混），而非创设或加入新型合作组织。

中国农民在应对"大包干"前的"短缺经济"时，也表现出了明显的风险最小化偏好。杜润生回忆道："正因为'大集体经济'吃不饱饭，甚至饿死了人，农民就要想办法，避免风险。其办法，一种是在体制内自己采取一些能吃饱肚子的做法，包括社员和干部互相串通的应变办法，即日后我们所说的'瞒产私分'，这是一种无权者的抵制。一种是扩大自留地，把一小块土地变成自己

---

① 〔美〕詹姆斯·C. 斯科特：《农民的道义经济学：东南亚的反叛与生存》，程立显等译，译林出版社，2001，第5~6页。

② 〔美〕詹姆斯·C. 斯科特：《农民的道义经济学：东南亚的反叛与生存》，程立显等译，译林出版社，2001，"前言"第1页。

的'避风港'，避免集体化为核心的社会主义大试验的风险。出发点并非追求新发展和本身利益最大化，而是维系身家性命、生命安全。扩而大之，就搞包产到户，寻求制度变迁。包产到户所以成为农民的选择，在开始阶段，本是出于一种规避风险的意识。经过一段群众与领导间博弈、互动的过程，终于演变为新的经营体制。被人们接受下来，完善成为公有土地家庭承包制。"①

可见，"瞒产私分"扩大自留地"大包干"等行为表面上看虽然是农民为了增加家庭收入、追求利益最大化的做法，正如列宁所说，"小生产每日每时地、自发地、大批地产生着资本主义和资产阶级"，但这些行为实际上发端于处在生存线边缘的农民规避风险的本能倾向，与资本家以追逐利润为主要目标的本能有实质区别。

家庭联产承包责任制推行时，决策层对承包的办法曾有如下设计：困难地区可以按人包产到户，中间地区可以按劳包产到户，先进地区则可专业承包，联产计酬。需要注意的是，"按人"与"按劳"承包的区别在于，按人承包指根据各队的人口平均分配土地，按劳承包指按照各家庭的劳动力数量和质量来分配土地。按劳承包可以避免劳力多的家庭地不够种，劳力少的家庭（比如家中老人、小孩多）有地却无力耕种，有利于减少平均主义，提高土地和劳动力的利用率。原本政府也倾向于按劳承包的办法，但各地农民的共同选择却是按人平均承包。主要的原因在于中国土地相对稀缺，对农民而言，土地除了能生产食品以外，还具有社会保障等功能，不仅是生产要素，还是生存要素。因此，无论是20世纪50年代的土改还是80年代的家庭承包，都实行了按人分配生产资料的办法。②

---

① 杜润生：《杜润生自述：中国农村体制变革重大决策纪实》，人民出版社，2005，第83页。

② 杜润生：《杜润生自述：中国农村体制变革重大决策纪实》，人民出版社，2005，第120页。

由此可见，中国农民在重新分配生产资料的重要关头，其着眼点并非增加经济收入，而是尽量保证家庭的食品自给，以及满足未来的养老等保障性需求。正如杜润生所说："土地还没有被当成发展的经济要素来对待。"[①] 这其中所体现出来的，仍然是农民的"安全第一"原则。

改革开放以来，中国的贫富差距迅速拉大，不仅沿海和内陆之间存在巨大差距，而且同一乡镇内的不同行政村往往也存在明显差别。一些农民变得富裕，积累了一定数量可用于投资的资本，对他们而言，收益最大化的要求逐渐上升，取代了风险最小化的首要地位，因此"安全第一"原则对他们就不完全适用了。

（二）熟人社会的行动逻辑

针对江汉平原的农民无法在农田灌溉上形成有效合作的问题，贺雪峰提出："农村社会可以说是熟人社会，熟人社会的行动逻辑与公众社会的行动逻辑差别很大，表面上看起来是熟人社会的公正观与公众社会的公正观不同，其实不过是在不同社会境遇下不同行动者理性算计的约束条件不同。""农民不是根据自己实际得到好处的计算（原文如此——引者注），而是根据与他人收益的比较，来权衡自己的行动，这就构成了农民特殊的公正观：不在于我得到多少及失去多少，而在于其他人不能白白从我的行动中额外得到好处……这种公正观无力处理极端自私少数人（即以上实例中不愿出钱抽水的农民），因而就无力解决农村社会的公共物品供给问题，搭便车行为将公益破坏掉了，所有人都受到损失。"[②]

贺雪峰进一步认为，这一逻辑的根源在于 20 世纪以来中国的

---

① 杜润生：《杜润生自述：中国农村体制变革重大决策纪实》，人民出版社，2005，第154 页。

② 贺雪峰：《熟人社会的行动逻辑》，《华中师范大学学报》（人文社会科学版）2004 年第 1 期，第 5~6 页。

革命运动和市场经济对传统的双重打击，导致农村传统上惩罚不合作者的机制失效，农民的行为"严重短期化，只要今天可以多得一点好处，就不再顾忌未来的长远收益，只要个人可以得到好处，就不再顾忌整体利益是否受到损害。其实，这种农民的行动逻辑已不是推论，而在到处成为现实"。①

贺雪峰的调查和分析是细致而深刻的，但是这样一套分析框架却没能回答为何同是熟人社会，一些地方不能自发形成稳定而有效的合作，一些地方却恰恰相反？

此外，贺雪峰对市场经济的看法也过于片面，忽视了正是市场经济在导致传统合作和组织形式衰落的同时，催生了新的合作和组织形式，即契约性、长期性的平等联合。

因此，贺雪峰对江汉平原的农民无法合作的解释，虽然开拓了读者的视野，却难以把这样的解释框架推而广之。

三　公地悲剧

1968 年，美国学者加勒特·哈丁（Garrett Hardin）在《科学》杂志上发表了著名论文《公地悲剧》（"The Tragedy of the Commons"），最先提出了"公地悲剧"的理论模型。这篇论文的核心思想是：任何时候，只要一种稀缺资源对许多个人都是开放的，就会导致环境的退化。哈丁设计了一个场景来加以说明。

在一片对所有人都开放的公共草地上，牧民每增加 1 头牲口，都会造成两种后果：一是获得多养 1 头牲口的收入；二是加重草地的负担，最终可能导致草地过度放牧。那么牧民会做出何种选择

---

① 贺雪峰：《熟人社会的行动逻辑》，《华中师范大学学报》（人文社会科学版）2004 年第 1 期，第 7 页。

呢？一个理性的牧民会有如下考虑：每个牧民都可以从自己的畜群中获得直接收益，当他或其他人在牧场上过度放牧时，所有人都会因公共牧场的退化而承担延期变动成本。所以，每个牧民都有增加畜群数量的动力——他可以直接获得自己畜群增加的所有收益，承担的仅仅是过度放牧引起的未来损失，而且这一损失还是由全部牧民共同分担的。其他牧民考虑到这些因素，也会纷纷增加畜群数量，最终导致草地因过度放牧而持续退化，直到最后没有办法再放牧。①

"公地悲剧"的适用范围并不仅仅局限于牧场、渔场，它还可以用来概括大量有限资源与无限需求之间的尖锐矛盾。现代资源经济学据此得出的结论是：只要公共资源对一批人开放，资源单位的总提取量就会大于经济上的最优提取水平。

"公地悲剧"模式也可以帮助我们理解市场经济中的供求与价格关系。某种商品的销售价格对于生产者而言，就是一种公共资源。在一般情况下，价格与资源对这一商品的所有生产者都是开放的。只要生产这种商品有利可图，生产者就会持续地增加产量，加入到生产行列中的人也会越来越多。这种情况会一直持续到供大于求，生产成本最终等于或高于销售价格，生产者无利可图甚至出现亏损。

四 博弈论

博弈论（Game Theory），亦称"对策论""赛局理论"。博弈论研究的是对局中个体可能的行为和实际行为，并探索可供采用的优化策略。博弈论认为，博弈各方的行为会影响结果，但结果不但取决于单方的行为，还取决于其他人的行为。博弈论对合作行为的分析，极大地推进了合作研究的进展。

---

① Garrett Hardin，"The Tragedy of the Commons," *Science* 162（3859）（1968）：1243 - 1248.

　　著名的"囚徒困境"（Prisoner's Dilemma）博弈模式，常被用于描述个人理性选择与合作可能性之间的关系。"囚徒困境"是对大量普遍情况的简单抽象。其经典模式如下，警方逮捕甲、乙2个合伙作案的罪犯，但没有足够证据直接判刑。于是警方对甲、乙分开囚禁，分别进行审问，并向双方提供以下相同的选择：若双方都不坦白（互相合作），则两人均被判监1年；若双方都坦白（互相不合作），则两人均被判监2年；若一人坦白（单方不合作），而对方不坦白，坦白者即时获释，对方将被判监5年。

　　一个理性的行动主体将会如何选择呢？如果甲认为乙会合作，甲的选择是不合作，因为甲若合作，乙也合作，则双方都被判监1年；但选择不合作会即时获释（获得更多收益）。如果甲认为乙会不合作，甲就更不会合作了，因为甲若选择不合作，乙也不合作，则两人都被判监2年；若甲坚持合作，则要被判监5年，对方即时获释。所以，无论乙如何行动，甲不合作总是更合理的，因此对甲而言不合作是"优势策略"。但是，相同的逻辑对乙也同样适用，不管甲如何选择，乙也不会合作。这样一来，由于双方都不合作，所以两人都会被判监2年。这比合作所带来的每人1年刑期差很多。这是追求利益最大化的情况之下。

　　如果甲要避免最大风险的出现，他的选择也必然是不合作，因为一旦选择合作，他有可能面临5年的监禁。只有选择不合作，才能彻底避开对自己最为不利的情况，最多也不过被监禁2年。

　　可见，"囚徒困境"是博弈论中非零和博弈[①]的代表性例子，同时还反映了个体的最佳选择并非整体的最佳选择。在这里，不管是为了追求利益最大化，还是谋求风险最小化，个体的理性都将导

[①]　"非零和博弈"不同于"零和博弈"，"非零和博弈"中各方的收益或损失的总和不是零值，因此博弈双方存在合作双赢的可能。

致双方实际得到的收益比可能得到的最佳收益少，这就是"困境"。"囚徒困境"反映了一个深刻的社会问题，即个人理性和集体利益的矛盾：个人理性并非必然等于集体理性，也不必然导向集体利益的最优化。它还说明了为什么在合作明显对双方都有利时（即合作的直接收益大于不合作的直接收益），产生和保持合作也是困难的。

两个理性的行动者进行一次"囚徒困境"博弈，他们的选择会是不合作。双方所得都将少于合作的收益。假设这个博弈要进行多次，而且甲乙知道具体的次数，则双方仍然没有合作的动机。为什么呢？首先，不管是追求利益最大化还是风险最小化，最后一次大家显然不会合作，理由和只进行一次的"囚徒困境"一样。所以，在倒数第二次博弈中，双方还是没有合作的动机，尽管互相合作是希望对方下一次仍然保守秘密，但他们都预知对方在最后一次会背叛。如此推理下去，两个理性人进行任何已知次数的博弈，从第一局开始就是互不合作，"纳什均衡"（Nash Equilibrium）[①] 就出现了。

事实上，"公地悲剧"模型很容易转化为"囚徒困境"博弈模型，而且两种模型都揭示了一点："纯粹理性"的个人在特定的利益回报结构中几乎不可能进行合作，即便合作所带来的直接收益大于不合作的直接收益。

第二节 基于现有理论框架的解决方案

"集体行动的逻辑""公地悲剧""囚徒困境"博弈，是国外用于分析集体行动与合作的 3 大主要理论框架，对我国的社会科

---

① "纳什均衡"指博弈中的策略组合由所有参与者的最优策略组成，在规则和回报不变的情况下，参与者没有理由打破这种均衡状态。

学研究与政府施政也有显著的影响。有趣的是，这 3 种理论对于自发合作的前景都不抱乐观态度。而当前中国的农民互助合作实践中，真正成功的案例确实罕见，似乎也有力地证明了以上理论的有效性。"集体行动的逻辑""公地悲剧""囚徒困境"，分别揭示了 3 个阻碍合作的重要因素：①群体规模较大；②开放性的公共资源无法排除"搭便车"现象；③给定的利益回报格局不利于形成合作。这 3 种不利因素，在中国农村确实是普遍存在的。

根据以上 3 大理论，国内、国外提出的解决方案主要有两个：一是中央集权；二是私有化、市场化。下文分别对这两个解决方案在中国的实施情况进行介绍和分析。

一　中央集权的解决方案

新中国在改革开放以前，主要采用中央集权的思路，用完善的党政权力系统自上而下地解决各种社会经济问题。具体到农民互助合作方面，就是通过国家的力量把农民组织起来，再通过自上而下的行政命令、制定法律法规等一系列措施，尽量保证农民的行为既符合国家的战略目标，又符合农民自身的长远利益。

20 世纪 50 年代以来，中央和地方确实积极主动地对农民进行引导，"放任自流"的现象基本消失。但很多时候，政府的引导过于积极，严重地抑制了农民的自主性，在很多地方演变成强迫命令和瞎指挥。

（一）组织引导

20 世纪 50 年代，在提高农民组织化程度方面，运动高潮一个接一个。仅用了 3 年时间就全面实现了农业合作化，不到 1 年就实现了高级合作化（全国的农业生产合作社转化为高级社）。实现人民公社化的时间更短——全国农村从较多地试办人民公社到全面实现人民公社化，前后只有 2 个多月；从运动进入高潮到基本完成，甚至还不到 1 个月。在这么短的时间内就把几亿农民组织起来，并且规模和集体化程度还一再扩大和提高，这绝不是靠农民自发自愿就能够完成的。在这个过程中，党和政府占据了绝对的主导地位。

以高级合作化为例，虽然中央要求做到"社员自愿"，但在运动的高潮中，社员的"自愿"有不少是随大溜的表现，即使不情愿也难以说出口。有许多农民一时也弄不清楚高级社究竟是怎么回事，只是单纯地觉得"高级"总比"初级"好，相信党的号召不会错。土地较多的社员对取消土地报酬虽然不甘心，但干部说升级以后保证增产，不会使其减少收入，加之害怕不入社就会被当成和地主富农一伙（当时规定不许地主富农入社），所以也就接受了。地少而人口多的贫农，对取消土地报酬多数是高兴的，认为入社能得到好处。所以，在高级合作化过程中，确实没有遇到太大的阻力。[①]

再以云南省的集体化历程为例。云南的土地改革开始较晚，到1956 年才在全省范围内结束土改。1952 年开始组织以临时互助为主的互助组；1953 年开始试办合作社，全省共有 9 个社；1955 年 6月"高潮"掀起以前，达到 7000 多个社，入社农户占全省农户总数的 5%。无论是合作化还是高级合作化，云南在全国各省中大概是最"落后"的。直到 1957 年，云南省的边疆地区仍然只有不到10% 的农户加入合作社。但是在 1958 年，在极短时间之内全省就实行了人民公社化，许多地方是互助组、合作社、人民公社"三步并作一步走"，"一步登天，跑步进入社会主义"。[②]

---

① 杜润生主编《当代中国的农业合作制》上册，当代中国出版社，2002，第 389 ~ 404 页。

② 高王凌主编《人民公社时期中国农民"反行为"调查》，中共党史出版社，2006，第84 ~ 85 页。

曾任云南省委农工部长的梁林回忆说："对于合作化，农民一开始还搞不明白。这时候山、林、土地、耕牛，甚至许多生活资料都收归集体了，农民知道了，原来是这么回事，就抵抗了。那时农民抵制得很厉害：首先就是消极怠工；再就是砍树，很大一批森林这时被破坏了，还有突击宰杀耕牛、猪；再就是一部分人往国外跑，一跑就是两三万，有的是整村子走，土地都丢了。这也是边疆的特点。一跑人，震动很大。"到"文化大革命"时期，农民抵制的办法就是"种集体地懒懒散散，不出力（有一句话叫"当一天和尚撞一天钟，饭饱日头落"）。城里人下乡帮助插秧，他们在一旁晒太阳看着，男的吸烟，女的做针线。对自留地，天不亮就跑去干活了，把工夫都花在这上面"。①

（二）引导办各项事业

1975 年，甘肃省委在"学大寨"运动中提出了"用专政的办法办农业"的口号。在这个口号的影响下，一些地方"社员当家作主的权利被剥夺，不要说政治民主、财务民主，就连生产民主也遭到严重破坏。要说推广高粱，连出了苗的玉米也得拔掉；要说果树上山，平川上正在结果的梨、柿、核桃也得统统砍掉。播种麦子一个县要同时开耧，限期播完，并派工作组'坐镇督战'。结果，由于片面强调并强迫早播，有些地方麦苗冬前拔节，造成死苗减产"。②

"大跃进"之后，粮食形势一直比较紧张，农业的多种经营受到限制。"以粮以纲"要层层落实到地块，而"全面发展"却难得落实，有时甚至被"全面砍光"。1978 年全国农业总产值中，"种植业占 76.7%，林、牧、副、渔业仅占 23.3%，而种植业总面积中粮食所占比重高达 80.4%，其他作物只占 19.6%。平均每个农

① 高王凌：《人民公社时期中国农民"反行为"调查》，中共党史出版社，2006，第 85～87 页。

② 陈大斌：《饥饿引发的变革》，中共党史出版社，1998，第 103～105 页。

业劳动力只负担 5 亩耕地，全国耕地面积占国土面积 10.4% 。一方面有半数左右劳动力的剩余，另一方面又有大面积的山地、林地、草原、水面需要开发，却受到种种限制。许多地区曾多次反复发生毁林种粮、开垦草原种粮以及围湖垦殖种粮等现象，破坏林、牧、渔的发展，在农区把发展林、牧、副、渔同发展农业对立起来，把发展粮食同发展其他农作物对立起来，认为发展林、牧、副、渔及其他农作物会影响农业和粮食作物。有的地方甚至认为发展林、牧、副、渔或其他农业是资本主义自发倾向。一些地方即使允许发展也加以过多的限制，如只要求农民种棉、种油料、种糖料，不准农民轧花、轧油、轧糖。又如农区养牛，严格限制宰杀，有的养猪不准社员养母猪，养鱼不供应饲料，等等，有些能就地生产的产品，既不准社员搞，也不准集体搞，而把原材料低价上调"。[①]

（三）对中央集权思路的评价

在把中央集权当成主要解决办法的思路下，新中国确实办成了很多有利于国计民生的大好事。与此同时，党和政府对群众的引导过分积极，抑制了农民应有的自主性，引起了不少农民的反感。上文列举了几个比较极端和恶劣的例子，主要是为了说明一点：在国家以引导和命令完全取代群众的自主和自愿、中央权力过度集中的情况下，良好的愿望很可能会走向它的反面，出发点的良好并不能保证结果的良好。

虽然从理论上讲，一个无所不知、无所不能的中央机构可以改变"囚徒困境"博弈的结局，避免"公地悲剧"发生，但是根本的问题在于创立和维持这样一个机构的成本并未被纳入理论的考虑

---

① 杜润生主编《当代中国的农业合作制》下册，当代中国出版社，2002，第 13 页。

范围之内。而这些成本对于农民的互助合作或集体行动而言,是外生性的,不是农民相互博弈之中的一个正常参数。换句话说,在社会实践中,这些成本都要由中央直接或间接地来承担。中央集权方案的有效性,是建立在中央能掌握全面准确的信息、监督能力强、制裁恰当而有效、相关运行费用低等基础之上的。忽略了这些重要基础,类似于上文列举的国家引导的反面例子就不可避免地到处出现、反复出现。而群众的自主行动,恰恰可以低成本、高效率地完成信息收集、监督、制裁等一系列工作。由此可见,中央集权的不足之处,正是群众组织能够发挥优势之处。

二 私有化、市场化的解决方案

改革开放以后,国家在解决农村公共产品和公共资源使用等问题上逐渐增加私有化、市场化的比重。20 世纪 90 年代以后,虽然某些计划经济时期的办法仍然存在,但私有化、市场化已经成为主要的解决方案。

(一) 资本下乡与农民被迫"离农"

由一个大企业来完成农业的产前、产中、产后所有阶段,自然就不需要农民互助合作。政府省掉给小农户提供引导和服务的麻烦事,还有工商营业税等可收,实在是一石多鸟的良策!一个困扰了中国几十年的问题就这样被"解决了"!

其中,本书第五章已经介绍过的"公司 + 农户"(其实质只是"契约供销型")发展模式,正是通过市场化解决"三农问题"、实现中国农业现代化的最主要途径。在实际操作中,"公司 + 农户"就是要农民彻底从与农业有关的加工业、运输业、物流业、仓储业、农资生产和销售等可以带来巨大收益的领域退出,让位于外来的大企业和大资本家,农民的收益只能局限于最基础的种植业和养殖业生产。单纯的农业生产处于产业链的最底端，获得收益最少、付出的劳动量最大、环境承受的污染最多，这已经是常识。再加上中国小农的生产规模小得可怜，"人均一亩三分，户均不足十亩"。在这样的产业格局之下，中国农民怎么可能实现小康呢？城乡收入差距怎么可能不继续扩大呢？

还有一种"公司＋农户"的模式，似乎能让农民多得一些好处，即农民将土地流转给公司，公司支付农民租金，失地农民还可以在公司里面当工人。这种模式乍看能给农民带来两笔收入，似乎比农民单纯从事农业生产要好些。但是这种模式也经不起算细账：公司付给农民的租金必然不会高，否则公司还怎么经营获利呢？另外，失地农民的就业是完全没有保障的，因为随着技术的进步、生产设施的改善，大型农场需要的农业工人必然越来越少，怎么可能让所有失地农民充分就业呢？

这样一来，就会产生另外一个后果：农民将被迫"离农"。离农者越多，劳动力市场价格越低，连带城市劳动者的工资也要下降。何况当前中国城市所能提供的就业职位还远远不能算充分，工作难找、工资又低，包括农民在内的中国公民，何时才能实现全面小康呢？

除此之外，正如本书绪论中所提到的，当前中国农村家庭因为有两代人同时务农、务工，赚取两笔收入，农民才获得了相对体面的生存条件。虽然务农的收入非常有限，但是基本可以解决一家的温饱。青壮年在外的务工收入就可以积攒下来，以备日后购买大件物品和应对重大事件，比如子女结婚、在农村建新房、子女上学、家人治病等。在这种"理想状态"下，一个家庭的大部分人口（祖辈和孙辈）生活在农村，费用较低、支出较少，也有利于家庭储蓄。因此，无论中国城市经济是否景气，农业以及农业收入对于中国大多数农民家庭来说，都是不可或缺的。如果大量农户由于资本下乡而不得不放弃农业、离开农村，那么当前相对稳定的农村劳动力再生产方式也要彻底转变。到那时，考验中国城市承载能力和中国政府维稳能力的真正危机就到来了。

好在中国农村还足够大，还未被各种利益集团、龙头企业完全占领。但是，对涉农资源的市场化、私有化措施，应该有全面的反思和新的考虑。

（二）市场化改革的其他方面

集体化时期承担农村供销任务的各级供销合作社和国营商业系统，大多已完成市场化改革，成为市场经济下追求自身独立利益的经营主体，以利润最大化为主要目的。农村的供销业务只是它们追求利润的"正常"经营行为，不再是国家委托的任务。

曾经承担国家"在农村组织存款，用农村的钱支持农村经济发展"任务的各级农村信用合作社，也已经完成市场化改革，成为独立于农民、以营利为主要目标的金融机构。所谓的"信用合作"早已有名无实。当前信用社在农村的主要功能是为农民存款、汇款、取款提供便利。

各地的人民公社、生产大队、生产队，曾经直接承担把农民组织起来的重要任务，也在 20 世纪 80 年代被乡（镇）政府、行政村、村民组取代。而设想中"统分结合"的家庭联产承包责任制，实际上大多是有"分"没有"统"。杜润生等人原本对农民在市场经济之下自发形成的各种合作经济组织寄予厚望，但从近年来的实际情况看来，虽然注册成立的农民专业合作社数量越来越多，真正属于农民、由农民民主管理的合作社却很少，而这其中能够有效运作的更少。

各级党委和政府也吸取了过去的惨重教训，减少了对农民的强迫命令和瞎指挥。但是在政府"转变职能"的过程中，过分相信市场主体"自由交易""公平竞争"的积极作用，对民间自愿自发的互助合作也过于乐观。具体到农民互助合作的实践方面，就是政府由原来的过度积极引导走向另一个极端——完全不去引导，消极地等待农民"自愿"组织起来。在专业合作社的申报注册工作上，政府的消极作为表现得非常突出：它们根本不去辨别申请成立的"合作社"是否符合合作社的原则，只要申请人拿来几张农民的身份证，按照要求提交材料（政府部门对这些材料基本没有审查核实，所以很容易造假），就能成立一个新的农民专业合作社。由于登记的门槛过低，社会上"皮包合作社"到处泛滥。所谓的"皮包合作社"，就是仅仅存在于负责人皮包之中的合作社，皮包里装着的一本执照和一枚公章就是此类合作社的全部内容。

通过总结过去的经验教训可知，单纯的中央集权办法，或者单纯的私有化、市场化办法虽然各有其合理性，但也各有其无法克服的缺陷。在实践中，抛弃非此即彼的僵化思维，用彼之所长补己之所短，应该是更合理的思路。当然，在中国的"三农"现代化和农民互助合作实践中，仅仅由国家、市场来发挥作用是远远不够的。

第三节 国内学者主张的合作模式

国内一些著名的"三农"学者，对农民互助合作的理想模式也提出了自己的看法。他们的观点大多来自长期的实地调查研究，以及各地进行新农村建设的具体经验。

一 建立综合性合作社

（一）来自新乡村建设的经验

温铁军认为，"国际经验已经表明，单纯搞生产的农业合作社大部分是失败的。因此，农民合作并不意味着集中土地的农业规模经济。有回报的合作社经营只可能是在技术服务、加工、金融和购销等非农业生产领域。"[①]

农民合作社可以是专业型的，也可以是综合上述几个方面的。但从实际出发，温铁军、何慧丽等人倾向于在村庄建立综合性合作社。因为农民大多数还是兼业化小农，他们不仅耕种土地，种植各种粮食作物，而且绝大部分家里还搞些养殖，如养些猪、羊、鸡、鸭、鹅等家禽家畜。结合农民这种兼业化经营的特点，合作社应尽可能为社员提供综合服务。所以，温铁军等人从河南省兰考县等一些新乡村建设试验中摸索出合作社的综合服务形式，有资金互助服务，有图书借阅、电脑查寻、电视放映、专家技术人员讲座等形式的信息服务，有各个种植、养殖小组的内部技术互助（如统一防疫）和农资统一购销服务等。除此之外，试验的结果还使他们确信：无论什么样的合作社，在实际运作中都具有文化、培训、服务社区等非经济功能。[②]

（二）向"日本模式"学习

李昌平也注意到综合性合作社的特殊价值。他认为，在人口密集、农民占多数、人均资源少的国家实现现代化，依靠资本改造小农和农村，是难以走通的道路。而同属东亚的韩国之所以在经济上能够迅速崛起，并且顺利完成国家现代化，重要的原因是采用了农业和农村现代化的"日本模式"。

"日本模式"不是依靠资本改造和消灭小农，而是在土改的基础上限制大资本下乡，扶持小农组织起来，建立以金融合作为核心的综合农协，变传统小农为组织化的现代小农。包括金融保险

---

① 温铁军：《"三农"问题与制度变迁》，中国经济出版社，2009，第 90 页。
② 何慧丽、温铁军：《新农村建设在村庄层面上是农民全方位的合作》，《农村·农业·农民》2008 年第 1 期，第 1 页。

在内的农村经济都由农民协会主导发展，农民不仅分享种植业、养殖业的收益，而且几乎分享了农村金融保险、加工、流通储藏、市场资料生产供应、技术服务、农产品超市和土地"农转非"等诸多方面的绝大部分收益。日、韩限制大资本下乡，大约经历了数十年甚至百年的时间，有限制地准许大资本下乡是在农业和农村现代化——"组织化的现代小农"基本实现之后。[①]

李昌平还认为，金融在农村现代经济发展中具有核心作用。如果日、韩的综合农协没有"农信部"，综合农协就没有生命力；农民的金融自主权，还是实现和保护农民土地产权的基础。保护农民首先要保护农民的金融自主权。日、韩用了数十年甚至近百年时间保护农民的合作金融，限制私人资本下乡办银行，而台湾乡村出现私人银行只是近 10 年的事情。[②]

二 强化农村基层组织（村社组织、村社共同体）

（一）充分利用现有"村社组织"

贺雪峰认为，9 亿农民合作起来发展靠科技农业、高效农业，则高效农业一定会变得低效。在中国 18 亿亩耕地上的 9 亿农民，其大多数注定只能种植大田作物。在这种情况下，农民首先要面对的不是市场问题，而是生产的基础条件问题，是使闲暇如何有意义的问题，是如何有效率地用好自上而下的转移支付资金的问题。在这种背景下来看农民合作，显然无论是欧洲的农民合作、美国的农民合作，还是日、韩的农民合作，都难以为中国农民合作提供有意义的借鉴。我们常常忘记了，新中国的农民合作也是一种模式，而

① 李昌平：《再向总理说实话》，中国财富出版社，2012，第 129 页。
② 李昌平：《再向总理说实话》，中国财富出版社，2012，第 130 页。

且是极其成功的模式，中国农村有健全且完善的基层组织体系，只要对当前农村基层村社组织稍加改造，即可以解决当前农民可以通过合作解决的绝大多数问题。[1]

20世纪80年代以来，中国农村实行村民自治30多年，农民具备了成熟的社区民主经验。取消农业税之后，农村基层治理形势发生巨变，国家不仅不再向农民收取税费，反而有大量自上而下的转移支付。如果将国家的这部分资金下移到村社一级，由农民通过民主的办法来决定如何使用这些资金，就可以最大限度地利用好国家的资源。这样一来，农民生产和生活中的大部分公共品便可以通过合作来解决，农村村社组织也会进一步地发育和强大起来，在经济、社会、文化各个方面为农民提供基础性服务，为解决中国"三农"问题提供强有力的社会基础。因此，发展村社组织来解决农民合作，正是当前中国农村发展的正途，也是捷径。除此之外，农民找不到更好的办法。[2]

（二）强化"村社共同体"

李昌平也主张要加强现有的农村基层自治组织的作用，他所使用的称谓也与贺雪峰类似：贺用的是"村社组织"，李用的是"村社共同体"，都包括了我国宪法中规定的以村民委员会为主的农村基层群众性自治组织。

李昌平认为：要实现小农的共同富裕，必须把小农变成有组织的现代小农，而农民村社共同体是最适合、最基本的农民组织形式。村社共同体的基本特点是"四权统一""三位一体"，"四权统一"，即有共同的产权、财权、事权、治权；"三位一体"，即村民

---

[1]　贺雪峰：《组织起来：取消农业税后农村基层组织建设研究》，山东人民出版社，2012，第126～127页。

[2]　贺雪峰：《组织起来：取消农业税后农村基层组织建设研究》，山东人民出版社，2012，第128～129页。

共同体有"经济发展、社区建设、社区治理"三种职责和功能。因此，在村民共同体内应该实行"一套人马，三套班子（党、政、经交叉任职），各司其职，合作发展、建设与善治"。[1]

李昌平认为，当前我国农村最典型的村民共同体就是大寨村和周家庄公社。全国维持"四权统一""三位一体"的村庄还有2000多个，这些村民共同体不仅经济实力强，而且社区建设和社区治理也非常好。村民不仅收入比城镇居民高，福利好，而且文化生活也不比城市差；村民不仅身体好，而且精神面貌也很好；村庄不仅环境美、生态好，而且也很和谐。这2000多个村民共同体村庄，是社会主义新农村的典范。村社共同体作为综合性的农民组织，既是"三农"发展的主体，又是政府可以用来服务"三农"的最基层的助手。政府只有全心全意依靠村社共同体发展农业、建设农村、服务农民，公共资源使用效率才能提高；农民对政府的民主监督才可实现；农民的自主性才会不断提升，"三农"的自我发展能力才会越来越强，农村社会才会越来越有秩序。[2]

三 对国内农民合作模式的比较

建立综合性合作社，实际上是通过在农村实行多领域、多产业的合作经营，增加农民合作组织的实际收益，以此降低合作的成本/收益值。这样一来，互助合作才可能给农民带来更多的实际收益，农民合作的积极性、组织的凝聚力才可能切实得到提高。而专业合作社在中国农业规模小且专业性弱的条件下，给农民带来的实际收益相当有限，甚至无法抵消合作产生的成本。因此，当前能够

---

① 李昌平：《再向总理说实话》，中国财富出版社，2012，第87~89页。
② 李昌平：《再向总理说实话》，中国财富出版社，2012，第89~95页。

有效运行的中国农民专业合作社极少；有实际业务的合作社也以农村能人的强强联合为主，大多数弱势的小农还未能真正组织起来。

贺雪峰与李昌平虽然都强调基层村社组织的重要性，但两人的侧重点有所不同：前者主要针对村社对国家资源的承接与使用，并未把现存的集体所有、集体统一经营的集体经济摆在突出位置；后者则特别重视南街村、大寨村等集经济、政治、文化、社会管理、社会保障等功能于一身的集体经济名村，强调土地等重要生产资料的集体所有与集体统一使用相结合。

事实上，本节介绍的两种合作模式——建立综合性合作社和强化基层组织有其相通之处：①尽可能地扩大合作社的业务领域。不仅经济方面的生产、加工、供销、金融等业务要存在于一个合作社之内，随着组织经济实力的增强，文化、娱乐、社会治理等经济以外的事务也应该纳入合作社的综合服务之中，以此来全方位地服务"三农"。当然合作社业务的扩大是一个渐进的过程，不能一蹴而就。②扩大合作社的规模。现行的《中华人民共和国农民专业合作社法》规定，只要有5个具有农民身份的人，就能组成一个合作社。但是规模只有几户、十几户的合作社，对于一个行政村来说还是太小，不利于合作社服务功能的整合与推广。因此，温铁军、贺雪峰、李昌平等人所主张的合作社规模，大多是以"村"为界限的——小则是自然村、大则是行政村。他们并未主张合作社的规模越大越好。

以上两点，其实都在说明一个道理：增加合作的收益、降低合作的成本，才是增进农民互助合作的有效办法。只有把全村需要互助合作的业务都赋予一个合作社，大多数农民才可能获得规模效益以及农业生产以外的收益，才能顺利承接国家的支农资金；与此同时，还省去了创设、维持多个专业合作社的成本。

因此，在一定程度上可以认为：以上两种合作模式，正是某些中国学者根据中国农村的实际情况，营造有利于合作的"成本—收益"结构、构建村民利益共同体的具体设想。

第四节 增进农民互助合作的可能途径

本章第二节介绍的两种解决方案，虽然在逻辑上确有一些合理性，但是其理论基础仍然有不少值得商榷之处。另一方面，从两种方案在中国的实践历程来看，如果一个时期内完全倚重哪一种方案，都会给国家和群众带来不少损失，因为任何一种过于纯粹的理论，难免会存在一些缺点和劣势。决策者一旦过分迷信某种理论体系，很容易导致实践中的某些问题长期难以解决。

在单纯的学术研究层面，穷毕生精力去精研并推广一套内在逻辑高度一致的理论体系，也许是一种值得提倡的学术品质。但在社会实践层面，以包容的心态，取各家之所长，采取一种调和折中的方案，也许更为恰当。

本书的最终目的不在于重新提出一套分析互助合作或集体行动的理论框架，而在于通过历史和实证研究，对我国农民互助合作的历程和现状进行反思，并努力探讨一些增进农民合作的可行性途径。因此，下文也许会同时出现几种理论框架和实践模式，或者是不同解决方案的综合体，这些都是笔者对前辈学者的思想资源进行借鉴和整合的结果。

一 珍惜新中国成立 60 多年来的经验和教训

新中国的农民互助合作历程，以 20 世纪 80 年代初的分田到户、取消统购派购政策为界，可大致划分为两个阶段，每个阶段大约各占 30 年（下文分别称为"前 30 年"和"后 30 年"）。两个阶段的农民互助合作，既有一些极其成功的经验，也有一些令人遗憾的缺失。由于中国很大，各地的情况差异也很大，各种经验和缺失在现实中往往纠缠在一起，存在一种复杂而饱满的张力关系。

综合前文的内容进行总结，前 30 年的经验是：通过在全国建立综合性、地域性的社队利益共同体，原本分散的农民得以组织起来，为农民建设家园、改善生产生活条件提供了重要的组织基础和经济基础，有力地支持了国家的工业化建设，也为改革开放后国民经济的快速增长准备了必要的条件。教训则是自上而下"统"的事物过多、力度过大，由此造成了不少实际损失，也导致很多社队和农民缺乏必要的自主性和积极性。

后 30 年的经验是：通过分田到户、取消统购派购政策，农民获得了一定的自由和经营自主权，原先生产队里出工不出力的现象基本绝迹，也避免了在一些社队长期存在的"刮共产风"、瞎指挥、平均主义等弊端。教训则是在实践中对"分"的因素强调过多，对"统"的因素强调太少，中央文件规定的"统分结合的双层经营体制"未能得到完整、充分的体现。有一个时期，很多地方甚至存在以"分"为荣、以"统"为耻的状况。把所有集体资产一分了事的小岗村分田到户模式，成为"思想解放""大胆改革"的先进代表，也成为各地落实农业生产责任制的主流模式，甚至是唯一正确的模式。21 世纪初国家取消了专门向农民征收的农业税、费之后，大多数农村"统"的成分几乎不存在了，农民缺乏产生集体行动的组织基础和经济基础，有利于共同利益的事项就难以实施。

习近平总书记在 2013 年 1 月的新晋中共中央委员会委员、候补委员学习贯彻十八大精神研讨班开班式上指出："党领导人民进行社会主义建设，有改革开放前和改革开放后两个历史时期，这是两个相互联系又有重大区别的时期，但本质上都是我们党领导人民进行社会主义建设的实践探索。虽然这两个历史时期在进行社会主义建设的思想指导、方针政策、实际工作上有很大差别，但两者绝不是彼此割裂的，更不是根本对立的。不能用改革开放后的历史时期否定改革开放前的历史时期，也不能用改革开放前的历史时期否定改革开放后的历史时期"。① 这是我们看待和评价新中国 60 多年历史的一个合理原则。

上文简要总结了新中国成立以来前 30 年和后 30 年的经验和教训，目的自然不是用后 30 年否定前 30 年，更不是用前 30 年否定后 30 年。笔者认为，新中国成立 60 多年来的农民互助合作历程，本质上是探索适应中国国情的"三农"现代化路径的重要成果。在此过程中产生的经验或教训，对后人来说都是可供借鉴的宝贵资源，都应该珍惜。但是直至今日，社会上仍然存在对合作化运动的脸谱化乃至妖魔化认知，"谈合色变"的情况仍然存在。这一类看法，实质上割裂了新中国前 30 年与后 30 年之间的密切联系，试图以后 30 年否定前 30 年。类似的倾向不仅造成人们思想上的混乱和冲突，而且为当前中国的农民互助合作实践探索制造了诸多不必要的障碍，甚至影响到相关学术研究的客观性与深度。

因此，笔者主张用一种开放、包容的心来完整地看待新中国成立 60 多年来的农民互助合作历程，尽量避免简单化、片面化的思考和判断。当前，珍视和珍惜前 30 年的宝贵资源和遗产显得尤为迫切，因为这是思考后 30 年应该如何增进农民互助合作的重要前提。

二　政府应对农民实行必要而适当的引导和扶持

通过对新中国农民互助合作历程进行梳理，可以看到一个有趣

---

① 《改革开放前后历史不能互相否定对立》，《京华时报》2013 年 1 月 6 日，第 4 版。

的转变：在前 30 年，政府对农民的引导非常积极，甚至有些过分积极；随着市场化改革的推进，在此后 30 多年的时间里，政府对农民的引导不断减弱。21 世纪初实行税费改革以后，很多地方的基层政府和法定自治组织更是发展到对农民不管不顾，一切听凭农民"自愿"的程度。当然，农村基层自治组织也有难处。由于缺乏必要的组织基础和经济基础，现有的村委会、村民组客观上无力为农民提供起码的公共服务。另一方面，中央政府无意也无力完全承担税费改革后的农村公共开支缺口，因而颁布了《村民一事一议筹资筹劳管理办法》，试图为长期以来由农民自我供给公共物品的做法提供合法性。但是正如本书在第四章提到的，由于缺乏原有的村社组织基础和集体经济基础，单靠农民的自发自愿，"一事一议"在有"分"无"统"的农村地区根本无法开展。

但是，不管"一事一议"是否有效，在大多数农村地区，由农民自我供给公共物品的局面在短期之内不会完全改变，因此，其中一个可行的做法，就是从农民曾经基本实现公共物品有效供给的时代中寻找解决办法。事实上，在新中国成立前 30 年中，存在农民依靠自己的力量建设家园、改善生产生活条件的有效办法。这个办法在上文的经验总结中已经提到，即农民通过组织起来、通过综合性的村社集体组织，可以提供农村公共服务所必需的组织基础和经济基础。

从中国的历史来看，无论是在合作化运动中还是在推行家庭联产承包责任制的过程中，无论是前 30 年的以"统"为主还是后 30 年的以"分"为主（虽然中央文件规定的是"统分结合"），政府的引导都发挥了至关重要的作用（本书的第二章、第四章已经对此进行了专门的论述）。从人地关系与中国相似的日本、韩国的经验来看，政府对农民合作组织的引导和扶持同样是必不可少的。由于当前农民存在重新组织起来的客观必要性下，政府自然应该承担起相应的引导和扶持责任。

当合作制、合作组织在近代欧洲还处于萌芽状态时，一些社会主义运动的先驱就已经把克服某些资本主义弊病的希望寄托于合作制。事实上，合作制本身与财产私有制和市场经济规则并不冲突。从某种意义上说，合作组织正是社会主义理想与市场经济逻辑的一种结合。具体到当代中国，合作组织正是贯彻科学发展观，创建和谐社会、和谐农村的重要载体。我们谈科学发展观，不应该仅仅针对环境保护、产业升级等问题，更重要的是在保持社会经济平稳发展的同时，让更多人分享到发展的成果。而合作组织就是实现这一目标的有效载体。因此，社会主义国家有必要、有义务扶持农民合作组织，协助建立农村利益共同体，加强农民的市场地位。只有这样，社会经济改革的红利才能惠及更多人。

因此，下文需要探讨的问题就是政府应该如何引导和扶持农民重新组织起来？或者说，政府应该如何引发农民的集体行动？

（一）改变当前不利于互助合作的成本—收益结构

本书的第六章通过案例分析指出：不利于农民形成有效合作的成本—收益结构（即合作的成本远远高于收益）普遍存在，这是阻碍农民互助合作的客观障碍。单靠农民自身的努力，几乎没有可能降低合作的成本/收益值。另一方面，以追求利润为目标的企业，自然没有帮助农民的积极性。在这个问题上，只有国家才能直接有效地为农民提供帮助，通过有选择性的外部激励①来降低合作的成本，增加合作的收益。

---

① "选择性的激励"是由奥尔森提出的。他在《集体行动的逻辑》一书中写道："激励必须是'选择性的'，这样那些不参加为实现集团利益而建立的组织，或者没有以别的方式为实现集团利益做出贡献的人所受到的待遇与那些参加的人才会有所不同。这些'选择性的激励'既可以是积极的，也可以是消极的，就是说，它们既可以通过惩罚那些没有承担集团行动成本的人来进行强制，或者也可以通过奖励那些为集体利益而出力的人来进行诱导。"

分散小农之间的大规模合作难以自发产生，所以需要国家、政府的引导。但引导并不意味着包办代替，也不意味着农民"被合作"，而是政府要代表大多数农民的利益。事实上，当前不利于农民形成自发合作的收益格局，很大程度上是国家曾经实施或正在实施的政策和行为共同造成的，致使农民以及农村自治组织不能充分地、合法地获得金融和土地的收益。因此，在当前中国的权力结构和政治环境下，也只有通过政府行为以及自上而下的变革，才能产生有实质意义上的转变，才能增加农民合作的直接收益或潜在收益。

政府引导的一个重要体现，在于对农民合作是否有扶持、扶持力度有多大。所谓的扶持，一方面指的是在公共品供给、农产品加工业销售、农村金融、农资生产和经营、农技研发和推广、物流仓储、土地利用等领域，政府帮助、支持农民合作组织取得主导地位；另一方面指的是对真正的农民合作组织提供财政支持和税收优惠。只有国家对组织起来的农民给予扶持，他们才可能在市场化的改革中分享到更多利益。

在国家的扶持和干预之下，绝大多数农民合作社的成本/收益值大于1——合作的成本大于收益——的现状才能得到有效改变，真正的农民合作组织才能逐渐增多，并且有效运行。

（二）应该慎重选择扶持的对象

近年来，虽然各级政府对"三农"的投入持续增加，但农民组织程度低的情况没有实质性转变，主要原因在于大量的资源投入基础设施建设，或用于扶持本来就力量强大的龙头企业和成分可疑的"合作社"，真正由农民主导的合作组织得到的资源很少。事实上，大中型农村基础设施的使用效率和使用寿命，在缺乏有效合作的农村地区将会大打折扣。不重视农民组织建设，政府的投资只能是"花大钱，办小事"，表面上看是做了很多事情，实际上功效却很成问题。而扶持龙头企业，只是直接帮助了龙头企业赚钱，不能等同于扶持农民，更不等于帮助农民赚钱。

既然现行法律未加禁止，那么在市场经济之下，龙头企业牟取利润、扩展市场份额的行为倒也无可厚非。但是政府大可不必再对这些企业进行额外的补贴和扶持。只要农村有资源、有市场、有钱可赚，工商资本、城市资本自然会闻风而动，政府又何必额外出钱出力呢。另外，代表着公共权力的政府，使用财政补贴原本就财雄势大的龙头企业，似乎欠缺正当性与合理性。

正如前文已经提到的，为"三农"服务可分为两种：帮农民赚钱，赚农民的钱。工商资本只能赚农民的钱，农民的合作组织则是帮农民赚钱。中央与地方财政每年巨额的支农资金，到底有多少支持了帮农民赚钱，有多少支持了赚农民的钱，恐怕是一笔糊涂账。市场经济之下，对企业的合法权益应予以保护。但是，赚农民的钱肯定不需要特别的鼓励。需要鼓励的，应该是帮农民赚钱的组织、机构和行为。至于这些组织和机构与政府的关系有多"亲"，应该是在考虑之外的。从国营商业和国营金融分离出来的供销社、信用社系统，既然它们不能帮助农民赚钱，自然也不应该继续使用国家的补贴和资金。

另一方面，农民也有多数和少数之分。农村中的能人、大户都是少数，他们的合法权利也应该得到保护，但是没有理由给予格外的政策倾斜。大户之间更容易形成稳定有效的合作，因为他们人数少，协商、协调方便，而且合作的收益非常可观。但是这种成分的专业合作社，是否应该获得扶持，似乎需要重新考虑，因为扶持大户，可能会进一步加剧农村社会的分化。理想的状态应该是：在对当地的"三农"资源和农户实行综合、整合、联合的基础上，建设惠及大多数农民的地域性利益共同体。这样既能实现规模经济，也能体现社会公平。如果扶持机制与合作体系都不健全，结果很可能是支农资金投入越多，越容易诱发农村的干群矛盾和两极分化。虽然在分化的情况下，农业和农村也有可能发展起来，但大多数农民在发展中难以分享到平均收益。这样的局面对于一个拥有几亿农民的大国而言，最终的代价可能会难以承受。

（三）采取必要的强制措施

政府以国家政权和暴力机关为后盾，有能力对一些有利于农民改善生产生活条件的事务施加某些强制措施。所谓的强制，不一定直接以行政命令和暴力手段强迫农民"合作"。对于一个国家必不可少的税收，就是一种常见的强制手段，能有效克服成员数量巨大的集团无法提供公共物品的问题。又如，对于江汉平原众多下游农户脱离成本低廉且高效的大中型水利设施，自建成本高、风险大、又不具可持续性的小水利设施这一问题。政府可以一方面禁止农户私自打井，另一方面为组织起来的农民提供泵站和水渠的运营及维护费用补贴。类似这样的强制于国于民都有利。

日本、韩国、中国台湾地区的综合农协或农会，在当地的"三农"现代化进程中发挥了不可取代的作用。但是这些组织大多不是农民自主、自愿、自发组织起来的，而是在政府的主导之下才得以普遍推广的。与此同时，日本、韩国和中国台湾地区还以国家立法或地区规定的形式限制工商资本进入农村和农业，时间长达数十年甚至百年。在"三农"现代化基本实现、农民普遍组织起来之后，才开始有限制地允许工商资本进入。这些地区的农村劳动力转移不是被迫的，进城的农民和城市居民享受同等的国民待遇，农民的收入和城市居民的收入差距不大。在现代化过程中，这些地区农村人口的比例逐渐下降，但是没有出现大规模的农民进城务工现象；农业占国民经济的比例逐步下降，但是没有出现普遍的农民贫困问题；城市化、工业化高速发展，但没有出现严重的污染和两极分化问题。这些国家和地区在崛起的过程中，其经济繁荣，社会和谐，政局稳定。① 类似这种对国家和人民都有好处的"强制措施"，值得我们认真分析和借鉴。

（四）清查现有合作社、提高入社门槛

自 2007 年 7 月 1 日《中华人民共和国农民专业合作社法》正式施行以来，在工商行政部门登记成立的农民专业合作社数量快速增长。但是正如上文所指出的，其中有大量是"皮包合作社"，并非真正意义上的农民合作社。有很多合作社直接是空壳的，没有开展实际业务（比如本书第七章介绍的"八龙村莼菜专业合作社"）。有些合作社虽然有业务开展，但实际的控制者是某个"能人"或"老板"，合作社实质上是他的私人企业。还有些合作社，是披上了合作社外衣的"公司＋农户"模式，根本没有"统一经营"，也没有二次分配或利润返还，并未提高农民的市场地位。

事实上，"皮包合作社"在短时间内大量出现，往往是地方政府直接介入催生的结果。近年来，一些地方政府要求下级在一定期限之内发展多少数量的合作社，最后还要搞评比，奖"先进"，罚"后进"，甚至还对不能完成任务的干部搞"一票否决"。这样一来，"皮包合作社"自然就雨后春笋般涌现。

这些地方政府的行为，属于错误的引导和干涉，绝不是本书所主张的正确引导和适当引导，所以各级政府切勿再对合作社的数量实行考核，上级切勿再对下级搞摊派、下指标。对于发展农民合作社，应该像共产党组织发展党员那样，做耐心细致的考察工作，精心培养，"成熟一个，发展一个"。

不少人还在强调，现在合作社才起步没几年，可以先让它们大量发展，然后再清理和规范。这种想法的害处极大。当前成立的几

---

① 李昌平：《大气候：李昌平直言"三农"》，陕西人民出版社，2009，第 82～88 页。

十万家农民专业合作社良莠不齐，其中大量不规范的合作社日后很可能会成为深化改革和资源整合的重大阻力。少数真正的合作社在"皮包合作社"的汪洋大海中很容易被淹没，"劣币驱除良币"的情况已经出现，这是非常令人痛心的。另一方面，由于不规范的合作社数量极大，很多合作社成立的初衷就是套取国家扶持农民合作的各种好处，在这些假合作社的层层拦截之下，真正的农民合作社很难得到政府的扶持，也很难被社会舆论和学界关注。一些可以规范和完善的合作社，也缺少了改进的动力和榜样。

当前农民专业合作社注册成立的条件过于宽松，政府应该适当收紧，认真审查申请者的材料和资质。此外，还要对大量已成立的合作社进行严肃的调查，清除一批"皮包合作社"。在此过程中，可以筛选出真正的农民合作社，把它们作为扶持发展的候选对象。

（五）允许多种合作形式、合作内容的存在

新型农民合作社在中国的历史很短，与国外动辄几十年、上百年的合作社不可同日而语。因此，国内被公认是"成功"的合作社很少，即便有，也不易为外界所知。而且，由于成立的历史太短，个别合作社在当前运行得较好，并不意味着它们在 5 年、10 年之后还能运行得好，所以在现阶段评论它们是否成功，也许为时过早。

因此，笔者建议允许和鼓励各地尝试不同的合作形式与合作内容，政府和科研单位可以多调查、多研究，多总结成功经验和失败教训，但是不要急于推广某种所谓的"成功"模式。因为一些地方比较成功的微观经验，不一定是其他地方可以学得来的。尤其是一些政府部门甚至是领导人参观考察过的"先进典型"，往往具备一些特殊的条件，甚至得到某些部门和单位的强力支持，才取得突出的成绩。其他地方不具备类似的条件，生搬硬套"先进典型"的模式，很可能会给农民造成损失。

（六）加强互助合作知识的教育和普及

在基层农村，普通农民对现代合作理论和成功案例几乎毫无所知。若与农民谈起"提高农民组织化程度"，他们大多只能想起原来的人民公社制度，容易引起一些人的不安和反感。对于"专业合作社"，农民可能会有所耳闻，但真正了解其内容和作用的人实在少之又少。

由于缺乏相关知识，农民就无法借鉴别人的成功经验来改善自身处境。大量参与合作社和协会的农民，仅仅是在政府、企业、个别农村能人的主导下被动地报名加入，实际上还未能了解和接受现代合作组织的原则，诸如平等协商、民主管理、长期合作、重视契约、共同所有等，也未能按照这些原则行动。这一状况也直接导致农民合作的成本过高，因为组织者还承担有说服、教育农民，普及现代合作知识的责任。在多数参与者还未了解、接受现代合作原则的情况下，新型农民合作组织的运行效率亦会大打折扣。

这暴露出农村教育和职业培训存在的缺陷：基本没有发挥推动传统农民向现代农民转型的作用。事实上，现有的农村教育体系尚不能适应建设社会主义新农村的具体要求，迫切需要认真的反思。

另一方面，与"三农"有关的社会科学研究单位，不妨把自身的研究和各地农民的互助合作实践结合起来。在此过程中，科研单位不仅可以获得第一手的研究素材，还可以让科研成果在真实的场景下得到实验。农民也可以利用研究者的知识优势和理论优势。这应该是一件一举多得的好事。

三 基于"共同富裕"理念的合作可能与形式

正如温铁军、贺雪峰、李昌平等中国学者所指出的，由于国情特殊，尤其是中国农村紧张的人地关系，中国无法照搬西方发达国家的农民合作、农业现代化模式。与此相反，不少人把希望寄托在城镇化的迅速发展上，认为把农村和农业人口大规模转移到城镇之后，中国就可以实行大规模的农场化经营，只有这样，中国的"三农"才能真正现代化，而且博弈主体大为减少，农民合作难的问题也会迎刃而解。

这种观点的持有者眼中大概只有美国、加拿大、澳大利亚等国的农场化经营，而忽略了对西方国家农村历史及现状的对比。事实上，不少人憧憬的大型农场经营模式，只有在被殖民的"新世界"国家才普遍存在。而旧欧洲的一众前殖民地宗主国，其农场规模仍然远远小于澳大利亚、加拿大等国。在最理想的状态下，中国有可能通过城镇化的发展，最终达到日本、韩国那样的农地集约程度。但是，鉴于目前中国农村仍然积淀着庞大的人口，这一人口转移、农地集约的过程必然极其漫长。而且，日本、韩国农村普遍建立的农协或农会，很大程度上是借助政府力量把农民组织起来的结果。因此，寄希望于通过社会经济的"自然发展"来减少农村博弈主体，实现农民的自我组织，对于中国来说不是一条现实的道路。

其实，除了从国外学习和寻找推动农民互助合作的经验以外，中国本土的经验更值得我们认真研究、反思、借鉴。总结中国农民互助合作的经验和教训，有助于我们摸索出真正符合中国国情的理论和实践。在过去很长一段时间里，新中国的互助合作运动被很多人妖魔化，他们认为长达几十年的互助合作经验一无可取。这种局面的长期存在，不仅严重阻碍了中国"三农"研究回归学术探索的正常路径，对当前的农民合作实践也产生了显著的不良影响。

从新中国的历史和现状来看，通过地域性、综合性的村社利益共同体（前30年的农业生产合作社、人民公社都是典型的村社利益共同体）把农民组织起来，才易于集中农民原本分散的力量，带动他们建设家园、改善处境，最终缓和乃至解决在很多地方日趋严重的"三农"问题。在当今中国，这样的村社共同体还有数千个，其中的著名代表有南街村、华西村、周家庄乡等。这些乡村在20世纪70年代末至80年代初并没有选择分田到户的发展之路，而是保留了原来的社队集体经营模式，实行多业化经营。其中有些地方也曾经分田到户（比如南街村），但是很快就产生农户过于分散带来的一系列弊端，引起了群众强烈不满，因此又把土地和原来的集体资产收回，由集体继续统一经营。

笔者在前文把这样一类合作组织分类为"集体经济型"，"共同富裕"是它们共有的核心价值。

今天，我们都认可"共同富裕"是社会主义的内在要求之一。事实上，"共同富裕"最先是由毛泽东在1955年7月31日的著名报告《关于农业合作化问题》中提出的："在逐步地实现社会主义工业化和逐步地实现对于手工业、对于资本主义工商业的社会主义改造的同时，逐步地实现对于整个农业的社会主义的改造，即实现合作化，在农村中消灭富农经济制度和个体经济制度，使全体农村人民共同富裕起来。"① 由此可见，在毛泽东看来，"共同富裕"本身是与合作化联系在一起的。

"共同富裕"的价值意义不在于使大家同步富裕，更不是均贫富、消灭一切私有因素。它的核心价值在于消灭贫穷、消除两极分化，实现效率、效益与公平的统一。地域性、综合性的村社利益共同体正是"共同富裕"理念的最好载体。只有通过合作化，依靠组织起来的农民，"共同富裕"的理想才有可能在农村实现。另一方

---

① 中共中央文献研究室编《建国以来毛泽东文稿》第5册，中央文献出版社，1991，第255页。

面，"共同富裕"理念也赋予合作组织更多元的价值追求和道德要素，使组织能够超越狭隘的经济功能，其成员能够超越单纯的逐利冲动，合作组织也因此具有更强的道德感召力和对不当行为（如"搭便车"、贪腐等）的约束力。

当然，一个集体组织的"共同富裕"理念，基本上只在其内部起作用，不可能要求其拿自己的财富与外人分享。但是正因为坚守着"共同富裕"理念，这些集体组织才会在内部的一系列管理和分配制度中处处重视集体的共同利益，而不是过多强调个人的利益；在实际的经营管理中，也尽量做到效率与公平的统一。在这些地方，因为组织是一个利益共同体，利益竞争带来的人与人之间的分歧得以消弥，也就在很大程度上避免了家庭与家庭、人与人之间的拆台与倾轧，使人际关系、邻里关系和谐，使地方风气淳朴。

而在其他一些地方，地域性利益共同体已大为削弱，甚至已经消亡，因此难以产生具有普遍性的共同利益。同一个村（乡）的不同家庭之间，一旦为了实现各自的利益最大化而不断竞争，必然会出现各种乱象，由此造成的各种直接和间接成本将不断增加，社会风气也会每况愈下。

四　中国农民重新合作化的可能前景

在本书的最后，笔者尝试对中国农民重新合作化之后的前景进行简单的展望。笔者在此使用的"合作化"，自然有别于历史上的合作化运动。首先，未来的合作化与合作化运动的时代背景大不一样，中国已经深深地融入全球化浪潮之中，中国特色社会主义体系已经确立了市场经济的主导地位。更重要的是，中国已经从"以农补工"的阶段过渡到"反哺农业"的阶段，国家从农业中提取生产剩余的历史已经结束，不再需要以合作组织作为资源提取的中介。其次，国家不可能以 20 世纪 50 年代初期的力度来硬性推动和引导新时期的农民合作。最后，国家没有设定达成合作化的具体目标。因此，笔者所指的"重新合作化"，并不包含具体的入社农户数量指标与合作的具体形式，它针对的是当前农民过度分散的状况，意思是农民合作应再次成为重要的主题。

重新合作化之后，农民的合作组织可能会呈现以下 5 个特征：组织内部利益一致、统分结合、形式多样、多业发展、效益多样。

只有利益一致的合作组织，才能降低进而避免农户之间的恶性竞争，避免当前公司和农户之间的相互算计，避免农户与基层村社组织之间的相互提防。只有利益一致，才能降低组织的监督和管理成本，才能降低组织内部的协商和交易成本，才能对"搭便车"者实施有效惩罚。而社会主义的"共同富裕"理念，应该会在这些农民的利益共同体之中占有特别重要的地位。

新中国成立的前 30 年，是"统"的因素过多，导致农民缺乏了应有的生产经营自由，限制了生活、休闲的个人趣味，还导致一些自上而下的错误决策畅通无阻并且难以得到纠正。20 世纪 80 年代以来，则是"分"的因素过多，农民的自由比以前多了，但是农民形成集体行动的组织基础和经济基础瓦解。涉及公共利益且单家独户无力承担的事务，农民往往只能消极地等待政府来解决。当前，真正实现"宜统则统、宜分则分、统分结合"的农村经营体制，是中国"三农"所迫切需要的。事实上，完全由政府主导，或者完全由农民自主，都不可能在新时期实现农民的重新合作化。

在合作组织大发展的背景下，不可能仅仅只有一种或少数几种合作形式。政府和社会舆论应该充分尊重各地群众和基层党政部门的探索精神，以宽容、开放的心态看待他们所创造出来的合作内容与形式。无论各地在实践中采取何种具体形式、方式，都应该由当地群众根据自己的实际情况进行比较、探索、试验，政府可以引导、扶持、建议、示范，但是不应该包办替代、揠苗助长。

鉴于当前城市资本、工商资本大举下乡的现实，中国农村仍然是充满希望、存在巨额潜在收益的广阔天地，农民合作组织在农村仍然大有作为。只有通过多业经营，合作组织的效率和效益才能充分体现出来，合作的收益才能抵消甚至高于合作的成本，农村的公共物品供给才可能具备经济基础。除此之外，多业经营还能提供大量的工作机会，使农村剩余劳动力有事可做。

具有"共同富裕"理念，综合性、多业发展的农民合作组织，虽然是以经济为基础，却不仅仅具有经济职能。有效运作的合作组织，可以与政府的支农资金有效对接，提高利用效率；为农村举办公益事业提供组织基础和经济基础；抵御外部黑恶势力的入侵，抑制内部成员的不当行为等。只有超越了单纯的逐利冲动，具有经济、社会、政治、文化等多种效益的利益共同体，才是建设和谐、繁荣、充满生气的社会主义新农村的真正主体！

参考文献

一　著作类

中共中央党校党史教研室编《中共党史参考资料（三）》，人民出版社，1979。

中国人民解放军政治学院党史教研室编《中共党史参考资料》第10册，1979。

中华人民共和国国家农业委员会办公厅编《农业集体化重要文件汇编（上）》，中共中央党校出版社，1981。

中华人民共和国国家农业委员会办公厅编《农业集体化重要文件汇编（下）》，中共中央党校出版社，1981。

中国社会科学院经济研究所中国现代经济史组选编《第一、二次国内革命战争时期土地斗争史料选编》，人民出版社，1981。

中共中央文献研究室编《毛泽东农村调查文集》，人民出版社，1982。

《当代中国》丛书编辑部编《当代中国的经济管理》，中国社会科学出版社，1985。

《当代中国》丛书编辑部编《当代中国商业（上）》，中国社会科学出版社，1987。

《当代中国》丛书编辑部编《当代中国商业（下）》，中国社会科学出版社，1987。

《当代中国》丛书编辑部编《当代中国经济》，中国社会科学出版社，1987。

《当代中国》丛书编辑部编《当代中国的粮食工作》，中国社会科学出版社，1988。

《当代中国》丛书编辑部编《当代中国财政（上）》，中国社会科学出版社，1988。

《当代中国》丛书编辑部编《当代中国财政（下）》，中国社会科学出版社，1988。

《当代中国》丛书编辑部编《当代中国的农作物业》，中国社会科学出版社，1988。

《当代中国》丛书编辑部编《当代中国的供销合作事业》，中国社会科学出版社，1990。

《当代中国》丛书编辑部编《当代中国的乡镇企业》，当代中国出版社，1991。

《当代中国》丛书编辑部编《当代中国的农业》，当代中国出版社，1992。

中国社会科学院经济研究所中国现代经济史组选编《革命根据地经济史料选编》上册，江西人民出版社，1986。

中国社会科学院经济研究所中国现代经济史组选编《革命根据地经济史料选编》下册，江西人民出版社，1986。

中央档案馆编《中共中央文件选集》第1册，中共中央党校出版社，1989。

中央档案馆编《中共中央文件选集》第7册，中共中央党校出版社，1989。

中共中央文献研究室编《建国以来毛泽东文稿》第 4 册，中央文献出版社，1990。

中共中央文献研究室编《建国以来毛泽东文稿》第 5 册，中央文献出版社，1991。

中共中央文献研究室编《建国以来毛泽东文稿》第 6 册，中央文献出版社，1992。

中共中央文献研究室编《建国以来重要文献选编》第 4 册，中央文献出版社，1993。

中共中央文献研究室编《毛泽东文集》第 1 卷，人民出版社，1993。

《当代中国农业合作化》编辑室编《建国以来农业合作化史料汇编》，中共党史出版社，1992。

张闻天选集编辑组编《张闻天文集》第 1 卷，中共党史出版社，1995。

中共中央文献研究室、中华全国供销合作社总社编《刘少奇论合作社经济》，中国财政经济出版社，1998。

水利部农村水利司：《新中国农田水利史略（1949~1998）》，中国水利水电出版社，1999。

世界银行编《2008 年世界发展报告：以农业促发展》，胡光宇、赵冰译，清华大学出版社，2008。

《第一次国内革命战争时期的农民运动资料》，人民出版社，1983。

《毛泽东选集》第 1 卷，人民出版社，1991。

《毛泽东选集》第 3 卷，人民出版社，1991。

《毛泽东选集》第 4 卷，人民出版社，1991。

《中共中央国务院关于"三农"工作的一号文件汇编》，人民出版社，2010。

史敬棠等编《中国农业合作化运动史料》上册，三联书店，1957。

陈迟：《我国农业合作化的胜利》，辽宁人民出版社，1957。

汤奇成：《水利与农业》，农业出版社，1985。

米鸿才、邸文祥、陈乾梓编著《合作社发展简史》，中共中央党校出版社，1988。

曾宪林、谭克绳主编《第一次国内革命战争时期农民运动史》，山东人民出版社，1990。

顾龙生：《毛泽东经济年谱》，中共中央党校出版社，1993。

陈大斌：《饥饿引发的变革》，中共党史出版社，1998。

邓力群：《毛泽东读社会主义政治经济学批注和谈话（上）》，中华人民共和国国史学会，1998。

曹锦清：《黄河边的中国——一个学者对乡村社会的观察与思考》，上海文艺出版社，2000。

李锦：《大转折的瞬间——目击中国农村改革》，湖南人民出版社，2000。

吴象：《中国农村改革实录》，浙江人民出版社，2001。

余伯流、凌步机：《中央苏区史》，江西人民出版社，2001。

杜润生主编《当代中国的农业合作制》上册，当代中国出版社，2002。

杜润生主编《当代中国的农业合作制》下册，当代中国出版社，2002。

杜润生：《杜润生自述：中国农村体制变革重大决策纪实》，人民出版社，2005。

杜润生：《杜润生文集（1980～2008）》，山西经济出版社，2008。

杜润生：《杜润生改革论集》，中国发展出版社，2008。

秦晖：《农民中国：历史反思与现实选择》，河南人民出版社，2003。

曹正汉：《伶仃洋畔的村庄公社：崖口村的公社制度及其变迁》，中国经济出版社，2004。

李昌平：《我向百姓说实话》，远方出版社，2004。

李昌平：《大气候：李昌平直言"三农"》，陕西人民出版社，2009。

李昌平：《再向总理说实话》，中国财富出版社，2012。

张乐天：《告别理想：人民公社制度研究》，上海人民出版社，2005。

叶扬兵：《中国农业合作化运动研究》，知识产权出版社，2006。

王贵宸：《中国农村合作经济史》，山西经济出版社，2006。

黄正林：《陕甘宁边区社会经济史（1937～1945）》，人民出版社，2006。

郑金兰：《三农手记》，文汇出版社，2006。

高王凌：《人民公社时期中国农民"反行为"调查》，中共党史出版社，2006。

薄一波：《若干重大决策与事件的回顾（上）》，中共党史出版社，2008。

薄一波：《若干重大决策与事件的回顾（下）》，中共党史出版社，2008。

朱为群等：《中国三农政策研究》，中国财政经济出版社，2008。

韩俊：《中国经济改革 30 年·农村经济卷）》，重庆大学出版社，2008。

林毅夫：《制度、技术与中国农业发展》，上海人民出版社，

2008。

于光远、杜润生等：《改革忆事》，人民出版社，2009。

温铁军：《"三农"问题与制度变迁》，中国经济出版社，2009。

贺雪峰：《乡村社会关键词：进入 21 世纪的中国乡村素描》，山东人民出版社，2010。

贺雪峰：《组织起来：取消农业税后农村基层组织建设研究》，山东人民出版社，2012。

〔日〕竹内实：《毛泽东集》第 8 卷下册，东京：北望社，1971。

〔美〕西奥多·W. 舒尔茨：《改造传统农业》，梁小民译，商务印书馆，1987。

〔美〕道格拉斯·诺思：《经济史中的结构与变迁》，陈郁、罗华平译，上海三联书店，1994。

〔美〕道格拉斯·诺思：《制度、制度变迁与经济绩效》，刘守英译，上海三联书店，1994。

〔美〕道格拉斯·诺思：《理解经济变迁过程》，钟正生、邢华译，中国人民大学出版社，2007。

〔美〕曼瑟尔·奥尔森：《集体行动的逻辑》，陈郁、郭宇峰、李崇新译，上海人民出版社，1995。

〔美〕詹姆斯·C. 斯科特：《农民的道义经济学：东南亚的反叛与生存》，程立显等译，译林出版社，2001。

〔美〕詹姆斯·C. 斯科特：《弱者的武器：农民反抗的日常形式》，郑广怀、张敏、何江穗译，译林出版社，2011。

〔美〕罗伯特·D. 帕特南：《使民主运转起来：现代意大利的公民传统》，王列、赖海榕译，江西人民出版社，2001。

〔美〕罗伯特·阿克塞尔罗德：《合作的进化》，吴坚忠译，上海人民出版社，2007。

〔美〕艾米·R.波蒂特、马可·A.詹森，埃莉诺·奥斯特罗姆：《共同合作——集体行为、公共资源与实践中的多元方法》，路蒙佳译，中国人民大学出版社，2011。

〔美〕埃莉诺·奥斯特罗姆：《公共事务的治理之道：集体行动制度的演讲》，余逊达、陈旭东译，上海译文出版社，2012。

〔美〕麦克法夸尔、费正清编《剑桥中华人民共和国史》下卷，中国社会科学出版社，1992。

二　论文类

中央人民政府水利部：《一九五二年全国农田水利工作总结和一九五三年工作要点》，《人民水利》1953 年第 2 期。

严瑞珍、龚道广、周志祥、毕宝德：《中国工农业产品价格剪刀差的现状、发展趋势及对策》，《经济研究》1990 年第 2 期。

金宏：《全国政协委员座谈　盛赞农村专业技术协会　十万"协会"展风采　百万农户逞英豪——中国科协九月召开表彰及经验交流会》，《农村实用工程技术》1992 年第 5 期。

本刊特约评论员：《农协——科技兴农的重要载体和组织形式——三论农村专业技术协会》，《农村实用工程技术》1992 年第 4 期。

《致富天地》编辑部：《经济学家厉以宁谈"公司加农户"模式的发展"三部曲"》，《致富天地》2002 年第 6 期。

张嘉涛：《农田水利建设主体及相关问题的探讨》，《中国水利》2002 年第 1 期。

杜吟棠：《"公司＋农户"模式初探——兼论其合理性与局限性》，《中国农村观察》2002 年第 1 期。

杜吟棠：《我国农民合作组织的历史和现状》，《经济研究参考》2002 年第 25 期。

吴士健、薛兴利、左臣明：《试论农村公共产品供给体制的改革与完善》，《农村经济问题》2002 年第 7 期。

刘振伟：《我国粮食安全的几个问题》，《农业经济问题》2004 年第 12 期。

罗兴佐：《农民合作能力（笔谈）》，《华中师范大学学报》（人文社会科学版）2004 年第 1 期。

魏玉栋、姜玉贵：《一个相沿百年的农民专业组织——对江西省万载县鲤陂民间水利协会的调查》，《农村工作通讯》2004 年第 9 期。

贺雪峰：《熟人社会的行动逻辑》，《华中师范大学学报》（人文社会科学版），2004 年第 1 期。

贺雪峰、魏华伟：《中国农民合作的正途和捷径》，《探索与争鸣》2010 年第 2 期。

张晓山：《发展农业专业合作组织的几个问题》，《浙江经济》2004 年第 12 期。

张晓山：《合作经济：解决"三农"问题的金钥匙》，《中国合作经济》2005 年第 4 期。

张晓山：《有关中国农民专业合作组织发展的几个问题》，《农村经济》2005 年第 1 期。

张晓山：《浅析农民专业合作组织的发展与农业基本经营制度的创新》，《中国党政干部论坛》2006 年第 6 期。

孙晓山：《百年民间水利协会缘何经久不衰——万载县鲤陂水利协会调查》，《水利发展研究》2006 年第 1 期。

徐勇：《如何认识当今的农民、农民合作与农民组织》，《华中师范大学学报》（人文社会科学版）2007 年第 1 期。

黄祖辉：《中国农民合作组织发展的若干理论与实践问题》，《中国农村经济》2008 年第 11 期。

何慧丽、温铁军：《新农村建设在村庄层面上是农民全方位的合作》，《农村农业农民》2008 年第 1 期。

李文、柯阳鹏：《新中国前 30 年的农田水利设施供给——基于农村公共品供给体制变迁的分析》，《党史研究与教学》2008 年第 6 期。

王勇：《中国农民组织化的回顾与反思：1978 ～ 2008》，《青岛农业大学学报》（社会科学版）2009 年第 1 期。

徐俊忠、苏晓云：《"去工业化"与人民公社的困境》，《现代哲学》2009 年第 5 期。

徐俊忠：《毛泽东社会主义建设道路几个问题再探讨》，《马克思主义与现实》2010 年第 6 期。

苑郑民：《回顾与展望——写在中国农技协发展三十周年》，《科协论坛》2010 年第 8 期。

杨宇斌：《如何破解农业与生态环境矛盾？——来自马克思主义批判视角的启示》，《理论与改革》2012 年第 2 期。

中央文献研究室：《第一次郑州会议至庐山会议前期纠"左"的努力》，《党的文献》2013 年第 2 期。

三　政府公报、报纸及电子文献类

中华人民共和国国务院办公厅发布《中国共产党中央委员会、国务院关于目前粮食销售和秋后粮食统购统销工作的指示》，《中华人民共和国国务院公报》1956 年第 36 期。

中华人民共和国国务院办公厅发布《关于由国家计划收购（统购）和统一收购的农产品和其他物资不准进入自由市场的规

定》，《中华人民共和国国务院公报》1957 年第 36 期。

中华人民共和国国务院办公厅发布《国务院关于农业生产合作社粮食统购统销的规定》，《中华人民共和国国务院公报》1956 年第 37 期。

中华人民共和国国务院办公厅发布《国务院关于粮食统购统销的补充规定》，《中华人民共和国国务院公报》1957 年第 44 期。

李富春：《关于发展国民经济的第一个五年计划的报告——在一九五五年七月五日至六日的第一届全国人民代表大会第二次会议》，《人民日报》1955 年 7 月 8 日。

董雷：《发展农村市场经济的有效途径——"公司＋农户"》，《经济日报》1993 年 7 月 8 日。

《20 多年从未与农户签过合同》，《南方农村报》2007 年 7 月 10 日。

陈海燕：《揭开"公司加农户"的面纱》，《南方农村报》2007 年 7 月 10 日。

陈海燕、闫业伟：《养也亏，停养更亏》，《南方农村报》2007 年 7 月 10 日。

张锦明：《让农民分享产业化成果》，《南方农村报》2008 年 2 月 14 日。

李建桥：《股田试验被叫停后重读"东江模式"——农地资本化的重庆探索》，《时代信报》2008 年 9 月 1 日。

中共杭州市委党史研究室：《衙前农民运动》，《杭州日报》2009 年 7 月 16 日。

黄纯：《中大害虫生物防治技术打造绿色生态农业》，《中山大学报》2010 年 11 月 10 日。

孙姮：《卷心菜是这样贵起来的》，《山东商报》2011 年 4 月 21 日。

涂重航：《卷心菜贱价伤农之症》，《新京报》2011 年 4 月 25 日。

厉晓杭：《衙前：打响农民运动第一仗》，《宁波日报》2011 年 6 月 26 日。

谭华祥：《石柱万亩莼菜观光园邀你来》，《三峡都市报》2011 年 7 月 20 日。

于丽爽：《北菜园：从一叶扁舟到联合舰队——京郊农民专业合作社组建联合社调查》，《北京日报》2011 年 12 月 10 日。

《改革开放前后历史不能互相否定对立》，《京华时报》2013 年 1 月 6 日。

石柱土家族自治县人民政府办公室发布《石柱土家族自治县人民政府关于 2009 年中药材产业发展的意见》石柱府发〔2009〕29 号，2009 年 2 月 16 日。

《重庆石柱建成世界最大莼菜基地》，成都特办，2007 年 6 月 13 日，http：//cdtb. mofcom. gov. cn/aarti － cle/zonghsw/200706/20070604776513. html。

《涪陵银行业积极助推"东江模式"发展现代农业》，涪陵银监分局，2007 年 7 月 19 日，http：//www. fl. gov. cn/Cn/Common/news_ view. asp？lmdm ＝ 002001&id ＝ 5678554。

贺雪峰：《人民公社的三大功能》，http：//hexuefeng. blogchina. com/425461. html。

《北京市农民专业合作社典型案例》，海淀农经网，2010 年 1 月 15 日，http：//www. jdnj. gov. cn/strcms/cms/hdnj/MENU8/ITEM1/modules/news/news_ 0003. html？uri ＝ /hdnj/MENU8/ITEM1/index. html。

邹声文、周婷玉：《十余年减少 1 亿多亩耕地 18 亿亩耕地红线面临严峻挑》，新华网，2011 年 2 月 24 日，http：//news. xinhua net. com/politics/2011 - 02/24/c_ 121119918. htm。

《农业部经管司司长孙中华在农民专业合作社建设与发展政策座谈会上的讲话》，中国农民专业合作社网，2011 年 9 月 20 日，http：//www. cfc. agri. gov. cn/cfc/hmtl/78/2011/201109201301309689 - 89502_ . html。

结　语

　　本书围绕以下思路进行构思和写作：中国当前的"三农"问题，单靠目前高度分散的农户是无法解决的，农民必须重新组织起来。其中，尤以生产合作、供销合作、金融（信用）合作的需要程度最高。通过文献研究，可以看出以上三种合作需求在新中国成立前30年，是与当时的三种全国性合作组织一一对应的。中国农民并非历来都是一盘散沙，30年前农民是高度组织化的，这段历史充满了弥足珍贵的经验和沉痛的教训。当前，农民意识到互助合作的客观必要性，但是真正有效、稳定的农民自发合作很少，这其中既有历史因素，又有社会环境变迁所带来的新因素，还有农户自身的因素。

　　因此，本书要解决的核心问题有以下几个：（1）新中国成立之后，为何需要把原来分散的农民组织起来？政府是通过什么手段、以什么形式把农民组织起来的？（2）既然中国农民有近30年高度组织化的历史，为何当前却高度分散化？这一局面是如何逐步形成的？（3）当前存在的农民合作组织，可以大致划分为哪些类型？（4）既然农民意识到互助合作的客观必要性，为何农民的自发合作很少？有什么途径可以增进农民的互助合作？

　　对于问题（1），笔者的回答是：只有组织起来，农民才能以集体的力量建设家园、迅速地改善当地的生产生活条件，才能给国家工业化提供相应的支持。因此了对农业的社会主义改造，原本就是国家的长期战略之一。但是，国家的大规模建设计划与分散的小农经济不相适应，迫使政府在20世纪50年代不断加快合作化的步伐，试图缓和粮、油、棉供应的紧张局面。此外，国家为了从农村提取工业化所必需的一部分原始积累，迫切需要降低与农民的交易成本，而合作化可以协助国家达到这一目的。因此，国家通过自上而下、政府主导的方式，迅速而有力地推动了对农业的社会主义改造，最终把全国农民前所未有地严密组织在几万个人民公社之中。

对于问题（2），笔者的回答是：20世纪80年代初，在家庭联产承包责任制实施过程中，由于缺乏其他联结农户利益的有力措施予以配合，单家独户基本成为农村唯一的经营主体和利益主体，实际上就把原来"组织化的农民"改造成了"分散化的农民"。随后统购派购制度的取消，使农民获得了更加自由的生产经营环境，可以根据市场形势的变化调整生产结构，相对自由地处置剩余产品，实际上就是把农民推向了市场。两大政策在实践中整合后，农民确实自由了、自主了，但客观上造成了把分散化的农民推向市场的局面。正因为如此，中国农村普遍出现了小农户与社会化大生产的矛盾、小农户与大市场的矛盾、小农户与大金融的矛盾。

对于问题（3），笔者按照产权归属和主导力量的不同，把现存的农村合作经济组织划分为"契约供销型""企业主导－农民入股型""松散合作型""集体经济型""农民主导－股份合作型"。其中"契约供销型""企业主导－农民入股型"并非由农民所主导，松散合作型""集体经济型""农民主导－股份合作型"则是由农民主导的。

对于问题（4），笔者的回答是：农民在实际的生产生活中，遇到了大量无法独立解决的问题，主要集中为小农户与大市场的矛盾、小农户与大生产的矛盾、小农户与大金融的矛盾。国家无法直接代替农民来化解这些矛盾，农民又难以从市场上直接购买必需的公共物品及服务。现实的困难让农民意识到互助合作的客观必要性。但是，当前农民合作的成本收益比过高——合作不划算是阻碍农民合作的客观障碍；农民缺乏合作的积极性，是农民合作的主观障碍；一些农民特殊的生产生活方式、交往方式，也不同程度地制约了农民有效合作。未来增进农民互助合作的途径也许在于珍惜新中国成立 60 多年来的经验和教训，政府应对农民实行必要而适当的引导和扶持，倡导"共同富裕"理念。由此出发，重新合作化之后，农民合作组织可能会呈现以下特征：组织内部利益一致、统分结合、形式多样、多业发展、效益多样。

图书在版编目（CIP）数据

贵贱之间：小农在市场经济中的困境及出路／杨宇
斌著 . -- 北京：社会科学文献出版社，2018.11
（广州大学·青年博士学术文库）
ISBN 978 - 7 - 5201 - 1448 - 6

Ⅰ.①贵… Ⅱ.①杨… Ⅲ.①农村合作经济 - 研究 -
中国 Ⅳ.①F321.42

中国版本图书馆 CIP 数据核字（2017）第 237441 号

广州大学·青年博士学术文库
贵贱之间
　　——小农在市场经济中的困境及出路

著　　者／杨宇斌

出 版 人／谢寿光
项目统筹／宋月华　杨春花
责任编辑／孙以年　肖世伟

出　　版／社会科学文献出版社·人文分社（010）59367215
　　　　　地址：北京市北三环中路甲 29 号院华龙大厦　邮编：100029
　　　　　网址：www.ssap.com.cn
发　　行／市场营销中心（010）59367081　59367018
印　　装／三河市东方印刷有限公司

规　　格／开　本：787mm × 1092mm　1/16
　　　　　印　张：22.5　字　数：292 千字
版　　次／2018 年 11 月第 1 版　2018 年 11 月第 1 次印刷
书　　号／ISBN 978 - 7 - 5201 - 1448 - 6
定　　价／98.00 元